本书系 2024 年贵州省高等学校本科教学内容和课
旅融合背景下地方高校历史学专业人才培养模式改革
GZJG2024302.）的阶段性成果。

中国传统文化
与高校历史教学改革研究

江 涛 著

九州出版社
JIUZHOUPRESS

图书在版编目(CIP)数据

中国传统文化与高校历史教学改革研究 / 江涛著.
北京 : 九州出版社, 2025. 1. -- ISBN 978-7-5225
-3637-8

Ⅰ. K-4

中国国家版本馆CIP数据核字第2025F8G879号

中国传统文化与高校历史教学改革研究

作　者	江　涛　著
责任编辑	沧　桑
出版发行	九州出版社
地　址	北京市西城区阜外大街甲35号(100037)
发行电话	(010)68992190/3/5/6
网　址	www.jiuzhoupress.com
印　刷	北京旺都印务有限公司
开　本	787毫米×1092毫米　16开
印　张	17.75
字　数	300千字
版　次	2025年4月第1版
印　次	2025年4月第1次印刷
书　号	ISBN 978-7-5225-3637-8
定　价	88.00元

前　言

在全球化日益加深的今天，中国传统文化作为中华民族历经千年沉淀的精神瑰宝，其重要性愈发凸显，它不仅承载着丰富的历史信息与深厚的文化底蕴，更是中华民族独特性与连续性的重要体现。然而，在现代化进程的快速推进中，传统文化的传承与发展面临着诸多挑战。现代化的生活方式、信息技术的迅速发展以及全球化的文化冲击，都在不同程度上影响着人们对传统文化的认知与接受度。特别是在高校历史教学领域，如何有效融合传统文化，使之成为现代教育体系中的有机组成部分，推动教学改革，是一个值得深思的问题。因此，探索一种新的教学模式，将传统文化的精髓融入历史教学之中，不仅有助于提升学生的学习兴趣与参与度，更能在潜移默化中培养学生的文化自信，使他们成为具有深厚文化底蕴与国际视野的新时代人才。

本书内容丰富，全面涵盖中国传统文化的核心理论、具体内容，以及高校历史教学的改革实践。首先，本书审视中国传统文化的核心理论，包括其类型、特点、精神与价值，并强调了汉字作为传统文化载体的重要性；其次，深入剖析中国传统文化中的教育、史学、文学、艺术等具体内容，充分展现了传统文化的博大精深；最后，本书聚焦于高校历史教学，从教学体系构建、课程设置、教学方法与模式，到历史文献与专业教学改革，再到学生文化自信的培养，以及传统文化与高校历史教学的相互融合，进行全面而深入的探讨。

本书注重理论与实践的结合，既对中国传统文化进行深入的理论分析，又紧密结合高校历史教学的实际，提出具体的改革策略和实践路径。同时，本书还关注跨学科的研究视角，将传统文化与历史学、教育学、文学、艺术学等多个学科相结合，展现传统文化的多元魅力和在高校历史教学中的广泛应用。此外，本书强调创新性和前瞻性,不仅总结了现有的研究成果和实践经验,还对未来的发展趋势进行展望和预测。相信本书的出版将对推动高校历史教学改革、培养学生文化自信、弘扬中华优秀传统文化产生积极的影响。

江涛

2025 年 1 月

目　录

第一章
中国传统文化的核心理论审视

第一节　中国传统文化及类型与特点

一、文化的认知

从语言学的角度来看，"文化"是中国语言系统中固有的传统词汇。从思想的角度来看，"文化"包含着中国古代"以文化人"的重要思想。

西方各民族语言系统中，亦有与"文化"对应的词汇，即"cultura"，但中国传统的"文化"与西方传统的"cultura"在词义上还是有着明显区别的。"文化"的本义是身上雕有花纹的人，它强调的是人类的社会活动，偏重精神领域；而"cultura"则从人类的物质生产活动出发，进而引申到社会领域和精神领域，它的本义强调的是人与自然的关系。一方面毋庸讳言，后者较之前者，有着更为深广的内在意蕴，与中国语言系统中的"文明"更加切近。另一方面，这两个词汇又都具有一个共同的本质，即都强调人的有意识、有目的的活动。在这种有意识、有目的的实践活动过程中，主体是人类自身，客体是社会和自然。应该指出的是，这里所说的"自然"，不仅包括存在于人身之外的外在自然界，而且还包括人类自身与生俱来的本能、人体固有的各种生物学意义上的自然属性在内。

"简言之，文化是人类有意识地作用于自然界和社会，乃至人类自身的一切活动及其结果。"[①]或者说，文化就是"自然的人化"，是凝结在一切器物、典章、制度、行为之中的精神。

---

① 李宽松，罗香萍. 中国传统文化概论 [M]. 广州：中山大学出版社，2018：1.

（一）文化的内涵

作为人类社会的核心元素之一，文化反映了人类的智慧、创造力和社会组织方式，同时也为人们提供了认同感、归属感和价值取向。文化涵盖人们的思想观念、道德价值、艺术创作、社会制度、科学知识、技术技能等方面的内容。

文化是人类社会的基本属性，通过文化，人们能够表达自己的身份认同，传承历史和经验，共同创造意义。每个社群或群体都有自己独特的文化，而文化的形成和发展通常与地理、历史、环境、经济等因素密切相关。

文化的表现形式多种多样，包括语言、道德观念、法律体系、风俗习惯、节日庆典、艺术形式、建筑风格、服饰风格、音乐、舞蹈、文学、戏剧、电影等诸多方面。文化不仅仅是个体的表达，更是集体共同的记忆和认同，通过传承和交流实现文化的传播和演变。

文化不仅仅是一种社会现象，也是个体与社会互动的过程中所获得的知识、价值观和行为方式的集合。文化对于个体的认同感、归属感和社会交往起着重要的作用。同时，文化也是一个国家或地区软实力的体现，能够影响国际的交流与合作。

（二）文化的特征

1. 主体性特征

人是文化的创造者和主体，人的主体性决定文化的主体性。人的主体性对文化的主体性起到决定作用。

（1）文化所具有的主体性表现为目的性能够和工具性有效统一。文化对于具备创造性的主体有着重要作用，也能为主体的综合发展奠定厚实基础。文化作为主体自由发展的必要元素，可以充分表现主体所具有的重要工具以及举措；脱离文化之后，主体自身发展也会受到巨大影响。

（2）文化的主体性体现为文化主体具有生产性以及消费性的协调。文化生产的目的是满足文化消费，文化生产可以视为一项具体举措，文化消费则可以理解为配套目的，为了促进社会主义文化繁荣，满足主体文化方面需求。消费是生产行动指南，在某种程度上，文化产品占有、生产与消费，正是主体生存模式的有机再现。

2．变化性特征

文化的具体内容也会根据所处时代不同而有所变化。不同时代的文化特征主要由当时的生产力水平决定，生产力水平决定社会结构，继而影响精神、政治的产生。由此看来，探究文化的时代特征应分析当时所处时代的社会结构，通过研究社会的发展来分析文化的发展。

3．时代性与进步性特征

文化的固有属性主要体现在文化的时代性特征方面。对于这一属性来讲，它不仅决定了文化的内容，而且还影响了文化的表现形式。当然，文化也具有进步性的特征，体现了时代的先进性和社会的发展，遵循了历史发展规律，会跟随时代的发展而发生相应的改变。虽然处于任何时代或者社会形态的文化都具有时代性的特征，但这些文化也不全是先进性的，因为它反映了所处时代的情况，但反映的方面如果是先进、符合社会发展方向的，那就是所处时代的精华。这主要是因为它们不仅可以反映出所处时代的发展方向，还能够体现该时代的主体部分，对某些问题的解决提供一定参考。

4．社会性与创造性特征

文化的本质是自然界虚拟化到自然的人化过程。文化来源劳动，并在劳动中获得。人类社会环境离不开社会发展的大环境，因此，文化具有社会性、创造性，也以人类长期活动和实践为智囊团，在人类社会发展进程中，为人类共同拥有。一旦脱离社会生活领域，文化则被排除在外。中国古代的四大发明，是人类共同的、普遍的社会进步。

（三）文化的功能

文化的功能是潜移默化的，无论是古代还是现代，文化的作用举足轻重，经济、社会等所有领域都是文化载体，是文化功能的体现。人类在日常生活工作中无不在运用文化的力量，用语言交流，穿着具有文化特色的衣物，使用具有文化特色的用具。

1．社会服务与传播功能

文化的存在和发展是对现实社会状况的真实反映，同时具有对特定社会服务的功能。如中国特色社会主义文化建设，目的是实现和维护广大劳动人民群众的根本利益，满足人民群众需求文化。因此，文化的性质决定文化服务方向。

文化具有生命力，随着人类自身活动不断传播、更新，文化传播在世界发展过程中起到巨大作用，文化传播和交流是文化发展的基本动力。人类的语言是文化传播重要手段。语言的出现是人类义明发展中的里程碑，有了语言，人类可以通过这一种表达传播文化。如中国丝绸之路，打破国界限制，各国文化在丝绸之路交融，是人类历史上最重要的文化交流。

2．认知与价值功能

独特的文化对应独特思维，在漫长的进化中人们形成相对稳定的思维方式和习惯，并继续流传。因此，赋予文化强大认知功能。现代的人类可以学习古今中外文化，通过各种知识提高自身能力，甚至有的人在学习前人知识后创造新的文化、新的历史。从社会角度来看，无论是古代还是现代，任何社会都会将文化继续传播下去，也会对文化进行甄选。文化的更迭给人们带来新的认知。

文化既有社会价值支撑，也蕴含社会价值判断，以维护社会稳定和引导其持续发展。在特定的社会环境下，人们通过接受各种形式主流价值观的教育教化，调整自身观念和行为，从而形成自身独特的行为方式和价值判断。

文化体系可以塑造个体兴趣取向与生存需求。围绕这种取向与需求，社会可以评价和判断一个人进行或积极或消极的价值取向因此，文化成为整个社会的"指示"系统，既规范社会成员的行为，又塑造社会成员的道德理念，指引社会成员追求更为高尚的理性行为。

3．凝聚与创造功能

文化的发展过程是不断创新创造的过程。文化发展包括：社会制度、人们的信仰、科技等，这些都是人类在现有文化中创新创造出来的，所以，文化具有强大的创造力。文化的创新，也是人类得以繁荣延续的根本。人类发展到现在早已不再是简单地追求遮羞防寒，而是含有许多文化精神。不同国家和民族的服饰已成为特色文化的象征，寓意独特的文化精神和价值理念。

中国特色社会主义文化建设是一个传承与创新过程，不仅继承和发展中华民族优秀的传统文化基因和内核，还需要放眼全球、推陈出新。正是在正确认识和处理文化传承与创新基础上，中国特色社会主义文化才得以繁荣发展。

（四）文化构成的层次

1. 物态文化层

文化的物态文化层是指文化以物质形式存在和表达的层面。在这一层面上，文化通过物质符号、艺术品、建筑、文物和其他实体的方式得以展示和传达。物态文化层承载着人类历史、传统、价值观和思想观念的痕迹，是人类创造力和想象力的结晶。

物态文化层的表现形式丰富多样，包括物品、艺术品和建筑等。物品可以是日常生活用品，如衣物、食物、家具等，也可以是象征特定文化意义的象征物品，如仪式用品。艺术品以各种形式和媒介表达，如绘画、雕塑、音乐、舞蹈等，它们体现了创作者的审美观和文化背景。建筑物作为物态文化的重要组成部分，不仅满足人们的居住和工作需求，还体现了社会价值观、信仰和文化传统。

物态文化层的存在和传承对于一个社会或民族的身份认同和文化延续至关重要。通过物态文化，人们能够感知和理解自己的历史、传统和文化价值观，同时与他人分享和交流这些共同的文化遗产。物态文化也是历史研究和人类学研究的重要领域，通过研究和保护物质文化的遗存，我们能够更好地了解人类社会的发展和演变过程。

总之，物态文化层是文化多样性的重要组成部分，它通过物质的形式体现和传递人类的创造力、信仰和价值观。通过研究和保护物态文化，我们能够更好地认识和尊重不同文化之间的差异，促进文化的多元共存和交流。

2. 行为文化层

文化的行为文化层是指文化在个体和群体行为中所表现出的规范、价值观和行为模式。这一层面的文化涵盖了社会习俗、礼仪规范、道德观念、社交互动和日常行为等方面，对个体和社会的行为产生着重要的影响。

行为文化层是通过人们的实际行动和互动来展示和传递文化。它包括社会习俗和礼仪规范，这些规范和规则指导人们在不同社交场合中的行为方式和礼节。此外，行为文化还包括道德观念和伦理准则，这些价值观和准则对人们的道德判断和行为规范起着重要的指导作用。

行为文化的存在和传承，对于社会的稳定和社会凝聚力至关重要。通过行为文化，人们能够理解和遵循共同的行为准则，保持社会秩序和社会和谐。行为文化还能够传承和弘扬特定文化的价值观和传统，形成社会身份认同和文化认同。

行为文化层涉及社交互动和日常行为的模式和规范。不同文化中的人际交往方式、沟通方式、身体语言等都是行为文化的体现。此外，行为文化还包括日常生活中的行为习惯、生活方式和社会角色等方面的规范和模式。这些行为文化对个体的身份认同、社会关系和社会秩序具有重要影响。

研究行为文化层有助于我们深入了解文化与行为之间的相互关系，通过分析行为文化的形成、变迁和影响，我们能够揭示文化对个体行为和社会互动的作用，促进社会发展和个人成长。此外，比较不同文化的行为文化也有助于我们理解文化差异和多样性，为跨文化交流和合作提供参考。

3. 制度文化层

文化的制度文化层指的是文化在社会制度和组织结构中的表现形式和影响力。这一层面的文化主要涉及法律、政治、经济和社会组织等方面的规范、价值观和行为模式，以及相关的制度化实践。

制度文化层是社会中人们共同遵循的规范和准则，它包括法律制度、政治体制、经济机制和社会组织形式等。制度文化层的存在和演变对社会的稳定和发展至关重要。通过制度文化，社会成员能够了解和遵守共同的规则，形成共识，并在制度的框架内进行合作和互动。制度文化还能够反映和传承特定社会或民族的价值观和传统，塑造社会身份认同和凝聚力。

研究制度文化层有助于我们深入理解文化与社会结构之间的相互关系。通过分析制度文化的形成、变迁和影响，我们能够揭示文化对社会发展和变革的作用，促进社会改革和创新。

总之，制度文化层是文化的重要组成部分，它通过社会制度和组织结构来表现和影响文化的规范、价值观和行为模式。研究制度文化有助于我们深入理解文化与社会的互动关系，并为社会变革和跨文化交流提供理论基础和实践指导。

4. 心态文化层

文化的心态文化层是指文化所形成的思维方式、价值观和心理特征。这一层面的文化涉及人们的认知、情感、信念和态度等方面，对个体和群体的心理和行为产生着重要的影响。

心态文化层通过人们的心理过程和思维方式来展现和传递文化。它包括认知模式和思维方式，即人们对世界的理解和思考方式。不同文化中的认知模式可能强调集体主义还是个体主义、关注细节还是整体性等。心态文化层还包括价值观和信念系统，这些价值观和信念对个体的目标、动机和行为选择起着重要的指导作用。不同文化中的价值观可能强调个人成就、社会关系、自由或传统等。

心态文化层涉及情感和情绪方面的文化差异。不同文化中对情感表达的方式、情绪的认知和处理方式可能存在差异。例如，一些文化可能更注重自我控制和情绪调节，而另一些文化则更倾向于表达情感和情绪。

心态文化的存在和传承对于个体和群体的心理健康和幸福感至关重要。通过心态文化，人们形成对自身和他人的认知、情感和评价，塑造自我认同和社会身份。心态文化还影响人们的态度和行为，决定着他们对社会问题的看法、决策和行动。

研究心态文化层有助于我们深入了解文化与心理之间的相互关系。通过分析心态文化的形成、变迁和影响，我们能够揭示文化对个体心理和行为的作用，促进心理健康和幸福感的提升。

（五）文化的作用

文化在人类社会中起着重要的作用，具体表现在以下方面：

第一，文化有助于建立自我身份认同。通过与特定文化的联系，个体能够识别自己所属的群体和社会背景。文化传统、语言、信仰等元素都为个人提供了一种认同感，使其与其他人产生联系和归属感。

第二，文化有助于塑造价值观与道德准则。不同文化对于正确与错误、善与恶的定义各不相同。文化价值观影响着个人的判断力和决策过程，指导其行为和社交互动。例如，一些文化重视尊重长辈和家庭价值观，而其他文化则更加强调个人自由和独立思考。

第三，文化有助于文化传承与演变，将知识、经验和智慧代代相传。通过故事、神话、传统节日和仪式，文化将社会的价值观和信仰传递给后代。然而，文化也会随着时间的推移而演变和变化。新的思想、技术和社会变革影响着文化的发展，使其与时俱进。

第四，文化有助于形成社会凝聚力和团结感。共同的文化传统和习俗促使人们相互理解、合作和共享共同的目标。文化活动和庆典可以促进社会团结，增强社区意识和社会互动。

第五，文化有助于艺术与创造力。不同文化的艺术形式如绘画、音乐、舞蹈、文学等，反映了人类的创造力和想象力。艺术不仅是文化的表达方式，也是思想、情感和故事的传递媒介。通过艺术，人们可以更好地理解和欣赏不同文化的独特之处。

第六，文化有助于经济发展。文化旅游、文化创意产业和文化交流活动可以为社会带来经济效益。许多地区依靠本土文化资源吸引游客和投资，推动经济增长和就业机会。

总之，文化在人类社会中扮演着重要的角色，它不仅塑造了个体和社会的认同和价值观，还促进了社会凝聚力、艺术创造力和经济发展。文化的多样性和交流也有助于增进人类的相互理解与和谐共处。

二、中国传统文化

在文化的广阔领域中，传统文化作为一个核心概念，承载着深厚的历史积淀与民族精神的精髓。它是指在长期历史进程中逐渐形成并发展起来的，深植于各民族之中，具备稳定形态的文化现象。这种文化不仅是民族历史遗产在当代社会的生动体现，更蕴含着独特的内涵与主导性的基本精神。它不仅是民族价值取向的载体，深刻影响着民族的生活方式，更是凝聚民族自我认同的重要纽带。

具体到中国传统文化，它是在中华民族悠久的历史长河中孕育、发展并传承下来的，具有鲜明中国特色和稳定形态的文化体系。这一体系广泛涵盖了思想观念、思维方式、价值取向、道德情操、生活方式、礼仪制度、风俗习惯、文学艺术、教育科技等多个层面，内容丰富，博大精深。

中国文化的独特之处，很大程度上源于中华民族多元一体的发展格局。这一格局赋予了中国传统文化兼收并蓄、博采众长的显著特征。这一特征不仅在其形成初期就已显现，更在其后续的发展过程中得以持续保留和强化。因此，无论处于哪个历史时期，中国传统文化都能敏锐地捕捉时代精神的精髓，不断地进行自我革新与完善，以适应社会发展的需要。正是这种与时俱进的能力，使得中国传统文化能够在数千年的历史长河中，成功地保护和维系了中华民族的持续发展，并使中国长期保持在世界文明的前列。

"中国传统文化"这一概念的独立与明确，是在"世界文化"涌入中国的社会历史背景下逐渐形成的。深入研究中国传统文化，不仅是为了准确理解历史上的中国在世界格局中的位置，更是为了准确把握当代中国的文化特质，推动中国文化在新的时代背景下重新走向世界，展现其独特的魅力与价值。通过这一研究，我们可以更加深刻地认识到，中国传统文化不仅是中华民族的宝贵财富，也是全人类文化多样性的重要组成部分，对于促进世界文化的交流与互鉴具有不可替代的意义。

（一）中国传统文化的生成背景

中国传统文化的生成背景可以追溯到中国古代的历史和文化演进过程。以下是一些关键的背景因素：

1. 自然环境

自然环境是人类生存和发展的基础。它包括大气、水体、土地、生物多样性等自然资源和生态系统。自然环境的保护对于维持生态平衡、保障人类健康和可持续发展至关重要。

中国传统文化的生成与自然环境密切相关，这种关系深深地影响了中国人民的思维方式、生活方式和价值观念。中国作为一个庞大而多样的国家，拥有广袤的土地、丰富的资源和多样的气候条件，这为中国人民形成独特的文化提供了充分的土壤。

中国古代文化的形成始于远古时代的原始社会。在这个时期，中国的祖先们与自然环境密不可分地生活在一起。他们依赖自然环境的赐予来获取食物、穿着和住所，同时也在与自然界的互动中逐渐积累了关于天地万物的认知和智慧。这些认知和智慧通过口头传承和文字记载的方式被传递下来，形成了丰富的传统文化。

中国的自然环境多样而壮丽，包括雄伟的山脉、广袤的平原、蜿蜒的河流和丰富的生物资源。这些自然环境的存在不仅塑造了中国人民的地理特点，也对他们的思维方式和价值观念产生了深远的影响。中国古代哲学家们在观察自然的过程中，发现了自然界的规律和变化，从而提出了诸如阴阳学说、五行学说等理论，用以解释世界的运行规律和人与自然的关系。这些理论被渗透到了中国人民的思维方式中，形成了独特的世界观和价值观。

中国人民对自然界的崇拜和尊敬也体现在他们的生活方式中。例如，中国人重视与自然的和谐相处，注重保护环境和节约资源。古代的园林艺术就是中国人对自然美的追求和表达。园林中的山水、花木和建筑物都是根据自然环境的特点进行布局和设计的，以实现与自然的融合。

2. 社会环境

社会环境指的是人们在社会中相互交往和生活的条件。它包括社会关系、社会制度、法律和道德观念等因素。社会环境的稳定和公正对于社会和个体的发展和幸福具有重要意义。

中国传统文化的生成与社会环境密切相关。数千年的漫长历史孕育了独特而丰富的中国传统文化，而这一文化的形成与中国社会环境的多方面因素有着千丝万缕的联系。

（1）中国传统文化的生成与中国社会的人文环境密不可分。古代中国历经多个朝代的更替，形成了一种强调家族观念、儒家伦理道德和社会和谐的价值体系。这种价值观念深深根植于中国人的思维方式和行为准则中。孔子的儒家思想强调仁爱、孝顺和道德修养，对中国人的行为方式产生了深远影响。

（2）中国传统文化的生成也与中国的信仰和哲学思想有关。佛教、道教和儒教等思想体系的兴起与传播，对中国文化产生了深远的影响。佛教的关于生死轮回和慈悲观念，道教的追求自然与心灵的和谐，以及儒教的家族伦理观念，都在中国传统文化的形成中起到了重要作用。这些信仰和哲学思想渗透到中国人的价值观念、行为习惯和生活方式中，形成了独特的文化氛围。

（3）中国传统文化的生成还与中国社会的政治和经济环境密切相关。封建社会时期，中国的社会结构以家族为基础，尊重长辈、重视家族传承成为人们的行为准则。而在农业社会的经济环境下，人们对自然的敬畏和尊重也成为中国文化的一部分。随着历史的变迁，中国的政治和经济制度发生了多次变革，但这些变革并没有完全改变中国传统文化的基本特征。相反，传统文化在不同历史时期的政治和经济环境中得以传承和发展。

（4）中国传统文化的生成还与地域和民族的多样性有关。中国幅员辽阔，民族众多，每个地区和民族都有自己独特的文化传统。这种多样性为中国传统文化的生成提供了广泛的土壤。不同地区和民族的文化相互融合、交流和影响，形成了中国传统文化的丰富多彩性。

3. 经济环境

经济环境指的是影响经济活动和产业发展的各种因素，如市场、产业结构、经济政策等。经济环境的健康和繁荣对于社会的繁荣和个人的生活水平具有重要影响。

中国传统文化的生成与经济环境之间存在着密切的关系。经济环境对于文化的形成、传承和发展起到了重要的推动和影响作用，同时文化也对经济的发展产生着深远的影响。

（1）中国传统文化的生成与经济环境的农业社会密切相关。在古代中国，农业是主要的经济活动，农民是社会的主要生产力。在农业社会中，人们与自然密切相连，对土地、季节和自然现象有着深刻的认识和尊重。这种对自然的敬畏和依存意识渗透到中国传统文化中，形成了许多与自然、季节和农耕生活相关的文化符号和活动，如春节、中秋节等。农业经济的发展也催生了手工业的兴起，促进了工艺美术和传统匠人技艺的发展，丰富了中国传统文化的内涵。

（2）经济环境对于文化的传承和发展起到了重要的推动作用。经济的繁荣和财富的积累为文化的保护、研究和传承提供了物质基础和支持。在中国历史上，一些朝代的繁荣和经济发展为文化的繁荣提供了有利条件。例如，唐朝是中国古代文化的鼎盛时期，其经济繁荣为文化的繁荣提供了强有力的支持。富裕的社会环境促进了文人墨客的涌现，艺术、文学和哲学等领域取得了重大的成就。同样地，明清时期的商业繁荣和市场经济的发展也为文化的繁荣作出重要贡献。

（3）经济的发展也为文化产业的兴起提供了机遇。随着现代化进程的推进，中国的经济结构发生了巨大变化，文化产业逐渐成为经济增长的重要支柱。电影、音乐、艺术、传媒等文化产业的发展为传统文化的传承与创新提供了新的平台和机会。同时，文化产业的繁荣也带动了相关产业链的发展，促进了经济的多元化和创新能力的提升。

（4）文化的传承与创新对于经济发展具有重要意义。传统文化的积淀和创新是激发创造力和创新力的重要源泉。传统文化中的价值观念、审美观念、艺术表现形式等，可以为现代经济和商业活动提供启示和借鉴。例如，中国传统的商业伦理观念和重视信誉的文化传统对于现代商业的诚信经营和品牌建设具有重要启示作用。

4. 技术环境

技术环境是指科技进步和技术创新对社会和经济产生的影响。它包括科技发展水平、科技创新能力和技术应用等方面。技术环境的良好发展有助于推动社会进步和经济增长。

中国传统文化的生成与技术环境密不可分。技术环境对于文化的形成、传承和演变产生了深远的影响，同时文化也在技术的演进中得到了不断的发展和创新。

（1）中国传统文化的生成与古代科技的发展紧密相关。古代中国在农业、手工业和造纸术等方面取得了许多重要的科技成就，这些科技进步对于中国传统文化的形成和演变起到了重要的推动作用。例如，农业生产工具的改进和农田水利的发展提高了农业生产的效率，为社会的繁荣和稳定提供了物质基础，同时也影响了人们的生活方式和文化观念。造纸术的发明使得书写和记录成为可能，促进了文化的传播和积累。这些古代科技的进步为中国传统文化的生成提供了有力的支持和条件。

（2）技术环境对于文化的传承和保护起到了重要的作用。随着时间的推移，中国传统文化的传承面临着许多挑战，其中之一就是文化资料和文物的保存和传承。技术的发展为文化遗产的保护和数字化传承提供了新的可能。数字化技术、虚拟现实和人工智能等技术手段可以帮助保护和还原文化遗产，使得更多的人能够接触和了解传统文化。例如，数字化档案馆和在线文化平台的建设，使得文化遗产的信息得以广泛传播，加强了传统文化的传承和弘扬。

（3）技术的演进也为传统文化的创新和更新提供了新的机遇。随着信息技术和互联网的快速发展，传统文化与现代科技的融合成为可能。例如，传统艺术表演通过网络直播和在线视频平台得到了更广泛的传播，吸引了年轻一代的关注和参与。传统手工艺在数字化制造技术的推动下焕发出新的生机，传统文化与游戏、动漫等现代文化形式的结合创造出新的文化产品。技术的进步为传统文化的创新和发展提供了新的途径和可能性。

5. 文化环境

文化环境是指社会中的价值观、信仰体系、艺术、传统和习俗等方面。文化环境对于人们的身份认同、价值观念和生活方式具有重要影响。它也是社会凝聚力和创造力的重要源泉。

中国传统文化的生成与文化环境密不可分，它是在丰富多元的文化背景中逐渐形成的，反映了中国人民的历史经验、智慧和价值观念。中国传统文化的生成源于以下方面的文化环境：

（1）中国拥有悠久的历史和丰富的文化传统。几千年来，中国经历了多个朝代和不同的文化时期，吸收了多个民族和文化的影响。这种多元文化的融合促进了传统文化的生成。古代的儒家、道家、佛教等思想体系相互交融，形成了中国传统文化的基石。这些思想体系强调人伦道德、社会秩序、道德修养等核心价值观，对中国人的行为和思维方式产生了深远影响。

（2）中国的地理环境也对传统文化的生成起到了重要作用。中国广袤的土地孕育了丰富多样的自然景观和资源，形成了不同地域的特色文化。北方的农耕文化、南方的水乡文化、西部的少数民族文化等都在中国传统文化的形成中发挥了重要作用。这种地域多样性为中国传统文化提供了丰富的表现形式和独特的艺术风格。

（3）中国的社会制度和文化传承方式也对传统文化的生成产生了影响。古代的皇帝统治体制和士人文化传统使得儒家思想成为主流。文人雅士们通过书写、诗词创作、绘画等方式表达自己的思想和情感，形成了中国传统文化的重要组成部分。另外，中国的传统文化也通过家庭教育得以传承。家庭作为文化传承的重要场所，父母将传统文化的核心价值观融入日常生活中，通过家庭教育将传统文化代代相传。

（4）随着现代化进程的推进，中国传统文化在文化环境中面临着新的挑战。现代化的思潮和外来文化的冲击使得传统文化面临着衰退和失传的风险。年轻一代对传统文化的兴趣减少，社会价值观念的多样化也给传统文化的传承带来了一定的阻碍。因此，我们需要采取积极的措施来保护和传承中国传统文化。通过教育系统的改革，加强传统文化教育，将传统文化融入学校教育，培养年轻一代对传统文化的认知和兴趣。同时，社会各界应该共同努力，通过举办文化活动、展览和推广传统文化的价值，提高公众对传统文化的认同感和保护意识。

6. 教育环境

教育环境包括学校、教育政策、教育资源等因素。它对于培养人才、传递知识和价值观念、推动社会发展和创新具有重要作用。教育环境的优化能够提升人们的学习能力和素质，促进社会进步。中国传统文化是在漫长的历史演变中逐步形成的，与其说是一个固定的概念，不如说是一个不断发展的传承体系。中国传统文化的生成与教育环境息息相关，这一环境在很大程度上塑造了人们对传统文化的认知和传承方式。

中国传统文化的生成与教育环境密切相关，因为中国拥有悠久的历史和丰富的文化遗产。几千年来，中国不断吸纳和融合了多种民族、文化和思想的影响，形成了独特的传统文化体系。这种多元文化的融合和交流在很大程度上得益于中国广袤的土地和丰富的资源，以及人民的智慧和努力。同时，中国的教育制度也为传统文化的传承提供了重要的平台。古代的儒学、道家、佛教等思想体系都在中国的教育中扮演了重要角色，这些思想的传播和教育培养了一代又一代的人才，对传统文化的形成和发展产生了深远的影响。

中国的传统文化得以传承的一个重要因素是家庭和社会的教育环境。中国人注重家庭教育，父母和长辈们将传统文化的核心价值观融入日常生活中，通过言传身教的方式，将这些价值观代代相传。例如，尊老敬老、孝敬父母、勤奋好学等都是中国传统文化中重要的价值观，这些价值观往往通过家庭教育得以深入人心。此外，社会的教育环境也对传统文化的传承起到了积极的推动作用。中国的社会制度和组织形式如书院、学堂等为人们提供了学习和传承传统文化的场所，人们在这些场所中学习经典著作、修习礼仪、进行文化交流等，这些都为传统文化的传承提供了有力的支持。

（二）中国传统文化的基本特征

传统文化，作为一种深厚的历史积淀与文化传承，其表现形式多种多样，但其中居于核心地位的，无疑是以伦理道德为核心，以儒家伦理中心主义为出发点的信念体系。这一信念体系不仅塑造了古代人的文化人格，还深刻决定了传统文化的民族特性。除了伦理政治型文化这一总体特征外，传统文化还展现出以下显著的方面：

1. 统一性与延续性的显著特征

传统文化具有连续的统一性特点和一元的连续性特点，这在其历史长河中得到了充分体现。文化逐渐形成了以华夏文化为中心，同时汇聚了国内各民族文化的统一体。由于其内在的发展规律和逻辑联系，以及明确的质的规定性和自我完善机能，文化能够独立发展，并具有极大的空间延展和时间延续性能。这种统一性与延续性主要体现在以下方面：

（1）政治的统一。从政治层面来看，文化经历了持久的统一过程。在夏朝建立之前，与其他国家一样，存在许多独立的部族古国。然而，经过尧舜禹时期的复杂发展，以黄河流域为中心的中原地带逐渐趋于统一。尽管小邦林立的局面仍然存在，但每一小邦都受到宗主国的保护，并拥有共同的政治和文化中心。统一始终是主流，分裂和动荡往往是局部的、暂时的。这一趋势在历史的发展中愈发明显，特别是从元代以后，历史上连续出现了元、明、清三个长期统一的王朝。

为了营造和维护国家的大一统局面，历代统治者都采取了许多行之有效的政策和法令来巩固统一。例如，秦王朝开创了君主专制、中央集权制的先河。自秦朝开始，皇帝总揽全局，君临天下，至高无上，是国家政权的最高象征。秦代以后，历代政权为了维护和发展统一大业，又相继作出诸多努力。无论是大运河的南北贯通，还是科举制在全国范围的长期推行，抑或是"改土归流"之类的民族政策的有效实施，都是服务于统一局面的重要手段。而历代人民更是前赴后继，英勇奋斗，用自己的实际行动在中华文明史上写下了永垂不朽的诗篇。当外来势力形成巨大威胁时，总是有大批热血男儿挺身而出，用鲜血和生命捍卫国家，并由此造就出许多民族英雄。

（2）民族融合与凝聚。我国是一个历史悠久的多民族国家。中华民族强大的凝聚力是在各民族共同创造中华文明的历史进程中，经过长期的锤炼形成的。文化的统一性特征与各民族的融合息息相关。

历史上有所谓南蛮、北狄、东夷、西戎的传统说法。华夷各族经过夏、商、周的不断融合，逐渐华夏化。秦文化吸收融合了如中原文化、荆楚文化、吴越文化、巴蜀文化等多种文化因素，形成了拥有共同语言、共同经济生活、共同心理素质的，拥有数千万人口的稳定民族共同体。到汉代，中华民族的主体建构趋于完成。在十六国北朝时期，早期内迁的北方各族如匈奴、羯、氐、羌等，到北魏后期，民族特征逐渐淡化，被汉族融合。隋唐的统一又加强了同周边各族的交往。隋唐以后，各民族间的融合一直没有停止。汉民族的不断壮大对于各民族的交往和发展，对于统一局势的形成、巩固和国内经济文化的发展逐步趋于平衡，特别对以汉族为核心的中华民族凝聚力的形成和发展有着重大作用。各民族以其聪明智慧创造了各具特色的民族文化，成为中华古代文明的重要组成部分。

（3）文化传统的承袭。传统文化强调前代文化遗产的价值，充分宣扬传统本身得以存在和流传的合理性。自宋代以后，其质的规定性基本上已经沉积。因此，尽管它也经历了跌宕起伏，并多次面临挑战，但一次又一次地表现出巨大的再生能力，成为世界上罕见的不曾中断过的古老文化。以文学为例，各代均有斐然成就，诗经、楚辞、先秦散文、汉赋、魏晋诗文、唐诗、宋词、元曲、明清小说连绵不绝，代有高峰。学术上的先秦诸子学、西汉经学、魏晋玄学、隋唐佛学、宋明理学、清代朴学也是此伏彼起。这种得以延续千年的文化传统，与半封闭大陆环境提供的"隔绝机制"相关，也受惠于"农业—宗法社会"所具有的延续力。

2. 重群体轻个体的文化特点

儒家伦理强调人之个体对群体秩序承担无限的道德责任，这一思想曾为人类文明的进步作出相当大的贡献。然而，随着发展，其主张日趋绝对化，个体完全丧失其独立价值的个性，变得无欲无我，融于群体之中。这一特点主要体现在以下方面：

（1）家族本位。由自给自足的自然经济所决定，的私有制是家族私有制。几代同堂的大家庭实行同居共财的制度，各个家庭成员在经济上没有独立性，必须仰赖家庭的共同财产生活。因此，家庭的命运也就是个人的命运。传统家庭伦理在家庭与个人的关系上，把家庭视为核心，个人从属于家庭。在政治上，特别强调家庭的完整，把家庭看作社会的基本构成单位和核心，认为家庭是一切人伦关系和人伦秩序设计的原点。而在父权家长制的社会里，无论哪种家庭都有一个共同特点，就是家属没有完全的行事权利和行为自由。实际上，家庭是以家长为代表的类似现代法人的组织。历代政权都利用"齐家治国平天下"的政治理论，把家庭作为组织国家生活的直接对象，而不是以每个人为统治对象。这种以家庭为统治对象的古代国家，基本上都是以家族主义为轴心，分别尊与卑、长与幼、夫与妻、亲与疏等不同名分规定了不同的法律责任和不同的权利义务关系。法律的全部内容都反映出政权与族权的联合统治、家法与国法融合的特点，所有立法从始至终都贯穿家庭本位的指导思想。

（2）宗法集体主义原则。宗法是指一种以血缘关系为纽带，尊崇共同祖先以维系亲情，在宗法内部区分尊卑长幼，并规定继承秩序以及宗族成员各自不同的权利和义务的法则。历史上，当氏族社会还没有完全解体的时候就跨入了文明的门槛，于是氏族社会的宗法制度、宗法思想就一直延续下来。宗法制度通过以血缘关系为联结纽带的社会复合体将社会成员牢固地维系在一起，借以克服单独个体所不能克服的困难，并承受单独个体所不能承受的压力。尽管社会的每个成员都是作为一个个单独的个体而产生，但他们从未能作为一个个单纯的个体而存在。集体与个人浑然一体，集体代表个人的利益。由于集体是一种抽象、一种虚幻的存在，因而最终只能寻找一个权威的"人"，如族长来代表。家族世代聚居，有族谱以明长幼嫡庶，有族规以行教化惩戒，有族长以握裁断之权，有祠堂以扬祖先之灵。每个人都落入宗法关系中，都缺乏独立性，只好依赖宗法关系整体行动。

（3）追求社会价值。传统文化往往是把人作为与动物相等对待的整体的"类"来理解，即认为人是社会动物，把人的个体价值归结为人的社会价值，以社会标示个人，强调人的社会义务与责任，强调人对社会的服从。个人在宗法血缘的纽带上，在家与国同构的网络中，都有一个特定的位置。这个特定位置是个人存在的根据，个人正是凭借这个位置与他人组合成个体与社会的一体化结构。传统文化要求人们推己及人，造成社会群体的团结和谐氛围，还要求人们对社会要有牺牲奉献精神，用以维系社会群体的存在和发展。

中华民族因为群体意识的作用，有着强大的向心力和凝聚力，讲求为国为民献身，以一己之私为耻。民族传统文化因而能经受种种冲击、考验，连绵不断，长久不衰。这种重群体轻个体的文化特点，既是传统文化的重要组成部分，也是其独特性和魅力所在。

（三）中国传统文化的类型划分

"文化类型"这一概念是美国人类学家林顿在1936年所著《人的研究》中提出的。美国现代进化论者斯图尔德于1955年在《文化变异论》一书中对"文化类型"这一概念进行了界定与论述，即，文化类型是不同的民族文化适应环境而产生的各种文化特质相互整合的核心特征丛：它不是全部的文化特质或文化元素的总和或集合，而是指那些有代表性的、具有因果联系的特征。这些特征都是与文化结构相关的，具有功能上和生态上的联系，它代表着一个特殊的时间顺序和发展水平，表示着各民族之间的本质差别。传统文化类型要体现出该民族自古以来所具有的文化特征，而文化特征又由文化要素所构成。同一个文化系统中，那些相容且不可离的文化要素相沿已久，渐渐形成了一个民族稳定不变的内在发展机制。目前关于文化分类的讨论，主要表现出以下方面：

第一，按地理环境区分文化类型，认为任何民族的文化，其产生、衍变、丰富、发展都是在特定的地理环境中，在独特的经济和社会土壤里完成的。中国因地域广阔复杂，自古就形成了几种不同的文化类型，即河谷型、草原型、山岳型和海洋型。河谷型文化的特点是内聚力和容纳性强，草原型的文化特点是流动性和外向性明显，山岳型文化特点是封闭性和排他性突出，海洋型文化特点是开放性和冒险性较强。"河谷型文化是一种以农业为主体的混合型文化，有较大的伸缩性和较强的适宜性，有很强的容纳、吸收和同化其他文化的潜力，所以几千年来不断融合和同化了诸多的草原、山岳和海洋文化，使它的内涵日益丰富和充实起来，始终保存着自己的发展基因。"①但由于河谷型文化是一种单向的发展类型，给中国社会的发展也造成了某种不良影响，主要表现是文化结构的单一化倾向和文化心态上的自我优越感。

第二，按照观念文化和一定生产方式的内在联系进行分类，将文化分为农业文化、工商文化和游牧文化等。认为中国文化孕育诞生在一个农业宗法社会的母体之中，大约在氏族社会后期，中国就进入了以种植经济为基本方式的农业社会，其后农业经济一直是中国古代社会经济的主干。纵观中国农耕文化从萌芽到发达的历史，其经济结构的许多特色在相当程度上给中国文化以影响。长期的农耕生活对中华民族社会心理、思维方式的形成起到极为关键的作用，人们安土重迁，追求生活的稳定与安宁，缺乏冒险精神。

第三，是审视中国文化形成发展走过的路程，认为儒、道、墨、法、佛等诸家思想学说，构成了中国文化的主体内容和核心。儒家从汉代起取代了法家，备受推崇，以官方意识形态的身份起作用，处于显学地位；而法家、墨家等被统治者所抑制，如法家的"权、术、势"和墨家的"兼济天下"以各种隐蔽的方式起作用，而成为隐学。

第四，中国传统文化内部依据不同的标准可分为不同类型的文化，一种是中国传统文化的雅俗之分：雅文化亦可称为士大夫文化或精英文化，俗文化亦可称为通俗文化或大众文化，其中雅文化居主导地位。一种是中国传统文化中的山庙之分：以道家思想为核心的山林文化亦可称为隐逸文化；以儒家积极有为、自强不息的经世思想为核心，以重政务为特征的庙堂文化，是中国传统文化中的结晶与精髓。

上述分类是依据中国传统文化各种特点及这些特点的内在联系划分的。由于

---

① 田广林.中国传统文化概论（第2版）[M].北京：高等教育出版社，2011：98.

这些特点相互联系、相互作用，这种划分只是相对的，但它们分别刻画了中国传统文化的不同特点，都有一定的理由。本书认为所谓中国传统文化类型，是指中华民族所创造的区别于其他民族而独具特色的文化形式，它表现为中华民族所具有的共同的价值观念、思维方式、心理状态、精神面貌等思想文化方面的特征。

第二节　中国传统文化的精神与价值

一、中国传统文化的精神

（一）和谐

中国传统文化的和谐精神是指在中国文化中所强调的一种平衡、和睦和协调的价值观和思维方式。这种和谐精神贯穿于中国历史的方方面面，包括哲学、文学、艺术、社会伦理等方面。

和谐在中国传统文化中是一个核心概念，被视为人类与自然、人与人、人与社会之间相互关系的理想状态。它强调了个体与整体之间的关系，以及不同事物之间的平衡与调和。

（二）包容

包容是中国传统文化中的一项重要美德。中国人崇尚包容心态，尊重不同的观点、文化和信仰。包容的精神体现在对待他人的态度上，无论是家庭、社会还是国家，都强调相互包容、宽容和理解。

包容精神是中国传统文化的核心理念与基本民族精神之一，这既是儒家"中和"思想的体现，也是佛教、道教的共同主张。

（三）孝顺

中国传统文化中的孝顺精神是一种强调子女对父母敬爱、关心和照顾的价值观和行为准则。在中国文化中，孝顺被视为一种美德，被认为是家庭和社会稳定的基石。以下是中国传统文化中孝顺精神的一些重要方面：

第一，孝道观念。中国传统文化强调子女对父母的尊敬和孝顺，认为孝顺是人伦关系中的首要美德。这种观念源自《孝经》等经典文献，将孝道视为道德和社会责任的核心。

第二，孝顺行为。孝顺不仅仅是口头上的表达，更注重于实际行动。子女应尽力照顾、供养和尊敬父母，包括照料他们的生活需求、关心他们的健康、尊重他们的意见和需求等。

第三，家庭伦理。孝顺精神贯穿于家庭中的各种关系，不仅限于子女对父母的孝敬，还包括夫妻之间的互相尊重和关怀、兄弟姐妹之间的团结与和睦等。

第四，社会影响。孝顺精神在中国社会中具有深远的影响力。它强调家庭的重要性，促进了家族的凝聚力和传统文化的传承。此外，孝顺也是社会道德观念的体现，对社会和谐稳定起到积极的作用。

然而，需要注意的是，随着社会的变迁和时代的发展，孝顺精神的具体表现方式可能有所不同。在现代社会，孝顺并不仅仅指传统的家庭责任，还可以包括对其他亲人、老师、长辈、社区等的关心和尊重。此外，尊重个人的自主权和平等的价值观也逐渐在社会中得到重视。

总而言之，中国传统文化中的孝顺精神是一种重要的价值观，强调子女对父母的尊敬和照顾。它在家庭和社会中发挥着积极的作用，但也需要与现代社会的价值观相结合，以实现更全面的个人和社会发展。

（四）礼仪

礼仪在中国传统文化中占有重要地位，中国传统文化中的礼仪精神是一种注重社会礼节、尊重他人和维护社会秩序的价值观和行为准则。礼仪在中国文化中占据重要地位，被视为一种道德规范和社交准则。以下是中国传统文化中礼仪精神的一些重要方面：

第一，尊重他人。礼仪精神强调对他人的尊重和关心。它要求人们在言谈举止中保持谦逊有礼，对他人表示尊重和关怀，从而建立和维护良好的人际关系。

第二，礼节规范。中国传统文化中存在丰富的礼仪规范，涵盖了各个方面的生活和社交场合。这些规范包括宴会礼仪、婚丧嫁娶的仪式、礼物的赠予方式、问候礼节等，旨在使人们在社会互动中表现得得体、恰当。

第三，礼仪教育。中国传统文化注重对礼仪的教育和传承。从小就教导儿童遵守礼仪规范，学习正确的行为方式和社交礼节，以培养他们具备良好的社会素养和人际交往能力。

第四，社会秩序。礼仪精神有助于维护社会秩序与和谐发展。通过遵守礼仪规范，人们能够相互尊重、避免冲突和误解，形成稳定的社会关系，促进社会的和谐与进步。

第五，文化传承。礼仪精神是中国传统文化的重要组成部分，也是文化传承的一种方式。通过礼仪的实践和传承，中国人将这种价值观代代相传，保持了悠久的文化传统和身份认同。

然而，需要注意的是，礼仪精神也需要与现代社会的价值观相结合。在现代社会，人们对礼仪的要求也在不断变化，强调个人尊严、平等和多样性。因此，理解礼仪精神的核心价值，并将其应用于现实生活中，需要在传统文化的基础上进行适度的调整和解读。

（五）节俭

中国传统文化中的节俭精神是指注重节约资源、节制消费和勤俭持家的价值观和行为准则。它在中国社会中具有深厚的历史和文化背景，被视为一种美德和道德规范。以下是中国传统文化中节俭精神的一些重要方面：

第一，资源节约。节俭精神强调对资源的节约和合理利用，包括粮食、水源、能源等各种自然资源。这体现了对自然环境的尊重和对未来世代的负责。

第二，简朴生活。节俭精神鼓励人们过简朴的生活，避免过度奢华和浪费。它强调人们应该根据自身需求和实际情况来选择消费，追求实用与适度。

第三，勤俭持家。节俭精神在家庭生活中发挥着重要作用。它要求人们在日常生活中节省开支，合理安排家庭经济，注重节约与积累，以维持家庭的稳定和繁荣。

第四，道德品质。节俭被视为一种道德品质，与诚信、廉洁等价值观相结合。

它强调人们应当有节制、克制欲望，以避免贪婪和奢侈的行为。

第五，社会责任。节俭精神还涵盖了对社会的责任和关怀。它鼓励人们在富余资源面前更加谨慎和自律，将节约下来的资源用于社会公益事业和他人的帮助。

第六，中国传统文化中的节俭精神不仅体现在个人行为上，也体现在社会和国家层面上。历史上，中国政府通过节约型经济政策和倡导勤俭节约的宣传活动，强调国家资源的合理利用和经济的可持续发展。

随着社会的发展和经济的变化，节俭精神也需要与现代社会的需求和发展相结合。在现代社会，节俭精神不仅仅是限制消费和生活水平，还应考虑到可持续发展和资源的合理利用，同时保障人们的基本需求和生活质量。

（六）勤劳

中国传统文化中的勤劳精神是指注重努力工作、勤奋努力和积极进取的价值观和行为准则。以下是中国传统文化中勤劳精神的一些重要方面：

第一，努力工作。勤劳精神强调通过勤奋努力地工作来实现个人的发展和社会的进步。它鼓励人们兢兢业业、勤勉努力，追求卓越和成功。

第二，学习和修身。中国传统文化注重学习和修身的重要性。勤劳精神要求人们不断学习、积累知识和修养，以提升个人素质和为社会作出贡献。

第三，诚信和奉献。勤劳精神强调诚信和奉献的价值。诚实守信是中国传统文化的重要组成部分，勤劳精神要求人们诚实守信、恪尽职守，并为社会、家庭和他人作出积极的贡献。

第四，自我奋斗。勤劳精神鼓励个人通过自我奋斗来实现自身价值和梦想。它强调个人的努力和拼搏，认为付出才能获得回报。

第五，爱岗敬业。勤劳精神还体现在对工作的敬业态度上。它要求人们对待工作充满热情和责任心，尽职尽责，为工作的质量和效益作出努力。

历史上，中国社会强调农耕文化和农业劳动的重要性，同时也重视其他领域的劳动和职业。在现代社会，勤劳精神不仅仅是对传统农耕劳动的追求，还包括对知识、技能和创新的努力，以适应现代社会的发展需求。总之，中国传统文化中的勤劳精神强调努力工作、学习和奉献的价值观和行为准则。它对个人的成长和社会的进步起着重要的推动作用。

（七）以民为本

中国传统文化中的以民为本精神是指将人民的利益和福祉放在首位，以民众的需求和利益为出发点和归宿的价值观和行为准则。这一精神在中国的历史和文化中具有重要的地位，并深刻影响了社会和政治的发展。以下是中国传统文化中以民为本精神的一些重要方面：

第一，人民至上。以民为本精神强调人民的利益和福祉应当置于最高位置。它认为政治权力和社会资源的分配应当以满足人民的需求和提升人民的生活质量为出发点。

第二，君子为本。中国传统文化中重视君子道德的培养，强调领导者应当以身作则、以德为先，将人民的利益置于自身利益之上，以服务人民为己任。

第三，社会公平与正义。以民为本精神关注社会的公平与正义，主张对社会不平等现象进行纠正和改善，为人民提供平等的机会和公正的待遇。

第四，参与和民主。以民为本精神倡导人民的参与和民主决策。它认为人民应当参与社会事务和决策过程，行使自己的权利，以实现对自身利益的保护和实现。

第五，社会责任。以民为本精神强调各个社会成员的责任和义务，包括政府、企业、社会组织等，都应当为满足人民的需求和促进人民的福祉尽力而为。

第六，以民为本精神在中国历史上得到了广泛的重视和实践。例如，在古代中国，君主通过实施民生政策和推行善政来保障人民的利益和福祉。现代中国也将以民为本精神作为治国理政的原则之一，努力推动社会进步和人民福祉的提升。

在现代社会中，以民为本精神也需要与现实情况相结合，考虑到社会的复杂性和多元性。它需要适应社会发展的要求，综合各方面的利益和需求，推动社会公平、民主和可持续发展。

（八）诚实守信

中国人将诚实看作是一种高尚的品德，诚实不仅体现在言辞上的真实，还包括诚实守信、兑现承诺、坚守信义等方面。在中国文化中，诚实被视为一种道德的基石，是人与人之间建立信任和良好关系的基础。

守信是中国传统文化中的另一个重要价值观。守信意味着信守承诺、信守诺言和信守合约。在中国社会中，人们普遍认为守信是一种道德责任和社会义务。守信的精神促使人们履行自己的承诺，维护个人和社会的信誉，同时也增强了社会的稳定和互信。

诚实守信是中国传统文化中的基本道德原则，意味着言行一致、言出必行。诚实守信的精神要求人们遵守承诺，坚守道义，不欺骗他人，树立良好的信誉和声誉。它影响着人们的行为准则和道德行为，在个体、家庭和社会层面上产生积极的影响。这种精神在商业交易、社会关系、政府治理等方面起着重要的作用，促进了社会的和谐发展和互惠互利的合作。

随着现代社会的发展和全球化的进程，诚实守信的挑战也越来越多。因此，弘扬和践行诚实守信的精神，需要不断加强道德教育和法治建设，培养全社会的诚实守信意识，并建立健全的法律法规和制度，以维护公平正义和社会信任。

（九）自强不息

中国传统文化中的自强不息精神是指在面对困难和挑战时，坚持自我奋斗、不屈不挠、不断进取的价值观和行为准则。这一精神在中国历史上扮演着重要的角色，并深刻影响着个人和社会的发展。以下是中国传统文化中自强不息精神的一些重要方面：

第一，自我奋斗。自强不息精神鼓励个人在面对困难和逆境时勇敢地面对挑战，并通过不懈的努力和奋斗来实现个人的成长和发展。它强调个人的努力和拼搏精神，认为只有通过自身的努力才能克服困难并取得成功。

第二，不屈不挠。自强不息精神强调在遭遇失败和挫折时不放弃，坚持不懈地追求目标。它鼓励人们面对挑战时保持坚韧的意志和毅力，坚持自己的信念和价值观。

第三，持之以恒。自强不息精神要求人们保持持久的努力和追求，不被短暂的成功或失败所动摇。它强调持之以恒的品质，认为只有通过长期的积累和持续的努力，才能实现真正的成就。

第四，知行合一。自强不息精神强调将知识与实践相结合。它认为理论知识和实际行动相辅相成，只有通过实际行动才能真正体现个人的能力和价值。

第五，追求卓越。自强不息精神鼓励人们追求卓越和完美。它要求人们不断超越自我，不满足于现状，不断提升自己的能力和水平。

自强不息精神在中国传统文化中有着重要的地位，它不仅体现在个人层面上，也涵盖了社会和国家层面。历史上，中国社会通过儒家思想的倡导和实践，强调人的自我修养、道德行为和社会责任，以实现个人和社会的进步。在现代社会，自强不息精神仍然具有重要的意义。面对日益激烈的竞争和快速变化的社会环境，自强不息的精神可以激发人们的创造力和创新精神，促使个人和社会不断适应和发展。

二、中国传统文化的价值

中国传统文化历久弥新，具有丰富的历史积淀和深厚的智慧，它在当代社会中仍然具有重要的价值。"中国传统文化是中华民族的瑰宝，对涵养社会主义核心价值观、维护国家文化安全、推进国家治理体系与治理能力现代化产生了重大影响。"[①] 以下是中国传统文化在当代的重要价值：

（一）社会主义核心价值观与社会道德建设

社会主义核心价值观与社会道德建设，这与中国传统文化的当代价值密切相关。中国传统文化的核心价值观和道德观念对于塑造和强化社会主义核心价值观起着重要的作用。社会主义核心价值观是指富有中国特色、具有时代性和群众基础的一系列价值观念。这些价值观体现了中国社会发展的方向和目标，也融入了中国传统文化的价值观念。

中国传统文化强调道德修养、人际关系和社会责任，与社会主义核心价值观

---

① 李琳. 中国传统文化的当代价值与传承研究 [J]. 文化产业，2023，（4）：71.

的要求相契合。传统文化中的仁爱、忠诚、谦逊、孝顺等价值观念与社会主义核心价值观的关爱他人、诚实守信等理念相互呼应。中国传统文化中对家庭、社会和国家的关怀与社会主义核心价值观中的公民责任和国家意识相一致。

在当代社会中，中国传统文化的当代价值在于弘扬和传承优秀传统文化，培养人们的社会责任感和道德观念。通过加强道德教育和公民教育，引导人们树立正确的价值观念，强化社会公德、职业道德和个人品德的培养。这有助于构建和谐、文明、有信仰、有规范的社会环境，推动社会发展和进步。

社会道德建设是中国传统文化的重要内容，旨在促进公民道德水平的提升，强化社会信用体系，加强社会的自律和规范，维护社会秩序和公共利益。因此，中国传统文化对于当代社会的价值在于引领和指导社会主义核心价值观的树立和践行，以及推动社会道德建设的发展，为构建富有中国特色的社会主义社会提供了有益的借鉴和指导。

（二）构建人类命运共同体的文化底蕴

中国传统文化在当代的价值在于为构建人类命运共同体提供文化基础。这源自中国传统文化拥有悠久的历史和丰富的智慧，对于推动全球文明的相互学习、交流合作和共同发展至关重要。

中国传统文化强调文化多样性和包容性，尊重不同文化之间的差异，并倡导在平等和互利的基础上进行文化交流和对话。这为构建人类命运共同体提供了宝贵的文化资源，推动各国文化平等交流、相互理解和融合。

中国传统文化注重和平共处和互利共赢的理念，注重人际关系的和谐、友好和互助。这种精神有助于构建人类命运共同体的和谐共存模式，促进国际社会的和平与繁荣。

中国传统文化强调人本主义，将人的尊严和价值置于核心地位。这为构建人类命运共同体提供了价值导向，推动各国尊重人权、关注人民福祉，共同致力于实现全人类共同的发展和幸福。

中国传统文化注重与自然的和谐共生，强调人与自然的和谐关系。这与构建人类命运共同体所追求的生态文明和可持续发展目标相契合，具有丰富的价值观和智慧资源，为构建人类命运共同体提供了宝贵的文化基础。通过充分发扬传统文化的精髓和智慧，促进不同文化的对话、交流和融合，我们可以共同构建一个和谐、包容和可持续的人类命运共同体，实现人类共同繁荣和持久和平的目标。

（三）促进文化多样性和跨文化对话

中国传统文化对促进文化多样性和跨文化对话起到了重要的作用。中国拥有悠久的历史和丰富的文化传统，这些传统包括语言、文学、哲学、艺术、音乐、戏剧、建筑、传统医学等各个领域，形成了独特而多样的文化景观。

第一，中国传统文化注重和尊重不同地区和民族的文化差异。中国历史上曾经是一个多民族、多文化共存的国家，这种多元性使得中国文化具有包容性和开放性。中国传统文化倡导和平共处、相互尊重、相互学习的价值观念，鼓励人们理解和欣赏其他文化的独特之处。

第二，中国传统文化强调人与自然的和谐共生。中国古代哲学中的儒家思想和道家思想强调人与自然的关系，主张顺应自然、和谐共生。这种观念对于保护和传承地方文化、保护生态环境具有重要意义。中国的传统建筑、园林、绘画、诗词等艺术形式也常常以自然景观为题材，体现了人与自然的融合与共生。

第三，中国传统文化强调家庭和社区的重要性。中国传统文化注重家庭价值观、家族观念和社会关系的维系。这种观念促进了人与人之间的相互交流和合作，也为跨文化对话提供了基础。中国的传统节日、婚礼、葬礼等仪式活动，都反映了这种关系的重要性，成为不同文化间交流和理解的桥梁。

第四，中国传统文化作为一个宝贵的文化遗产，通过文化交流、艺术表演、教育等途径传播和弘扬。中国的传统音乐、戏曲、舞蹈、书法等艺术形式在国内外都有很高的影响力，吸引了世界各地的人们来学习、欣赏和研究。这种传播和交流促进了不同文化之间的对话和理解，加强了文化多样性的认可和尊重。

总而言之，中国传统文化通过其包容性、和谐共生的价值观念，以及强调人与自然、家庭和社区的重要性，促进了文化多样性和跨文化对话。这种传统文化的传承和发展对于构建一个更加包容、和谐、多元的世界文化秩序具有积极意义。

（四）推动可持续发展和生态文明建设

中国传统文化在推动可持续发展和生态文明建设方面起到了积极的作用。中国拥有悠久的历史和深厚的传统文化，这些文化价值观和智慧对于解决当代环境和可持续发展问题具有重要意义。

第一，尊重自然。中国传统文化强调人与自然的和谐共生关系。它教导人们尊重自然、顺应自然，并与自然相互依存。这种观念在当代可持续发展中非常重要，因为它提醒我们保护自然环境，避免对自然资源的过度开采和破坏。

第二，和谐共处。中国传统文化强调人与人、人与社会的和谐共处。这种价值观在可持续发展中也非常重要，因为它促进了社会公平、合作和共享资源的理念。和谐共处的文化观念有助于解决资源分配不平等和社会不稳定等问题，推动可持续发展的目标。

第三，倡导节约。中国传统文化强调节约和勤俭。这种价值观在资源有限的环境下非常重要。中国传统文化中的节约思想提醒人们珍惜资源、合理利用，并避免浪费。在可持续发展中，节约资源是实现可持续生产和消费模式的基础。

第四，农耕文化。中国传统文化中农耕文化占据重要地位。农耕文化注重农田的保护和土地的可持续利用，强调人与土地的紧密联系。这种文化观念在当代的生态文明建设中仍然具有指导意义，推动可持续农业和食品生产。

第五，尊重文化多样性。中国传统文化倡导尊重和包容不同的文化传统和习俗。在可持续发展和生态文明建设中，尊重各种文化的差异和特点，鼓励保护和传承传统知识和技能，有助于维护文化多样性，并推动可持续的社会发展。

总之，中国传统文化中蕴含着许多与可持续发展和生态文明建设相关的价值观和智慧。充分发挥传统文化的力量，可以为实现可持续发展的目标提供重要的思想支持和实践指导，促进人与自然的和谐共生、社会的和谐共处，并推动建设美丽的生态文明。

（五）弘扬社会和谐与民族团结

第一，社会和谐观念。中国传统文化强调人与人之间的和谐共处，注重家庭和社区的和睦。传统价值观中的"仁爱""和为贵"等思想强调亲情、友情和邻里关系，倡导人们关心、帮助和体谅彼此。这种观念有助于构建和谐的人际关系和社会环境，促进社会的稳定与繁荣。

第二，和平共处思想。中国传统文化中的和平共处思想强调国家之间的和谐共存和互利合作。传统文化中的"和平相处""和而不同"等观念倡导不同民族、文化之间的相互尊重与和平相处，推动建立一个和谐的多元社会。

第三，民族团结与多元文化。中国传统文化强调尊重和包容不同民族和文化的多样性。中国拥有 56 个民族，传统文化倡导各民族之间的平等、团结和互助。传统文化中的节日、习俗和艺术形式等丰富多样的文化元素，使各民族之间形成紧密的联系和相互影响，促进了民族团结和多元文化的繁荣。

第四，传统文化的传承与弘扬。中国传统文化的传承与弘扬也为社会和谐与民族团结提供了重要支撑。通过教育、文化活动、传统节日等形式，传统文化得到传承和弘扬，使人们对传统价值观有更深入的理解和认同，增进了社会成员之间的凝聚力和归属感。

总之，中国传统文化弘扬社会和谐与民族团结的核心在于推崇和践行互助、包容、尊重和平等的价值观。这些传统文化中的观念和行为准则有助于构建一个和谐稳定的社会环境，促进不同民族之间的相互理解、尊重和合作，从而实现社会和谐与民族团结的目标。

（六）促进科技与文化融合发展

第一，创新思维。中国传统文化鼓励创新和思辨，注重以人为本的价值观念。这种思维方式有助于培养创造性和开放性思维，促进科技与文化的相互渗透和融合。传统文化中的"敬天爱人""博学多才"等观念鼓励人们追求知识、探索科技的发展，同时注重保护人类价值观和社会和谐。

第二，技艺传承与创新。中国传统文化注重技艺传承，如书法、绘画、传统医药等领域，积累了丰富的智慧和经验。现代科技的发展提供了创新和改进传统技艺的机会。科技与文化融合可以促进传统技艺的传承和创新，推动传统文化的发展与创新。

第三，数字文化与传统文化结合。随着数字技术的不断发展，数字文化成为当代文化的重要组成部分。中国传统文化与数字技术相结合，可以创造出丰富多样的数字文化产品，如数字艺术作品、虚拟现实体验等。这种融合促进了传统文化的传播和推广，并吸引更多年轻人参与和了解传统文化。

第四，文化创意产业发展。传统文化与科技融合可以催生文化创意产业的发展。以传统文化为基础，结合科技手段和创新思维，可以创造出独特的文化产品和服务。例如，利用虚拟现实技术打造传统文化体验，结合互联网和电子商务推动传统文化产品的销售和传播。

总之，将现代科技注入文化元素，提升科技产品的文化内涵，还可以为传统文化赋予新的活力和表现形式。通过科技与文化的融合，可以推动文化创意产业的发展，提升国家的软实力，促进社会文化的繁荣与进步。

（七）艺术创作和审美教育的推动力

中国传统文化确实是艺术创作和审美教育的重要推动力，价值体现如下：

第一，艺术创作的源泉。中国传统文化蕴含着丰富的艺术元素和创作灵感。传统文化中的诗词、音乐、绘画、戏曲等艺术形式，为艺术家提供了广阔的创作素材和表现手法。传统文化的价值观和审美观念也对艺术创作产生了深远影响，塑造了中国独特的艺术风格和美学特色。

第二，培养审美意识与品位。中国传统文化通过其深厚的艺术传统，培养了人们的审美意识和品位。传统文化中的诗经、古乐、书画等经典作品，对人们的审美观念和审美能力产生了积极影响。传统文化注重审美修养和品位的培养，鼓励人们欣赏、理解和创造艺术作品。

第三，价值观的传递与教育。中国传统文化通过艺术创作，向人们传递各种价值观和人生哲学。传统文化中的美德、道德规范和人际关系等主题，通过艺术作品表达，引导人们思考人生的意义和价值。艺术作品成为传递文化和教育的媒介，通过欣赏艺术作品，人们可以领略传统文化的智慧和价值，提升自己的道德观念和社会责任感。

第四，传统技艺的传承与创新。中国传统文化中的许多艺术形式和技艺具有悠久的历史和独特的技术特点。传统技艺的传承不仅保留了宝贵的文化遗产，也为当代艺术创作提供了灵感和素材。通过传统技艺的学习和创新，艺术家能够在当代艺术中展现独特的创作风格和个人特色。

总之，中国传统文化对于艺术创作和审美教育的推动具有重要影响。它提供了丰富的艺术资源和创作灵感，培养了人们的审美意识和品位，传递了深刻的价值观和人生哲学。通过传统文化的传承和创新，艺术家能够在当代艺术创作中发挥独特的影响力，丰富社会的艺术生活，并促进审美教育的发展与推广。

（八）社会公平正义和法治建设

中国传统文化对于社会公平正义和法治建设有一定的影响和贡献，具体如下：

第一，公平正义观念。中国传统文化中强调公平正义的观念，如"仁者爱人""义利相兼"等。这些价值观念强调公平的分配原则和对弱势群体的关怀，鼓励人们追求公正、平等和道义上的正确行为。这对于建立公平正义的社会制度和法律体系具有重要启示。

第二，社会和谐与稳定。中国传统文化强调社会和谐与稳定的重要性。它注重维护社会秩序和公共利益，倡导人们相互尊重、互助合作、遵守社会规范。这种和谐观念为社会公平正义的实现提供了基础，鼓励人们通过合作和协商解决矛盾和冲突。

第三，仁义道德与法治。中国传统文化中的仁义道德观念与法治建设相互关联。仁义道德强调个体的责任和道德自律，而法治则为社会提供了普遍适用的行为准则和制度框架。传统文化的价值观念与法治的原则相互补充，共同促进社会公平正义的实现。

第四，司法公正与廉洁。中国传统文化中尊重法律、推崇廉洁的传统思想对于法治建设具有积极影响。传统文化中的"公道正派""廉洁奉公"等观念倡导司法公正和廉洁，要求法官、执法人员等行使公权力的人员在职业道德和职责履行上保持高度操守。

第五，法律教育与普法宣传。中国传统文化对法律教育和普法宣传具有基础性的支持。传统文化中注重教育和道德培养的传统为培养公民的法律意识和法治观念提供了有利条件。同时,传统文化中的故事、典籍和经典作品也成为普法宣传的重要资源,通过传统文化元素的融入,能够更好地普及法律知识,提高公民的法律素养。

总之,中国传统文化对于社会公平正义和法治建设具有积极的影响。它强调公平正义观念、社会和谐稳定、仁义道德、司法公正和廉洁等,为建立公正、平等、有序的社会秩序和法律体系提供了宝贵的价值指引和道德支撑。同时,传统文化对法律教育和普法宣传的推动也有助于提高公民的法律意识和法治观念。

(九)培育民族自信和国家凝聚力

中国传统文化对于培育民族自信和国家凝聚力有着重要作用,具体如下:

第一,文化认同与自豪感。传统文化中的思想、价值观和艺术形式代表了中华民族的精神追求和创造力,通过对传统文化的学习和传承,人们能够深入了解自己的文化根源,增强文化认同感和自豪感,从而培育民族自信。

第二,历史记忆与民族精神。中国传统文化中承载着丰富的历史记忆和民族精神。历史上的伟大成就和困难挑战,体现了中华民族的勇敢、智慧和坚韧不拔的品质。通过对传统文化中的历史故事、英雄人物和传统节日的传承和弘扬,人们能够感受到民族的连续性和坚毅精神,进而凝聚起共同的民族意识和认同。

第三,道德伦理与社会凝聚力。中国传统文化注重道德伦理的培养和传承,如仁义礼智信等价值观。这些价值观强调人际关系、家庭关系和社会关系中的互助、尊重与和谐。通过传统文化的引导和教育,人们能够树立起共同的道德观念和行为准则,促进社会的和谐发展,增强国家的凝聚力。

第四,共同文化符号与情感认同。中国传统文化中的共同符号和象征,如龙、凤、中国结等,具有强烈的民族认同感和情感纽带作用。这些文化符号成为中华民族的象征,激发了人们对祖国的热爱和归属感。人们通过共同的文化符号和情感认同,加强了对国家的凝聚力,共同为实现国家发展目标而努力。

总之,中国传统文化培育了民族自信和国家凝聚力,这种自信和凝聚力对于推动国家发展、维护社会稳定和促进民族团结具有重要意义。

（十）国际交流与文化交融的推动者

中国传统文化在国际交流与文化交融方面扮演着重要的推动者角色，具体如下：

第一，文化遗产保护与传播。中国拥有丰富而独特的文化遗产，如长城、故宫、丝绸之路等，这些都是世界文化宝库的重要组成部分。通过保护和传承这些文化遗产，中国传统文化得以在国际上展示和交流，吸引了众多国际游客和学者的关注，促进了不同文化之间的交流与融合。

第二，文化交流与合作项目。中国积极开展与其他国家的文化交流与合作项目。例如，中国与其他国家共同举办文化艺术展览、音乐节、戏剧表演等活动，通过艺术家的交流与互动，推动不同文化之间的对话与理解，促进文化的交融与合作。

第三，传统文化的全球传播。中国传统文化在全球范围内有着广泛的影响力。例如，中国的传统绘画、书法、剪纸、茶道等艺术形式，在世界各地得到了广泛的传播和学习。同时，中国传统节日如春节、中秋节等也在国际上庆祝和传承，促进了不同文化之间的交流与融合。

第四，孔子学院与文化中心。中国孔子学院和文化中心在世界各地设立，成为促进中外文化交流与合作的重要平台。孔子学院提供了学习汉语和中国文化的机会，为外国学生和学者了解中国传统文化提供了重要支持。文化中心则举办各种文化活动和展览，向外国人展示中国传统文化的魅力和多样性。

第五，跨文化对话与合作。中国传统文化作为一个重要的文化资源，与其他文化之间的对话与合作密切相关。通过与其他国家的文化交流，中国传统文化不仅能够被外界了解和学习，同时也能够吸收其他文化的精华，推动文化的相互影响和融合。

第三节　中国传统文化的保护与传承

一、中国传统文化保护与传承的总体要求

中国传统文化源远流长，蕴含着丰富的智慧和价值观念。其传承不仅仅是对历史的延续，更是对人类智慧的传承，对民族精神的传承。为了保护、弘扬和发展中国传统文化，我们需要遵循以下总体要求：

（一）尊重历史，扎根传统，发挥主体积极性

传承中国传统文化的首要要求是尊重历史，深入了解和研究古代文化的根源和发展过程。通过对经典文献、古代文化遗产的深入研究，我们能够更好地理解传统文化的精髓和内涵，从而扎根于传统的土壤中。

中国传统文化传承的总体要求之一是尊重历史，扎根传统，发挥主体积极性。这个要求反映了对中国传统文化的重视和对其传承的原则。

第一，尊重历史是传承中国传统文化的基础。中国拥有悠久的历史和丰富的文化传统，尊重历史意味着对历史文化的珍视和尊重。传承者需要深入研究和了解历史文化的背景、发展和内涵，从历史中获取智慧和启示，以便更好地传承和发展中国传统文化。

第二，体现客体原真性。传承中国传统文化要保持其真实性和原貌，赋予历史情感，并与当代信息融合，真实还原文化。保护文化遗产的物质载体和核心，实现"形神统一"。传承应认清传统文化的现实意义和价值，感知其多维度发展，实现保护、传承、融合和创新。加强研究和编撰工作，普查、保护和共享资源。

强调保护为主、抢救第一，合理利用文化遗产。传承精神文化理念，保持其原真性，综合考虑多维文化。让人们了解最真实的历史信息，引领参与，激发活力，实现有价值的传承。克服困难，转化劣势为优势。

第三，扎根传统是传承中国传统文化的重要方式。中国传统文化有着独特的特点和价值观念，传承者需要深入理解和体验这些传统的思想、道德和艺术，扎根于传统文化的土壤中。

第四，发挥主体积极性是传承中国传统文化的重要态度。传承者需要主动参与、积极探索和创新传统文化，将其与现代社会相结合，使传统文化在新的时代条件下焕发出新的活力。这需要传承者具有创新意识和开放心态，通过吸纳外来文化的精华，将其与传统文化相融合，使传统文化保持活力并具有现实意义。

（二）传承核心价值观，塑造精神风貌

中国传统文化凝聚了深厚的核心价值观，如仁、义、礼、智、信等。传承中国传统文化要求我们积极弘扬这些核心价值观，使其成为我们行为准则和精神追求的指引。通过道德教育、文化活动等方式，培养人们的品德修养，塑造良好的精神风貌。

中国传统文化传承要求我们传承其核心价值观，并塑造精神风貌。核心价值观是指中国传统文化中所体现的智慧、道德、仁爱、和谐等重要价值理念。传承核心价值观是为了引领人们的行为准则和思维方式，培养积极向上的品质和道德观念。

在传承中国传统文化的过程中，我们需要弘扬中华民族的传统美德，如孝顺、友爱、忍让、诚实等，培养社会责任感和公民意识。同时，还应传承中国传统文化中注重和谐与平衡的观念，包括人与自然的和谐、人与人的和谐、人与社会的和谐等，倡导和平共处、互利共赢的价值观。

塑造精神风貌意味着培养健康向上、积极乐观的精神状态。传承中国传统文化需要鼓励人们树立正确的人生观、价值观和世界观，培养勤奋、宽容、乐观向上的精神风貌。这不仅可以提升个人素质，也有助于社会和谐与稳定的发展。

为了实现这一目标，我们可以通过多种途径来传承中国传统文化。例如，加

强对传统文化知识的学习和研究，推动相关课程的开设，培养人们对传统文化的认同感和自豪感。同时，通过举办文化活动、传统节日庆祝等形式，让更多人参与到传统文化的传承中来。

（三）强调创新与传统的有机结合

中国传统文化传承强调创新与传统的有机结合。中国作为一个拥有悠久历史和深厚文化底蕴的国家，一直以来注重传统文化的传承和发展。然而，随着社会的不断变革和全球化的潮流，中国传统文化面临着新的挑战和机遇。在这个背景下，强调创新与传统的有机结合，成为中国传统文化传承的重要路径。

传统文化是一个民族的精神基因和文化根基，具有独特的价值观念、道德规范、审美观念等方面的特点。然而，仅仅固守传统而不加以发展和创新，会使传统文化逐渐丧失其活力和吸引力。因此，中国传统文化的传承必须与时俱进，注重创新。

创新与传统的有机结合并不意味着对传统文化的颠覆或舍弃，而是在传承的基础上进行积极的创新和发展。这种有机结合是一种相互促进的关系，既能够保持传统文化的独特性和根基，又能够赋予其新的内涵和活力。

在中国的传统文化传承中，创新与传统的有机结合体现在多个方面。首先，对传统文化的研究和解读需要与时代的要求相结合。传统文化的经典著作和思想观念需要通过现代化的方式进行诠释和传播，使其与当代社会相契合。其次，在文化创作和艺术表现方面，需要在传统的基础上加入现代元素和创新的表达方式，以吸引年轻一代的关注和参与。此外，传统文化在教育领域的传承也需要与现代教育理念相结合，注重培养学生的创新能力和跨文化交流的能力。

创新与传统的有机结合也可以在传统产业的发展中得到体现。例如，在传统手工艺品制作中，可以引入现代设计理念和技术手段，使传统手工艺品焕发出新的生命力。在旅游业发展中，可以将传统文化元素与现代旅游服务相结合，打造独特的旅游体验。此外，在科技领域的创新中，可以借鉴传统文化的智慧和哲学思想，促进科技创新的跨越式发展。

强调创新与传统的有机结合，既是对传统文化的尊重和保护，也是对时代发展的回应和贡献。在全球化的浪潮中，中国传统文化作为一种独特的文化资源，具有巨大的吸引力和影响力。只有通过创新与传统的有机结合，才能够让中国传统文化在当代社会中焕发出新的活力，实现传统与现代的和谐统一。

（四）注重多元交流与互动

中国传统文化传承要求注重多元交流与互动。作为一个源远流长的文化体系，中国传统文化蕴含着丰富的思想、价值观和艺术表达，而其传承与发展的关键在于不断促进多元交流与互动，以实现跨文化的对话与融合。

中国传统文化的传承不仅仅是对古代经典和传统习俗的延续，更是一种活的文化现象，需要与当代社会相互交融。传统文化的传承注重与现代价值观和生活方式的对接，通过与当代社会的互动，使传统文化焕发出新的活力和影响力。

多元交流是传承中国传统文化的重要途径之一。这种交流可以在国内展开，促进不同地域、不同民族之间的文化对话与交流。中国拥有丰富的地域文化和民族文化，通过各地的文化节庆、艺术表演、文化遗产展示等活动，可以促进不同文化之间的相互了解与学习，加深对传统文化的认同与理解。

此外，多元交流也需要在国际层面进行。中国传统文化作为世界文化遗产的重要组成部分，具有广泛的国际影响力。通过国际文化交流与合作，可以将中国传统文化与其他国家的文化进行对话与碰撞，实现跨文化的融合与创新。例如，丝绸之路文化的传承与发展，不仅需要内部地区之间的交流互动，也需要与沿线国家的文化交流，促进共同繁荣与发展。

互动是传承中国传统文化的重要方式之一。互动包括师徒制度的传承、社区文化的传承以及现代科技的应用等方面。师徒制度是中国传统文化传承的重要方式，通过师傅传授技艺和知识给徒弟，实现传统技艺和智慧的代代相传。社区文化是中国传统文化传承的基础，通过社区的组织和活动，可以促进居民之间的互动和交流，形成共同的文化认同与价值观念。同时，现代科技的应用也为传统文化的传承提供了新的可能性，例如通过互联网平台、社交媒体等工具，可以实现传统文化知识的广泛传播和跨时空的互动交流。

多元交流与互动不仅仅是传承中国传统文化的手段，更是推动文化创新与发展的动力。通过多元交流，可以吸收其他文化的优秀元素，为传统文化注入新的活力和创意。通过互动，可以激发青年一代的创造力和参与度，让他们能够更好地理解和传承传统文化，并将其融入当代生活中。

（五）加强教育与培养的系统性

中国传统文化传承要求加强教育与培养的系统性。作为一种源远流长的文化体系，中国传统文化蕴含着深厚的思想、道德、艺术和价值观念，对于培养人们的文化自信、道德意识和创新能力具有重要意义。为了实现传统文化的传承和发展，必须注重加强教育与培养的系统性，将传统文化融入教育体系中，并为学生提供全面的传统文化学习和培养。

加强教育与培养的系统性意味着传统文化教育应贯穿于教育的各个层次和环节。首先，从学前教育开始，应该注重对儿童的传统文化启蒙。通过儿童歌谣、绘本、游戏等方式，让孩子们初步了解传统文化的基本内涵和价值观念。其次，基础教育阶段应将传统文化教育纳入课程中。例如，在语文课程中，通过学习古代经典文学作品，培养学生的文学素养和审美能力；在历史课程中，通过学习中国古代历史，让学生了解传统文化的渊源和发展过程。同时，还可以设置专门的传统文化课程，深入讲解传统文化的思想、哲学、艺术等方面的内容。

此外，高等教育阶段也应加强对传统文化的教育与培养。在大学和研究机构，应设立相关的传统文化专业或学科，培养专门的传统文化研究人才。通过深入的研究和学术探索，可以进一步挖掘和传承传统文化的精髓和智慧。同时，也应鼓励学生参与传统文化研究和实践活动，如举办学术讲座、展览、演出等，培养学生的研究能力和实践能力。

教育与培养的系统性还需要注重传统文化的实践与体验。传统文化并不只是理论知识，更是一种生活方式和价值观念。通过参与传统文化的实践活动，如书法、音乐、舞蹈、剪纸等艺术形式的学习与创作，可以使学生更加深入地体验和理解传统文化的内涵。同时，鼓励学生参与传统文化的传承与保护活动，如社区文化活动、传统节日庆典等，培养学生的文化自觉和责任感。

加强教育与培养的系统性还需要注重跨学科的整合。传统文化涉及广泛的领域，如历史、文学、艺术、哲学、社会学等。为了全面传承和发展传统文化，各学科之间应加强合作与交流，形成多学科交叉的研究和教学模式。例如，在传统文化课程中引入人文科学、社会科学、自然科学等多学科的内容，使学生能够从多个角度理解和探索传统文化的内涵。

（六）保护与传承的可持续性

中国传统文化传承要求保护与传承的可持续性。作为悠久而宝贵的文化遗产，中国传统文化承载着丰富的智慧、价值观和审美理念，对于塑造国家和民族的身份认同、传统道德伦理的传承以及社会和谐的促进都起着重要作用。为了确保传统文化的延续和发展，必须注重保护与传承的可持续性，即通过有效的措施和策略，使传统文化得以保护并持续地传承下去。

保护传统文化的可持续性需要从多个方面入手：

第一，保护传统文化的物质遗产是至关重要的。物质遗产包括古建筑、文物、艺术品等具体的物质实体。要保护这些遗产，需要加强对古建筑和文物的修缮和保护工作，建立完善的文物保护法律法规，并加强监管和执法力度，防止非法盗掘和破坏。同时，还需要加强文物的科学研究和保护技术的创新，以确保物质遗产的保存和传承。

第二，保护传统文化的非物质遗产也是至关重要的。非物质遗产包括口头传统和表演艺术等无形的文化实践。要保护这些非物质遗产，需要采取多种措施。一方面，要加强对传统技艺的培训和传承，培养一批专业人才和传统艺人。另一方面，要加强对口头传统和表演艺术的记录和研究，建立数据库和档案，确保其传承和发展。此外，还可以通过组织传统文化节庆和展览等活动，提高公众对传统文化的认同和参与度，促进传统文化的传承与弘扬。

第三，传承传统文化的可持续性还需要注重创新与发展。传统文化的传承不是简单地照搬和复制，而是要结合时代的需求和发展，注入新的生命力和创造力。传统文化创新可以包括对传统文化的重新解读、融合其他文化元素、发展新的艺术形式等。通过创新，传统文化能够更好地适应现代社会的需求，吸引更多的人参与和传承。

第四，传承传统文化的可持续性还需要加强政府的支持和社会的参与。政府应加大对传统文化保护与传承的投入，提供专项经费和政策支持，推动传统文化的保护工作。同时，社会各界应加强对传统文化的关注和支持，鼓励公众参与传统文化的传承和弘扬，营造良好的社会氛围。

（七）促进国际交流与合作

中国传统文化传承要求促进国际交流与合作。作为世界上历史最悠久、内涵最丰富的文化之一，必须积极推动国际交流与合作，与其他国家和文化进行对话与交流，共同促进世界文化的多样性和繁荣。

第一，通过与其他国家和文化的交流，可以拓宽传统文化的视野。不同国家和文化拥有独特的历史、传统和文化表达方式，通过与之交流，可以加深对自身文化的理解和认识，发现共通之处和差异之美。同时，也可以从其他文化中汲取经验和启示，为传统文化的传承和创新提供新的思路和方法。

第二，国际交流与合作可以促进传统文化的传播与影响力的扩大。通过与其他国家和地区的交流，可以让更多的人了解和体验中国传统文化，提高其在国际舞台上的知名度和影响力。通过举办文化交流活动、艺术展览、表演等，可以展示中国传统文化的独特魅力，吸引更多人的关注和参与。这不仅有利于传统文化的传承，也为促进文化旅游和文化产业的发展带来机遇。

第三，国际交流与合作也可以促进不同文化之间的互鉴与融合。通过与其他国家和文化的交流，可以发现不同文化之间的共同点和相互补充之处。这种互鉴和融合可以丰富传统文化的内涵，推动传统文化与现代社会的对接和融合。例如，在传统艺术表演中加入现代舞蹈元素，创造出新的艺术形式；将传统文化的哲学思想与现代科技结合，开展创新研究等。这种跨文化的合作与融合不仅有助于传统文化的传承，也为全球文化的多样性和繁荣作出贡献。

为了促进国际交流与合作，有几个关键方面需要重视：①加强外语教育，提高人才的跨文化交流能力。通过学习和掌握多种外语，可以更好地与其他国家和文化进行对话和交流。②加强文化机构和组织的合作与交流。通过建立文化交流平台、开展文化项目合作等，可以促进不同文化之间的交流与合作。同时，也需要加强政府间的合作与支持，提供相应的政策和资金支持，推动国际交流与合作的顺利开展。

二、中国传统文化保护与传承的基本途径

传承中国传统文化有助于人们保留和传播宝贵的文化遗产，塑造身份认同，培养正确的价值观念，传承知识和智慧，培养艺术和创造力，促进文化交流和世界和平。这对于个体、社会和整个人类来说都具有深远的意义。中国传统文化保护与传承的基本途径如下：

（一）文化遗产保护

中国的传统文化遗产如古建筑、古籍、传统工艺等是宝贵的文化资源。通过文化遗产的保护、修复和传承，可以使传统文化得以延续。政府、文化机构和专业人士致力于文化遗产的保护与传承工作，包括修复古迹、整理古籍、培养传统工艺人才等。

第一，古建筑保护。中国有许多古老而独特的建筑，如宫殿、庙宇、园林等。政府和文化机构致力于古建筑的保护与修复，采取措施确保它们的原貌和历史风貌得以保留。专业人士会进行结构修复、材料保护和文物保管等工作，以保持古建筑的完整性和可持续性。

第二，古籍整理与保护。中国有丰富的古籍文献，包括经典著作、历史记录和文化典籍。文化机构和专家学者致力于古籍的整理、研究和保护工作。他们进行文字校勘、修复古籍损坏部分、数字化保存等，以确保这些宝贵的文献资源得以传承和研究。

第三，传统工艺保护与传承。中国的传统工艺技艺独具特色，如陶瓷、丝绸、漆器等。文化机构和专业人士致力于传统工艺的保护与传承，包括寻找传统工艺大师、培养年轻的工艺人才、保护传统工艺的技术和工艺流程等。通过传承传统工艺，这些技艺得以保存并在当代得到发展和创新。

第四，文化遗产教育与推广。除了实际的保护与传承工作，文化遗产的教

育与推广也十分重要。政府、文化机构和教育机构开展文化遗产教育活动，向公众传递和推广文化遗产的价值与知识。这包括举办讲座、展览、工作坊等，以及推出相关出版物和在线资源，让更多人了解、欣赏和参与到文化遗产的保护和传承中。

（二）家庭传承

家庭是传统文化传承的最基本单元。在家庭中，父母通过言传身教将传统文化价值观、道德准则、习俗传授给子女。这种传承方式包括家庭教育、亲身示范和日常生活中的交流。家庭传承在孩子的成长过程中起着至关重要的作用。因此，传统文化的传承离不开家庭教育形式。

1. 家庭传承的特征

家庭传承在中国传统文化中有一些独有的特征，包括以下方面：

（1）代际传递。家庭传承是代际之间传递文化的过程。长辈将自己学到的知识、价值观和行为准则传授给年轻一代，实现文化的传承。这种代际传递的方式能够确保文化的延续性和稳定性。

（2）口口相传。家庭传承主要依赖于亲密关系中的口头传承。长辈通过口述故事、经验分享、教诲和指导等方式将文化知识传递给后代。这种亲密的传递方式有助于加深家庭成员之间的情感联系，同时也有助于年轻一代更好地理解和吸收文化。

（3）实践参与。家庭传承强调实践参与的重要性。通过家庭成员的共同参与传统节日庆祝活动、传统技艺的学习和展示，以及参观文化遗址和历史建筑等，年轻一代能够亲身体验和感受传统文化的魅力，从而更好地理解和传承。

（4）个性化传承。家庭传承也具有一定的个性化特征。不同家庭会根据自身的文化背景、地域差异和家族传统等因素，对文化进行不同的强调和传承方式。这种个性化的传承有助于文化的多样性和创新。

（5）教育功能。家庭传承不仅仅是文化知识的传递，还具有教育功能。家庭成员通过传承文化，培养后代的道德观念、价值观和行为准则，塑造他们的人格和品格，促进他们的全面发展。

2. 家庭传承的作用

（1）家庭教育是培养子女良好品德和道德修养的重要途径。通过家庭教育，父母传授给子女诸如孝顺、尊敬长辈、友善待人、正直诚信等传统美德，这些美德是中国传统文化的核心价值观。

（2）家庭教育强调知识的传承和学习的重要性。在中国传统文化中，尊师重道的观念非常重要。父母会教导孩子孜孜不倦地学习，注重教育子女的学业成就和学习方法。这种传统文化观念认为，通过良好的学业成就，子女可以获得社会地位和尊重。

（3）中国传统文化还强调家庭的凝聚力和亲情。家庭教育注重培养家庭成员之间的和睦相处、亲情关怀和家庭责任感。这种观念认为，一个和谐的家庭是社会稳定的基石，也是子女个人发展的有力支持。

（三）学校教育传承

学校教育是传统文化传承的重要途径之一。在学校教育中，学生通过历史、文学、哲学等学科的教学，接触和学习传统文化的经典著作和思想。学校可以组织传统文化的课程、活动和社团，促进学生对传统文化的理解和研究。各地区学校要提高对传统文化传承教育管理工作的重视程度，积极响应国家相关政策号召，主动加强对中华优秀传统文化的传承教育工作。

在高校教育实践工作中，高校要积极为师生创造出传统文化学习传承工作开展的有利条件，一方面要科学有效地开设中国传统文化学习课程，以满足不同层次的学生对于传统文化的学习要求；另一方面则可以指引学生成立各种关于传统文化的学习社团和组织，让学生根据自身的兴趣爱好参与到传统文化知识学习的传播活动中。高校在传统文化教育建设工作中还需引导思政教师创新运用不同渠道和方式加强对传统文学艺术、风俗礼仪、价值观等文化的传播，加强与学生的线上线下互动交流，从而帮助他们树立起正确的人生观、价值观和世界观。

（四）社会机构和组织传承

社会机构和组织如博物馆、图书馆、文化中心、传统艺术团体等也承担着传统文化传承的角色。它们通过展览、讲座、研究活动、表演等方式向公众传达和弘扬传统文化。这些机构和组织提供了学习和体验传统文化的场所和平台。

第一，博物馆。博物馆是展示和保护文化遗产的重要场所。它们收藏、研究和展示各种与传统文化相关的艺术品、文物和手工艺品。通过举办展览和展示，博物馆向公众传递中国传统文化的价值和内涵。同时，博物馆还组织教育活动，如讲座、工作坊和导览，帮助人们深入了解和欣赏传统文化。

第二，图书馆。图书馆是知识和文化的宝库，它们收藏并提供大量与中国传统文化相关的书籍、古籍和研究资料。通过借阅服务和学术研究支持，图书馆为人们提供了深入研究和学习传统文化的机会。此外，图书馆还举办文化讲座、读书会和展览等活动，促进人们对传统文化的了解和传承。

第三，文化中心。文化中心是传播和弘扬传统文化的重要场所。它们组织各种文化活动，包括传统音乐、舞蹈、戏剧表演和艺术展览。文化中心还提供培训课程，如传统音乐乐器的学习和中国绘画的教育，让人们有机会亲身体验和学习传统文化的技艺和艺术。

第四，传统艺术团体。传统艺术团体如京剧团、曲艺团等承载了丰富的传统文化表达方式。它们通过演出、巡回演出和参与国内外文化交流活动，传播中国传统艺术，使更多人了解和欣赏传统艺术的魅力。这些团体还通过培训和传承计划，培养年轻人的艺术才华，确保传统艺术形式得以延续。

这些社会机构和组织不仅为公众提供了学习、欣赏和参与传统文化的机会，同时也起到了保护和传承传统文化的重要角色。它们通过各种形式的活动和资源提供，确保传统文化的独特性和精髓得以传承和发展，让更多的人从中受益并为传统文化的传承贡献力量。

（五）"三位一体"文化传承网络构建

学校、家庭、现代大众传媒在中国传统文化的传承中扮演着不同的角色，因此，要实现中国传统文化的有效传承，必须构建"三位一体"的文化传承网络，各司其职，相互补充，共同保障中国传统文化的有效传承。

1. 明确教育侧重点，确保针对性传承

在传统文化传承的过程中，家庭教育应该侧重行为系统方面，如家长应加强对子女良好行为习惯的养成，独立能力的培养等。学校教育应该侧重知识系统方面，注重对受教育者讲解中国传统文化的基本精神，让其了解中国传统文化的博大精深以及对世界产生的影响等内容。现代大众传媒则应该侧重在价值取向上予以正确引导，使人们在对待中国传统文化的价值观上采取科学的态度，形成正确的文化观，科学合理并以扬弃的态度来对待中国的传统文化。

2. 确保中国传统文化传承的有效实现

既然学校教育、家庭教育、大众传媒教育在中国传统文化传承方面所负职责各不相同，因此，在进行传统文化传承的过程中，就应该做到三者既有综合又各有侧重。针对家庭教育，应该注重日常生活中基本礼仪礼节的训练，强调传统文化中的忠孝亲仁、睦邻友好、敬老爱幼等基本伦理规范的内化，诚信待人、慎独自爱等道德品质的培养和自立自强、勤劳勇敢等行为习惯的养成；学校教育则应该强调中国传统文化的系统掌握，让受教育者学习中国古代的经典文本、掌握中国古代的文史哲知识等；大众传媒教育则应该强调中国古代传统文化中的荣辱观、义利观、人伦观、天人观等价值取向的认知与养成。传统文化中的知识系统导致价值系统的形成，价值系统的形成又会导致行为系统的发生，所以三者相辅相成，互为补充。

第二章
中国传统文化包含的具体内容

第一节　中国传统文化的内容——教育

一、中国传统文化教育

中国传统文化与教育，作为相辅相成、互为表里的两大体系，共同构筑了华夏文明的深厚基石。教育，作为社会文化延续与发展的基石与动力，不仅承载着知识传授的重任，更肩负着文化传承与创新的使命。中国传统教育，深深植根于中国传统文化的沃土之中，其发展历程、教育理念及实践模式，无一不彰显着中国传统文化的深厚底蕴与独特韵味，对于中国传统文化的积淀、传承乃至创新，均发挥了不可估量的作用。

回溯历史长河，春秋战国时期，私学的兴起标志着教育领域的重大变革，诸子百家争鸣，思想文化空前繁荣，这一时期的教育不仅促进了学术思想的多元化发展，也为后世留下了丰富的文化遗产。汉代以降，儒家经典成为教育的主要内容，这不仅推动了儒学的广泛传播与深入发展，也进一步巩固了儒家思想在中国传统文化中的主导地位。唐代的专科学校，如医学、算学等，不仅培养了各领域的专业人才，更展现了唐代文化兼容并蓄、繁荣昌盛的宏大气象，体现了教育对于社会文化发展的直接推动作用。

至唐宋以后，书院制度的兴起，作为中国教育史上的又一里程碑，不仅为著名学者提供了聚徒讲学、培养人才的平台，更在教育、学术研究之外，承担了保存文化典籍、开展学术交流、传播文化等多重功能，成为推动学术文化发展的重要力量。书院的教育模式，强调自学与研讨相结合，注重培养学生的独立思考能力与创新能力，这一教育理念与实践，无疑是对中国传统文化中"学以致用""格物致知"思想的生动诠释。

值得注意的是，伦理道德在中国传统文化中占据着核心地位，这一文化特质也在中国传统教育思想中得到了充分体现。无论是教育目的的确立，还是教育内容的选择，都无一不彰显出对道德教育的高度重视。中国传统文化的人文取向，决定了中国古代教育以人文教育为主，自然科学教育为辅的特点。在这一教育理念指导下，教育不仅仅关注知识的传授与技能的培养，更注重引导学生如何做人，如何修养身心，追求崇高的精神境界，实现个人自我修养与社会责任感的和谐统一。这种教育理念，不仅塑造了中国古代士人的理想人格，也为后世留下了宝贵的精神财富。

二、中国传统学校教育

"中国传统教育包括学校教育、家庭教育、社会教育等。学校教育分为官学和私学。"[①]官学是官府设立的学校，西周的国学、乡学，汉代的太学、州郡县学，唐宋以后的太学、国子监、府州县学等，皆属官学。私学是私人创办的学校，春秋战国时期的孔子、墨子、孟子、荀子，皆为私学大师。隋唐以后通过科举考试选拔人才，对学校教育形成了影响。

（一）官学

周代官学包括国学和乡学。《礼记·王制》："大学在郊，天子曰辟雍，诸侯曰泮宫。"从学习的阶段来看，分小学和大学。在周代接受官学教育的，多为公卿大夫的子弟，称"国子"。国子在小学阶段，"德行"与"道艺"兼修，礼乐之教占重要地位。据《周礼·地官司徒》，当时由师氏教以"三德"和"三行"，保氏教以"六艺"和"六仪"。大学的学习内容，以诗书礼乐为主，不同时地，各有所重。

---

① 李宽松，罗香萍.中国传统文化概论[M].广州：中山大学出版社，2018：97.

　　汉代教育与儒学、选士制度建立了密切联系，对后世影响深远。西汉董仲舒向汉武帝提出"兴太学"的建议，汉武帝元朔五年（前124年）设立了太学，这是以传授知识学问为主要目的的最高学府，中国古代真正意义上的高等教育由此开始。太学的教官为"五经"博士，学生为"博士弟子"，教学内容主要是儒家经典，教学目的旨在通经致用，学生分经受业，经考试合格，可任政府官吏。西汉博士各专一经。东汉鼓励通才，不少人博通"五经"。魏晋南北朝时期，教育进一步发展。西晋于太学之外另立国子学，收五品以上官员子孙，太学则成为六品以下官员子弟学校。后世"国子学"之名由此开始。南朝宋文帝立儒学、玄学、史学、文学四馆，相当于大学下属四个系。明帝设"总明观"，总揽上述四科，这是唐代分科教学的滥觞。北魏禁止私学，规定了大、中、小郡学校博士、助教及学生的不同数额，这对后世的地方教育有一定的影响。

　　唐代是中国教育的黄金时代，其突出特点是分科办学、专业广泛，显示了唐代文化繁荣的局面。中央设国子监，下设国子学、太学、四门学、书学、算学、律学等，此外，有弘文馆、崇文馆、广文馆、经师学、医学、天文学、历数学等。地方有府州县学和专门学校。隋唐时期建立了科举考试制度。学校教育、社会教育、官员选拔任用等，均服从或从属于科举考试，选拔人才和培育人才的标准和要求一致，促进了教育的发展，也使寒门庶士有了学优从政国子监的可能。

　　宋代时国子监所属有国子学（收七品以上子弟）、太学（收八品以下及庶人子弟）、律学、书学、算学、医学。仁宗时设武学、军监学。徽宗时设画学，课业有人物、山水、花木、鸟兽、屋宇等，《宋史·选举志》记载："'画学'之业，曰佛道、曰人物、曰山水、曰鸟兽、曰花竹、曰屋木。"地方除州县之学外，在外侨集中的广州、泉州设"蕃学"。

　　明清时期的国子监，主要教学内容为宋代程朱学派注释的"四书""五经"等，不分国子学和太学。清代除国子监外，另设"宗学""八旗官学"，以教育皇族和八旗子弟。

（二）私学

私学[①] 作为教育事业的重要组成部分，对中华文明的发展作出巨大的贡献。首先，它冲破西周以来"学在官府"、学校教育为官府垄断局面，扩大了教育对象。其次，私学是专门的教育场所，这就打破了政教合一、官师合一的旧官学教育体制，使教育成为一种独立的活动。私学使教育内容与教育方式得到新的发展。最后，私学的发展积累了丰富的教育经验，促进了先秦教育理论的发展。

春秋战国时期，国学逐渐衰落，"天子失官，学在四夷"，民间私人创办的学校兴起，孔子是首创者，墨子、庄子、孟子、荀子等亦皆广收门徒。在私人讲学的过程中，不同学派随之产生，出现诸子百家争鸣、思想文化空前活跃繁荣的局面。孔子是大规模私人办学的开创者，发展了古代教育理论，积累了丰富的教育经验，成为中国古代教育思想和实践的奠基人。孔子因材施教、启发诱导等教育理念和方法，在中国教育史上产生了深远的影响。

汉代民间私学发展繁盛，有"蒙馆""书馆""乡塾"等，相当于小学；又有"经馆""精舍""精庐"等，相当于大学。担任私学教师的，有马融、郑玄等著名经学家，他们治学严谨，重视考据训诂，是"汉学"的代表。

魏晋南北朝时私学在规模和质量上超过官学，名儒聚徒讲学，学生人数上百乃至上千者屡见不鲜。梁武帝时开设五个学馆，博士由著名私学大师担任，体现了私学的高度发展。五馆中以潮州的严植之学馆最为有名，他讲学时五馆的学生都来听，听者常达千余人。此时的私人讲学，融合了儒学、玄学、佛学和道教，科技教育也是重要内容之一。讲学者中有女性，如韦程的母亲宋氏，韦程担任前秦苻坚的太常官时曾为之在家中设讲堂，教授学生百余人；南朝宋齐年间吴郡的韩蔺英，在齐武帝时任博士，教六宫书学，时人称之"韩公"。

唐代的私学遍布城乡，程度不一，既有颜师古、孔颖达、韩愈、柳宗元等名儒硕彦的传道授业，也有启蒙识字的村野私立小学。

---

① 私学，是中国古代私人办理的学校，与官学相对而言。私学产生于春秋时期，孔子虽非私学的首创者，但以孔子私学规模最大，影响最深，历时 2000 余年，在中国教育史上占有重要地位。

宋代以后，私学主要承担蒙学教育，宋代的蒙学包括家塾和宗族设立的义学等，重视教授识字和日常生活的基本知识。

明清时期的蒙学有坐馆或教馆（聘请教师在家教学）、家塾或私塾（教师在自己家中设学）、义学或义塾（地方或个人出资设立小学，带有慈善事业的性质），形成了固定的教学制度和程序，有从事蒙学教育的教师队伍，蒙学教材除了《三字经》《百家姓》《千字文》外，还有《千家诗》《龙文鞭影》《幼学琼林》《声律启蒙》等。道光二十一年（1841），辛丑科状元龙启瑞作《家塾课程》，总结中国古代的蒙学教学经验，提出以看、读、写、作四字为纲，归纳了日常教学程序；道光间王筠撰写《教童子法》，系统论述蒙学教育。清人有关蒙学的总结和研究对于今天的中小学教育，仍具启示和借鉴意义。

在官学和私学之外，还有一种学校教育类型，即萌芽于唐代而兴盛于宋代的"书院"。书院是在私学的基础上发展起来的，开展教学、研究和学术交流等活动，往往成为一个地区或某个学派的学术中心，在学风上，以重义理阐发为特色，推动了中国古代学术文化的发展。

（三）传统学校教育与科举制度

教育的任务之一是为国家培养人才。因此，古代教育与官吏选拔制度密切相关。中国古代官吏选拔制度，代有不同。汉代实行"察举制"，指定官员担任举主，负责向国家举荐人才，经朝廷检验后给予录用或升迁。汉武帝时下诏令郡国每年察举孝者、廉者各一人，通称"举孝廉"，这是汉代察举制中最为重要的科目。魏晋南北朝时期实行"九品中正制"。在各州郡设大小中正，由本地在中央任官者担任，负责察访、品评本州郡的士人。人物的品行定为上上、上中、上下、中上、中中、中下、下上、下中、下下九品，以此作为选人授官的依据。中正评定人物品级时，按家世门第高低、才德优劣，划分品等，然后向吏部推荐。推行渐久，大小中正多为世家大族把持，品评人物的标准不是德才优劣，而是门第高低，形成"上品无寒门，下品无世族"的局面。为了消除这一积弊，由隋至唐，逐步以科举制度取代"九品中正制"。

科举制度是隋唐之际兴起来的一种通过设科考试选拔官吏的制度，始创于隋，形成于唐，至清光绪三十一年（1905 年）废止，实行了 1300 多年。隋炀帝大业三年（607 年）设进士科，通过"试策"，即考时务策的办法选取进士，标志着科举制度的开端。唐代的科举分常科和制科两类。常科有秀才、明经、进士、明书、明法、明算等基本科目，每年定期举行。制科由天子主持，根据需要临时下令举行。常科的考生有生徒和乡贡，"由学馆者曰生徒，由州县者曰乡贡"（《新唐书·选举志上》），中央或地方学校送往尚书省应试的考生称生徒，不在学校学习而自学有成的，可向州、县提出申请，经考试合格，由州县送尚书省参加考试，称为乡贡。常科中明书、明法、明算不为人们重视；秀才在唐初要求很高，后来停废；明经、进士两科的应试者最多，是唐代常科的重要科目，两科之中又以进士更占优势，是读书人入仕的重要途径。

宋朝科举在袭沿唐代制度的基础上进一步完备。考试科目以进士为重，增加殿试，由皇帝亲策。唐至宋初科举每年一次或两年一次不定，宋英宗治平三年（1066 年）正式定为三年一次。与唐代相比，宋代科举的录取名额增加了许多。

元代开国初期不重视科举，至仁宗时才制定科举程式，规定科举考试从"四书"中出题，以朱熹《四书集注》的解释为标准。明清时期，科举考试形成了完备的制度，与学校教育的联系也更为紧密。同时规定试卷须用八股文体写作，即将全文分为破题、承题、起讲、入手、起股、中股、后股、束股八个部分，起股以下，每部分用两股排偶文字，限定字数，故称"八股文"，又名"制义""时文"。此时科举必由学校，只有各类学校的生徒才有资格参加乡试。受科举考试的影响，学校以程朱学派注释的"四书""五经"等为主要教学内容。

相较于以往的选士制度，科举制度有其优点。较之汉代的察举制和魏晋南北朝的九品中正制，科举制度更为客观公正，它对九品中正制的取代，打破了门阀世族对官位的垄断，将选用官吏的权力，从世家大族的手里收归中央，有助于巩固中央集权。科举考试向非权贵世家子弟敞开大门，有利于吸收社会各阶层人才进入政权，保持官员队伍的活力，缓和社会阶层之间的矛盾，扩大和巩固封建统治的基础。同时，科举制度也推动了文化教育的普及、社会读书风气的盛行和教育的发展。但从另一方面看，科举考试在一定程度上束缚了知识分子的思想和自由发展，使受教育与仕进、利禄进一步挂钩，让教育逐渐成为科举的附庸。

三、中国传统教育思想

中国传统教育在教育目的、教育内容上体现出重视伦理道德教育的倾向，在教育方法上讲究启发诱导、因材施教，在为学方法上主张循序渐进、学思并重。

（一）教育目的——明德至善，致知笃行

中国传统教育思想强调，对于国家而言，教育重在弘扬善良光明的德性，形成良好的社会风尚，培养治国人才。对于个人而言，教育首先要提高人的品德，使受教育者的人格更为完善。《荀子·劝学》中说："君子之学也，以美其身。"此外，教育要使人致知而笃行，学以致用，成为经世之才。《礼记·中庸》提出治学者应"博学之，审问之，慎思之，明辨之，笃行之"，将自己所学落实到行动中。古人重视知与行的结合，主张知与行相辅相成。荀子说："不闻不若闻之，闻之不若见之，见之不若知之，知之不若行之。"（《荀子·儒效》）陆游在诗中说："纸上得来终觉浅，绝知此事要躬行。"（《冬夜读书示子聿》）朱熹也强调："知之愈明，则行之愈笃；行之愈笃，则知之益明。"（《朱子语类》）王阳明主张知行合一，认为"知者行之始，行者知之成"（《传习录》）。张之洞主张"读书期于明理，明理归于致用"（《輶轩语·语学》），尤其强调经史之书对于经世的作用，认为"以经学史学兼经济者，其经济成就远大"（《书目答问》）。历代关于治学的这些言论，皆主张治学者致知笃行、知行结合、学以致用。

（二）教育内容——以德为本，德智统一

中国古代教育的内容，以道德教育为主，同时包括知识教育、文学艺术教育、实践技能教育等。

道德教育在中国传统教育中居于首要地位。据《周礼·地官司徒》，师氏教国子以"三德"（至德、敏德和孝德）和"三行"（孝行、友行和顺行）。孟子说夏、商、周的学校教育"皆所以明人伦也"（《孟子·滕文公上》）。"人伦"

指人与人之间的关系，尤其是尊卑长幼之间的伦理关系。可见，古人很早就将伦理道德作为教育的首要内容。孔子作为伟大的教育家，其思想以"仁"为核心，"仁"超出了伦理关系而具有更普遍的社会美德和人际关系准则的意义。《论语》中记载孔子的弟子问学，"仁"是重要内容。儒家、道家、佛家、宋明理学都重视道德教育和人的修养的自我完善，形成了道德教育和道德修养的体系、原则和方法。注重道德教育，对于推动中华文明的发展和中国社会的进步，陶铸我们民族的精神和智慧，培养历代仁人志士的境界和气节，发挥了重要作用。

除了道德教育之外，中国古代的教育内容也包括知识、实践技能等。孔子以"文、行、忠、信"四方面的内容来教育学生，主张"行有余力，则以学文"（《论语·学而》），"博学于文"（《论语·雍也》），教导学生广泛地学习文献、文化知识。传统教育思想还强调通过文献的学习可以了解自然科学知识，例如，孔子说学习《诗经》可以"多识于鸟兽草木之名"（《论语·阳货》）。在实践技能教育方面，《周礼》载古代的学校传授"六艺"，即礼、乐、射、御、书、数六种技能；东汉灵帝时设立了"鸿都门学"，专门传授辞赋书画；魏晋南北朝时的私学开展科技教育；唐代出现了多种专科学校，分别传授律学、书学、算学、医学、天文学、音乐等专门技能。

（三）教育方法——启发诱导，因材施教

中国传统教育注重采用启发诱导的方式进行教学。孔子在日常教学中"循循然，善诱人"（《论语·子罕》），这种循循善诱的教学态度，不仅为其弟子所称扬，也是中国传统教育的优秀思想和宝贵传统。《礼记·学记》中说："君子之教，喻也。道而弗牵，强而弗抑，开而弗达。道而弗牵则和，强而弗抑则易，开而弗达则思。和易以思，可谓善喻矣。""喻"就是启发诱导，引导学生自主学习和思考，通过启发让学生自己得出结论，而不是提供现成的答案。

古代教育家不仅主张采用诱导的教学方式，而且强调要把握好启发的时机。《论语·述而》中载孔子说："不愤不启，不悱不发。举一隅不以三隅反，则不复也。"主张教导学生，要让学生积极主动地进行思考，不到他想求明白而不得的时候，不去开导他；不到他想说却说不出的时候，不去启发他。只有在学生心

愤口俳的情况下加以启发，才能取得举一反三、触类旁通的教学效果。

中国传统教育还注重因材施教。不同的学习者有不同的基础和个性，教育者要在充分了解学生特点的基础上，根据他们的不同情况采用相应的内容和方法施行教育。孔子对不同学生提出的相同问题，会根据他们的性格特点，给予不同的解答。对于弟子们"闻斯行诸"的疑问，孔子告诫胆大粗心的子路要考虑有父亲兄长在，不能贸然"闻斯行之"，而鼓励处事谨慎、遇事退缩的冉有应该迎难而上，"闻斯行之"。程颐将孔子的这一教育经验概括为"孔子教人，各因其材"（《二程遗书》卷十八）。在孔子教学实践的影响下，"因材施教"成为中国教育的一个优良传统。

（四）为学方法——循序渐进，学思并重

中国传统教育讲究循序渐进的为学方法，主张在学习内容上讲究次序，在求学功夫上注重日积月累。

在学习内容的次序方面，古人提出，学习内容应该由易入难，由浅入深，讲求次序。在求学的功夫方面，传统教育思想强调学问重在日积月累，不可一曝十寒，亦不可急于求成。《荀子·劝学》云："积土成山，风雨兴焉；积水成渊，蛟龙生焉；积善成德，而神明自得，圣心备焉。故不积跬步，无以至千里；不积小流，无以成江海。骐骥一跃，不能十步；驽马十驾，功在不舍。锲而舍之，朽木不折；锲而不舍，金石可镂。"学习是一个日积月累的过程，需要耐性和毅力。曾国藩给自己立下"日课十二条"，其中，"读史：念二十三史，每日圈点十页，虽有事不间断"，"日知其所无：每日读书，记录心得语"，"月无忘其所能：每月作诗文数首，以验积理的多寡，养气之盛否"，"作字：饭后写字半时。凡笔墨应酬，当作自己课程。凡事不待明日，取积愈难清"等条，皆讲究学习的日常功夫。

学与思是矛盾的统一体，中国传统教育思想主张学思并重。孔子说："学而不思则罔，思而不学则殆。"（《论语·为政》）指出只学习而不思考，罔然无所知；只思考而不学习，疲惫无所得。《礼记·中庸》将学习的步骤归纳为"博学之，审问之，慎思之，明辨之，笃行之"，其中"审问""慎思""明辨"皆

属思维活动。"熟读"兼"精思"是许多成就卓著的大学问家共同的学习经验。苏轼说:"熟读精思子自知。"(《送安敦秀才失解西归》)朱熹说:"大抵观书须先熟读,使其言皆若出于吾之口;继以精思,使其意皆若出于吾之心。然后可以得尔。"(《读书之要》)历代学者的治学实践证明,只有将学与思结合起来才能获得好的学习成效。不注重思考的学习,容易盲目信从,而不一定能获得真理。古人为了避免学而不思的弊病,还十分注重怀疑精神的培养。孟子说:"尽信书,则不如无书。"(《孟子·尽心下》)明末清初的学者黄宗羲把怀疑视作是"觉悟之机",认为"小疑则小悟,大疑则大悟,不疑而不悟"。"学"和"思"相辅相成,相互促进。王夫之说:"学非有碍于思,而学愈博则思愈远;思正有功于学,而思之困则学必勤。"(《船山遗书·四书训义》)古代学者对学和思关系的深刻体认和精辟总结,是传统教育思想的精华。

第二节　中国传统文化的内容——史学

一、中国传统史学与文化解读

（一）中国传统文化中史学的地位

中国古代史学是中国文化的主要载体和重要组成部分。历代史学著作记录和保存了中华民族悠久的历史和灿烂的文化，是中国传统文化的渊海。《隋书·经籍志》将图书以经、史、子、集命名分类，自此至清代《四库全书总目》，史部图籍在四部分类中，均列于第二位，仅次于经部，体现了史学在中国传统文化中的重要地位。

（二）中国传统史学与其他文化门类的联系

每个文化门类都有其发生、发展的历史。因此，史学的研究范围十分广泛，包括经学、哲学、文学、艺术等领域的发展史。史学也和其他文化门类有着密切联系，与经学关系尤其值得注意。

学术的发展经历了一个从浑然不分到分门别类的过程。先秦时期，《尚书》虽然不是有意为史书，但它是中国历史著作最初的萌芽，被认为与纪事本末体史书有密切的渊源关系。《春秋》是一部真正的史书，为编年体断代史。汉代是中国学术传统形成过程中的一个重要时期，《汉书·艺文志》将图书分为"六艺""诸子""诗赋""兵书""术数""方技"六类，其中"六艺"为儒家经典，而《左传》《国语》《战国策》《太史公》（即司马迁《史记》）皆列于"六艺略"的"春秋家"中。"春秋家"小序中说："古之王者世有史官，君举必书，所以慎言行，昭法式也。左史记言，右史记事，事为春秋，言为尚书，帝王靡不同之。"可见此时在目录学上史学尚未从经学中分离出来。司马迁《太史公自序》中记先人之言："正《易经》，继《春秋》，本《诗》《书》《礼》《乐》之际。"也可见在汉代史家的观念中史学是以经学为指导。明代王守仁说："以事言曰史，以道言曰经。事则道，道即事。《春秋》亦经，五经亦史。《易》是庖牺之史，《书》是尧舜以下史，礼乐即三代史，五经亦即史。"（《传习录》）王世贞说："天地无非史而已；六经，史之言理者也。"（《艺苑卮言》）胡应麟说："夏商以前，经即史也；周秦之际，子即史也。"（《少室山房笔丛》）清代顾炎武说："孟子曰：其文则史。不独《春秋》也，六经皆然。"（《日知录》）章学诚也明确提出"六经皆史"的学术理念。这体现了历代学者对经学和史学之间关系的体认。史学在中国传统学术体系中处于仅次于经学的重要地位，很大程度上正由于二者之间的密切联系。

二、中国传统史学观念

中国古代史学家主张直书实录、彰善瘅恶、以史为鉴，整体上体现了经世致用的史学观念。

（一）中国传统史学观念——直书实录

秉笔直书，实录其事，是中国古代史书撰述的重要思想和优良传统。自先秦始，史家就秉持直书实录的创作精神。《左传·襄公二十五年》载："大史书曰：'崔杼弑其君。'崔子杀之。其弟嗣书而死者二人。其弟又书，乃舍之。南史氏闻大史尽死，执简以往。闻既书矣，乃还。"记述了齐国大史和南史氏不畏强御，甚至不惜以生命为代价秉笔直书的故事。刘知几在《史通·直书》中说："盖列士徇名，壮夫重气，宁为兰摧玉折，不作瓦砾长存。若南、董之仗气直书，不避强御；韦、崔之肆情奋笔，无所阿容。虽周身之防有所不足，而遗芳余烈，人到于今称之。"对历代史家直书实录的撰著精神给予了表彰。

实录既包括忠实而客观地载录和评价史事，也包括审慎地搜集和运用史料考订史实。司马迁作《史记》，"考信于《六艺》"（《史记·伯夷列传》），"厥协六经异传，整齐百家杂语"（《史记·太史公自序》），体现了他广泛搜集文献、慎重采用史料的著述原则。班固《汉书·司马迁传》评论《史记》："其文直，其事核，不虚美，不隐恶，故谓之实录。"肯定了《史记》考订史实谨慎，评价历史事件和历史人物以事实为据的实录精神。《汉书》记载汉武帝以前的历史，多依据《史记》，对于《史记》未用的材料，宁可阙如也不妄添，既体现了班固对《史记》实录价值的认可，也反映了《汉书》的实录态度。始自先秦的实录传统为历代学者所称誉，在征实史学发达的清代更是被推崇备至。

　　直书实录既是史书的创作原则和标准，也是史家综合修养的体现。《隋书·经籍志》云："夫史官者，必求博闻强识，疏通知远之士……书美以彰善，记恶以垂戒，范围神化，昭明令德，穷圣人之至赜，详一代之亹亹。"刘知几提出史学家须兼具"三长"，即"史才""史学"和"史识"。所谓"史才"是指编修史书的能力；所谓"史学"，是指史料和知识的储备；所谓"史识"，是指历史见解、眼光等，包括忠于史实秉笔直书，以及依据事实对历史事件、人物做出正确价值判断的胆识。后来章学诚在刘知几史家"三长"说的基础上提出了"史德"说。其所谓"史德"，指的是尊重历史事实，不任意褒贬的"著述者之心术"。他认为"修撰国史，义存典实，自非操履忠正，识量该通，才学有闻，难堪斯任"（《文史通义·史德》）。史学家的道德修养，会影响他的史学研究和史学著述。如果一个人品行不端、心术不正，就会歪曲历史事实；只有具备了高尚的道德品格，才能记述历史的真相，为后人提供有益的历史借鉴。章学诚又说："非识无以断其义，非才无以善其文，非学无以练其事。"（《文史通义·史德》）德、才、学、识四者是直书实录的史家必备的修养。

（二）中国传统史学观念——彰善瘅恶

　　《春秋》开创了以史惩劝的史学。《左传·成公十四年》谓："《春秋》之称，微而显，志而晦，婉而成章，尽而不汙，惩恶而劝善。"《孟子·滕文公下》云："孔子成《春秋》，而乱臣贼子惧。"东汉荀悦《申鉴·时事》曰："君举必记，臧否成败，无不存焉。下及士庶，等各有异，咸在典籍，或欲显而不得，或欲隐而名章，得失一朝，而荣辱千载，善人劝焉，淫人惧焉。故先王重之，以嗣赏罚，以辅法教。"历史是实录，上至君主，下及士庶，皆凛然于历史的尊贵与威严，深惧史家的直书，历史的惩劝功能才得以最大限度地发挥。

中国传统史学思想主张通过历史实录发挥彰善瘅恶、劝善惩恶的鉴戒作用。南朝梁刘想在《文心雕龙·史传》中说周代"诸侯建邦，各有国史，彰善瘅恶，树之风声"。北朝柳虬也曾论及设立史官的作用："古者人君立史官，非但记事而已，盖所以为监诫也。动则左史书之，言则右史书之，彰善瘅恶，以树风声。故南史抗节，表崔杼之罪；董狐书法，明赵盾之愆，是知执笔于朝，其来久矣。"（《周书·柳虬传》）唐代刘知几《史通·曲笔》："盖史之为用也，记功司过，彰善瘅恶，得失一朝，荣辱千载。"清代戴名世《史论》："夫史者，所以纪政治典章，因革损益之故，与夫事之成败得失，人之邪正，用以彰善瘅恶，而为法戒于万世。"

良史述事，以"善足以奖劝，恶足以监诫"（《晋书·张辅传》）为史料选择的价值导向。司马光自述《资治通鉴》的撰述方式："举撮机要，专取国家盛衰，系生民休戚，善可为法，恶可为戒者，为编年一书，使先后有伦，精粗不杂。"（《资治通鉴序》）"嘉善矜恶，取是舍非"（《资治通鉴序》）是该书选取史料的重要原则。

正所谓"名刊史册，自古攸难；事列春秋，哲人所重"（刘知几《史通·人物》），历史作为重要的典籍，既光耀了圣贤英豪的德行伟绩，也将奸险斗筲之人的丑行阴情曝扬于众。历史除了为统治者提供兴衰治乱的借鉴外，还具有无穷无尽的道德力量。史书记史彰善瘅恶的传统为后人立下了道德的标杆，弘扬了中国传统的主流价值观，传递了历史的正能量。

（三）中国传统史学观念——以史为鉴

中国自古以来重视历史借鉴和垂训的作用。《尚书·召诰》载周公语："我不可不监于有夏，亦不可不监于有殷。"《诗经·大雅·荡》云："殷鉴不远，在夏后之世。"

《旧唐书·魏徵传》载唐太宗语："夫以铜为镜，可以正衣冠，以史为镜，可以知兴替，以人为镜，可以明得失。"皆强调历史的鉴戒意义。历代有识之士皆主张对社会历史进行反思，从历史的治乱兴衰中探究治世之道。例如，明清之际思想家深慨于明亡清兴的社会巨变，提倡经世致用的实学，黄宗羲认为治经必须学史，才能达到实用的目的，顾炎武提出"引古筹今""明道救世"的主张。

以古鉴今是优秀史家编撰史书的宗旨。汉代司马迁写《史记》，"网罗天下放失旧闻，略考其行事，纵其终始，稽其成败兴坏之纪，亦欲以究天人之际，通古今之变，成一家之言"，志在"述往事，思来者"（《报任安书》）。唐代史学的兴盛，得益于唐太宗的倡导之功。唐太宗设馆修史，《隋书》的主编魏徵上疏唐太宗，说："臣愿当今之动静，以隋为鉴，则存亡治乱可得而知。"（《旧唐书·魏徵传》）魏徵等编撰的《梁书》《陈书》《周书》《北齐书》《隋书》（时称"五代史"）修成后，唐太宗极为赞赏："将欲览前王之得失，为在身之龟镜。公辈以数年之间，勒成五代之史，副朕深怀，极可嘉尚。"（《册府元龟》卷五五四《国史部·恩奖》）可见唐初君臣的修史事业具有以古为鉴的明确意图。宋代司马光编《资治通鉴》，目的在于"鉴前世之兴衰，考当今之得失"（司马光《资治通鉴序》），宋神宗为此赐书名"资治通鉴"（宋神宗御制《资治通鉴序》）。

三、中国传统史学特色与成就

（一）中国传统史学源远流长

中国史学发端于先秦时期。《尚书》是最早的历史文献总集，是史官起草的典、谟、训、诰、誓、命等文件的汇编，分《虞书》《夏书》《商书》《周书》四个部分，原称"书"，至汉代始称"尚书"，意为"上古帝王之书"（王充《论衡·正说篇》）。《汉书·艺文志》中说："左史记言，右史记事。事为《春秋》，言为《尚书》。"《尚书》记载的时间范围，上起原始社会末期的唐尧，下至春秋时的秦穆公，跨度长达1500多年，保存了上古时代重要的政治文献，是研究上古历史的重要史料。《诗经》收录西周初年至春秋中叶五百多年间的305首诗歌，对于研究周代社会和历史具有重要价值。其中《大雅》中《生民》《公刘》《绵》杨伯峻编著《春秋左传注》《皇矣》《大明》等五篇史诗，记载了后稷、公刘、古公亶父、文王、武王的业绩，反映了周族由起源、发展至建立统一王朝的历史过程。《春秋》是我国第一部编年体史书，记载了自鲁隐公元年至鲁哀公十四年（前722—前481年）的历史，按时间顺序编排历史事件，记事方式是"以事系日，以日系月，以月系时，以时系年"（杜预《春秋左传集解·序》）。《左传》是《春秋左氏传》的简称，又称《左氏春秋》，相传是为传述《春秋》而作，一般认为大约成书于战国早期。《左传》记事的编年部分比《春秋》多十三年，起于鲁隐公元年（前722年），迄于鲁哀公二十七年（前468年），记载春秋时期政治、军事、社会、文化等方面的史实，并引述了一些西周及其以前的事件与古史传说。

汉代的《史记》和《汉书》，开创了纪传体史书的体例。《史记》是纪传体通史。作者司马迁出身于史官之家，其父司马谈曾任太史令，志在修史，临死前嘱咐司马迁完成自己未竟的事业。司马迁在父亲去世三年后继任太史令，从太初元年（前104）正式开始写作《史记》（原称《太史公书》），至征和二年（前91）完成，先后历经十四年。《史记》的史料，主要有两个来源：其一是故有的记载，例如《尚书》《诗经》《春秋》《左传》《国语》《战国策》《秦记》《楚汉春秋》等书中所记。其二是自己的见闻，他在20岁时曾漫游至东南一带，入仕之后，曾出使西南，远到昆明，又侍从武帝东达于碣石，西至空峒（今甘肃平凉），到过北部边塞，长途的漫游经历拓展了他的视野，也为《史记》的写作搜集、积累了许多新鲜的材料。《史记》是纪传体通史，全书共130篇，包括本纪12篇，表10篇，书8篇，世家30篇，列传70篇。其中，本纪以历代帝王为中心，简略地叙述各个时期的大事，表分世表、年表和月表，综合记录同时发生的各种事件，二者皆以时间为纲，提纲挈领地记录史事。书以事类为纲，含《礼书》《乐书》《律书》《历书》《天官书》《封禅书》《河渠书》《平准书》，通称"八书"。世家和列传以人物为纲，详记重要历史事件。列传的最后一篇《太史公自序》是全书的序言，也是司马迁的自传。《史记》的每篇之末，附有以"太史公曰"为开头的一段文字，表达司马迁对历史事件或人物的评判，或附记有关之事。后来修撰的纪传体史书多沿袭这一形式，以"赞曰""论曰""评曰"或"史臣曰"等起头，引出史家论赞之辞。

　　魏晋南北朝时期，私家修史之风盛行，史书数量激增，体裁多样。《隋书·经籍志》记载的史部书籍总计874种，大部分是魏晋南北朝时期的著作。此时史书的类别很多，有正史、古史、杂史、霸史、起居注、旧事、职官、仪注、刑法、杂传、地理、谱系、簿录等。其中，东汉史著作，有范晔《后汉书》、袁宏《后汉纪》等；三国史著作，有陈寿《三国志》、裴松之《三国志注》等；晋史著作，有十八家《晋书》等；十六国史著作，有崔鸿《十六国春秋》等；南北朝史著作，有沈约《宋书》、萧子显《南齐书》、魏收《魏书》等。除了继承《史记》《汉书》的纪传体史书称霸史坛外，袁宏《后汉纪》、习凿齿《汉晋春秋》、干宝《晋纪》、裴子野《宋略》等编年体史书相继问世，勃兴程度仅次于纪传体史书。影响最大的史注，是裴松之《三国志注》。地理方志类名著，有常璩《华阳国志》、法显《佛国志》、郦道元《水经注》、杨炫之《洛阳伽蓝记》等。上自帝王公卿，下至山林隐逸之士，多热衷于写史，是魏晋南北朝时期史学极盛的表现之一。著有史书的帝王，有魏文帝、魏明帝、梁简文帝、梁元帝等；著名的史学家，有陈寿、袁宏、鱼豢、华峤、谯周、司马彪、王隐、干宝、孙盛、范晔、裴松之、臧荣绪、沈约、萧子显、裴子野、魏收、崔鸿等。

　　唐代是史学昌盛的时代。唐太宗设史馆修史，推动了史学的繁荣发展。由史馆众史官修成的第一部史书是令狐德棻等所撰《周书》。此书与姚思廉《梁书》《陈书》、李百药《北齐书》、魏征《隋书》、房玄龄等修撰的《晋书》，皆修成于唐太宗贞观年间，加上后来李延寿修成的《南史》《北史》，唐代共有八部史书列入二十四史。唐史馆除了修前代史外，还修实录和国史，修成的实录共25部，785卷；姚思廉、令狐德棻、刘知几等皆曾参与修国史，吴兢撰成《唐书》80卷，韦述撰成《国史》113卷，柳芳撰成《国史》130卷。唐代修成的实录和国史，本极详备，但安史之乱后，修国史的工作停顿，史料亦散失。至五代修唐书时，屡诏购访，而所得无几，但当时遗存的实录和国史，仍然是刘昫等所修《旧唐书》的史料的重要来源。据清人赵翼考证，是书"前半全用实录、国史旧本"（《廿二史札记》卷十六）。唐代还进一步健全了记注制度，史馆以外的史官，起居郎与起居舍人，专掌记注，类似上古时代的左史、右史，在天子临朝时，居其左右以做记录。起居郎记事，起居舍人记言，编成具有原始史料价值的起居注，授予史馆，以作为修实录、国史的基本资料。唐代出现了第一部系统的史学批评著作，即刘知几的《史通》。它全面系统地总结了唐以前中国史学的发展，是世界上最早出现的一部翔实的史学史。中国第一部通史性的典志体政书也于唐代问世，即杜佑的《通典》，它记述了历代政治、经济等典章制度的沿革变迁。

宋元时期，史学持续繁荣发展，尤其宋代史学之盛超越了前代。宋代统治者十分重视修史工作，史官记注之法，继唐之后，益趋完善。著作之官根据起居郎、起居舍人所记载的原始史料，以及时政记、日历等相关史料，修撰实录和国史。宋朝廷还十分重视会要的修撰，秘书省设有会要所。会要是档案资料的汇编，属于政书体史书的一种。宋代的官修正史，有宋太祖时薛居正监修的《旧五代史》，宋仁宗时欧阳修、宋祁等修撰的《新唐书》。此时私人修史之风也十分兴盛，杰出成果有欧阳修《新五代史》、司马光《资治通鉴》、李焘《续资治通鉴长编》、郑樵《通志》、熊克《中兴小纪》等，其中欧阳修《新五代史》是宋代以后唯一的私修正史。宋代的史书在编年体、纪传体之外，出现了新的体例，南宋袁枢撰《通鉴纪事本末》，首创纪事本末体，这是宋代史学史上的大事。元代修成《辽史》《金史》《宋史》三部正史。历时二十余年，于元大德年间由马端临撰成的《文献通考》继唐杜佑《通典》之后，进一步扩大了典章制度通史的范围，详赡客观，可谓典章制度通史之集大成者。

明清时期史学在发展过程中体现出创新和嬗变。明太祖朱元璋以宋濂、王祎为总裁，纂修《元史》；清代顺治二年（1645年）设馆纂修《明史》，乾隆四年（1739年）完成。这是明清时期的两部官修正史，其中《明史》的成就较高。明代前期的史学家，主要有宋濂、王祎和丘浚。明代中叶以后，出现私人修史之风的盛况，堪与魏晋南北朝时期相比拟。清代史学的最大成就，是征实史学的出现。清初顾炎武提倡征实的考据学，乾嘉时代考据学形成史学主流。清代历史考据学的成果十分丰硕，其中有注释、考证旧史之作，如钱大昕的《廿二史考异》《诸史考异》、王鸣盛的《十七史商榷》、赵翼的《廿二史札记》、梁玉绳的《史记志疑》、崔适的《史记探原》、王先谦的《汉书补注》《后汉书集解》《续汉书志集解》、杭世骏的《三国志补注》、钱大昕的《三国志辨疑》、姚振宗的《隋书经籍志考证》等；有补充旧史之作，如万斯同的《补历代史表》、孙星衍的《史记天官书补目》、钱大昭的《后汉书补表》《修唐书史臣表》《唐五代学士表》《元史氏族表》《补元史艺文志》、倪灿的《宋史艺文志补》《补辽金元三史艺文志》等。清代的史学批评也取得了很大的进步，主要成果有王夫之的《读通鉴论》《宋论》、章学诚的《文史通义》等。

（二）中国传统史学内容丰富

我国的史书内容丰富、种类繁多。《隋书·经籍志》将史书分为正史、古史、杂史、霸史、起居注、旧事、职官、仪注、刑法、杂传、地理、谱系、簿录等十三类。《四库全书》史部分正史、编年、纪事本末、别史、杂史、诏令奏议、传记、史钞、载记、时令、地理、职官、政书、目录、史评等十五类。

正史是记载帝王政绩、王朝历史、人物传记和政治、经济、文化、军事等方面情况的史书。通常所说的二十四史，即为正史的代表。二十四史是中国古代各朝撰写的二十四部史书的总称，包括《史记》（西汉司马迁撰）、《汉书》（东汉班固撰）、《后汉书》（南朝宋范晔撰）、《三国志》（西晋陈寿撰）、《晋书》（唐房玄龄等撰）、《宋书》（南朝梁沈约撰）、《南齐书》（南朝梁萧子显撰）、《梁书》（唐姚思廉撰）、《陈书》（唐姚思廉撰）、《魏书》（北齐魏收撰）、《北齐书》（唐李百药撰）、《周书》（唐令狐德棻等撰）、《隋书》（唐魏徵等撰）、《南史》（唐李延寿撰）、《北史》（唐李延寿撰）、《旧唐书》（后晋刘昫等撰）、《新唐书》（宋欧阳修、宋祁等撰）、《旧五代史》（宋薛居正等撰）、《新五代史》（宋欧阳修撰）、《宋史》（元脱脱等撰）、《辽史》（元脱脱等撰）、《金史》（元脱脱等撰）、《元史》（明宋濂等撰）、《明史》（清张廷玉等撰）。二十四史记载的历史上起传说中的黄帝，止于明崇祯十七年（1644年），记述了中国历代政治、经济、军事、思想、文化、天文、地理等各方面的丰富内容。唐宋以后的正史多为官方主持修订。

与正史相对应的史书被称为杂史、别史和野史。杂史、别史和野史的共同特点是成于私人之手而非官修，所以又称"私史"。杂史一般只记一事始末、一时见闻，或仅为一家私记；别史内容往往限于杂记历代或一代史事；野史体例不一，或编年，或纪传，或杂记一代史事，其内容多遗闻逸事、间巷风俗等。有的杂史、别史、野史虽有史实不确之弊端，但也往往可以补充正史的遗漏，具有较高的史料价值。

起居注是记载帝王言行、兼记朝政大事的日记体史书。起居注的名称始用于汉代。汉武帝时有《禁中起居注》，东汉时有《明帝起居注》。清代的起居注称为"起居注册"，由专设的日讲起居注官负责编纂。《新唐书·艺文志》把历朝实录、诏令也归到起居注类。起居注为当时人记当时事，所载史实较一般官修史书翔实可靠，具有重要的史料价值。

（三）中国传统史学形式多样

中国史书的体裁很多，常见的有纪传体、编年体、纪事本末体、典志体等。

第一，纪传体创始于司马迁的《史记》。《史记》以"本纪"叙述帝王事迹，以"世家"记述诸侯列国和部分重要历史人物的事迹，以"表"排比历史大事，以"书"记载典章制度，以"列传"记述帝王、世家之外各类重要历史人物的事迹。其中"纪""传"的比重最大，后人因此称这种史书体裁为纪传体。从体裁形式上看，纪传体是以人物传记为中心，本纪、世家、列传、书志、史表和史论等多种形式相配合的综合性史书。纪传体的优点是以记述历史人物为中心，可以更多地反映各类人物在历史上的活动，同时，因记述的范围较广，便于通观一个时期历史的发展形势。其缺点是难以清晰展示历史发展的时间顺序和各事件、各人物之间的相互联系。同一历史事件在同一时间内，往往分叙于不同的本纪、列传、表、书志之中，在记述上难免有重复，也不利于呈现事件发展的全貌。

第二，编年体是按照时间先后顺序编排史实的史书体裁。这种史书体裁在我国出现较早。《春秋》是我国现存最早的一部编年体史书，此后有《左传》《竹书纪年》等。编年体以年月为经，以事实为纬，便于展现同时期各历史事件之间的联系，线索清晰，并可避免叙述重复。但这种编排方式也有它的局限性，一个历史事件往往不是在一年内发生而又结束的，逐年记事，首尾难以连贯，往往不易看出事件的起讫与发展。另外，历史人物的生平和典章制度等也不易详其原委。宋代司马光的《资治通鉴》，上起周威王二十二年，下迄五代末，共记载 1362 年的历史，是中国古代规模最大的一部编年体通史。在编撰体式上，《资治通鉴》

按时间先后叙述史事，并吸取了纪传体自为首尾的叙述方法，常采用追叙或附叙的手法，补充史事的前因后果。在内容上，《资治通鉴》以政治、军事的史实为主，借以展示历代君臣治乱、成败、安危之迹，作为后世的借鉴。对于历史上重要的典章制度，《资治通鉴》也有较为详细的记述。《资治通鉴》征引史料丰富，取舍精当，文字优美，叙事生动，具有相当高的史料价值和文学价值，代表了中国古代编年体史书的最高成就。

第三，纪事本末体以历史事件为纲，将重要史事分别列目，独立成篇，详述首尾，各篇又按年月顺序编写。这种体裁创始于南宋袁枢的《通鉴纪事本末》。《通鉴纪事本末》取材于《资治通鉴》，文字全抄《资治通鉴》原文，只是将原来分年叙述的同一史事抄在一起，汇列为239个标题（另有66事，附于各篇之后），每个标题下，以时间为序叙述该历史事件的始末经过，集中展现历史事件的全过程。梁启超指出："纪传体以人为主，编年体以年为主，而纪事本末体以事为主。夫欲求史迹之原因结果，以为鉴往知来之用，非以事为主不可。故纪事本末体于吾侪之理想的新史，最为相近，亦旧史界进化之极轨也。"（《中国历史研究法》）纪事本末体是中国史书编撰体裁的一个重要创新。纪事本末体既不同于纪传体的以人为主，也不同于编年体的以年为主，它以历史事件为中心，避免了编年体和纪传体"首尾难稽"的缺点，便于展现历史事件的完整脉络，与现代史书的体裁最为接近。清代学者章学诚称赞这种史书体裁"文省于纪传，事豁于编年，决断去取，体圆用神"（《文史通义·书教下》）。这一体裁受到后来史家的青睐，著作层出不穷，如明代陈邦瞻的《宋史纪事本末》《元史纪事本末》、清代李有棠的《辽史纪事本末》《金史纪事本末》等。当然，这种体裁也有其缺点，它将历史划分为一个个独立的事件，叙述各事件的发展始末，而不记述事件与事件之间的相互联系，不利于展现某一时期的历史全貌；另外，它一般侧重于记载政治事件，对经济、文化等非"事"的历史未能进行全面的叙述。

第四，典志是记载典章制度的文章和书籍。中国古代对典章制度的记载起源很早，如《礼记》中的《王制》《月令》《明堂位》，《史记》的八书，《汉书》的十志等篇。典志体又称"政书体"，是记载历代典章制度及其沿革变迁的史书体裁。作为一种体例完备、独立成书的史书体裁的典志体在唐代才出现。杜佑编撰的《通典》，共 200 卷，分为食货、选举、职官、礼、乐、兵、刑、州郡、边防九门，每门又有细目，对唐天宝以前的历代典章制度做了贯通式的记述。这是一部贯穿古今数千年的典章制度通史，开创了典志体这一新的史书体裁。典志体史书包括典志体通史和典志体断代史。

第三节　中国传统文化的内容——文学

一、中国传统文化与文学

（一）中国传统文化中文学的地位

中国古代文学是中国乃至世界文化遗产中的瑰宝，是中国传统文化中一个极为重要的组成部分。文学作品在中国古代典籍中占有很大比重。《隋书·经籍志》将文学作品列于集部，《四库全书》中集部分楚辞、别集、总集、诗文评、词曲五类。流传至今的集部文献数量远远超过经、史、子部文献，文学名家名作辈出，铸就了中国古代文学的辉煌。

（二）中国传统文学的文化意蕴

文学生动地呈现社会文化风貌。文学记录历史和社会生活，可以与史书互相印证和补充。《诗经·大雅》中的《生民》《公刘》《绵》《皇矣》《大明》等史诗叙述了周族发祥、发展、兴盛的历史，是研究周代历史的重要史料。《诗经》还着重表现由现实生活触发的真情实感，奠定了我国诗歌面向现实的传统。富于现实精神的《诗经》，使面向现实、关注现实、载录历史和时事的创作精神，从中国文学的源头开始就深入人心，并成为后来诗人的一种自觉的创作意识。曹操的诗歌被誉为"汉末实录，真诗史也"（钟惺《古诗归》）。杜甫的诗也被称为"诗史"，《新唐书·杜甫传》云："甫又善陈时事，律切精深，至千言不少哀，世号'诗史'。"孟棨《本事诗·高逸》云："杜甫逢禄山之难，流离陇蜀，毕陈于诗，推见至隐，殆无遗事，故当时号为'诗史'。"白居易提出"文章合为时而著，歌诗合为事而作"（《与元九书》）。这都体现了中国古典诗歌的纪实精神。

二、中国传统文学的发展历程

中国古代文学以其鲜明的特色和辉煌的成就，成为中国传统文化的瑰宝。从先秦至清代，中国古代文学走过了光辉的历程。

（一）先秦时期的文学

"文学的自觉意味着文学走上了一条独立发展的道路，摆脱了附庸和从属的地位，同时社会的主流意识认识到文学有其独立存在的价值，形成了独立的文学观念，进而依据文学自身的特质自觉地创作。"[①]中国文学的产生可以上溯到文字产生以前的远古时期。原始的神话传说和歌谣，在人们口头代代流传，后来经由文字记录下来。

神话以故事的形式表现远古时期人民对自然、社会现象的认识和愿望，是一种不自觉的艺术创作。中国远古时代的神话传说丰富，但在文献古籍中载录甚少，完整流传下来的不多。神话材料散见于经、史、子、集各类书中。较为集中地保存了神话材料的文献有《山海经》《楚辞》《淮南子》等，其中《山海经》最具神话学价值。上古神话是文学艺术的渊源，对后世文学的影响很大。神话中体现的乐观进取的人生态度、不屈不挠的顽强意志在精神上影响了后代文人及其文学创作，新奇奔放的幻想启发了后代作家的想象力，是浪漫主义文学的源头，为后世文学提供了丰富的文学题材和艺术形象。

诗歌是最古老的文学样式之一。夏商时期，已有较为完整的诗歌出现，例如《吕氏春秋·音初》中记载的大禹时代的《候人歌》。商代甲骨卜辞中也保留着一些古老的歌谣，例如"癸卯卜，今日雨。其自西来雨，其自东来雨，其自北来雨，其自南来雨？"（《卜辞通纂》第三七五片）中国最早的诗歌和音乐、舞蹈结合

---

① 路美艳.谈先秦两汉时期文学的"自觉"[J].长春师范学院学报（人文社会科学版），2013，32（4）：87

在一起，《礼记·乐记》云："诗，言其志也；歌，咏其声也；舞，动其容也。"《吕氏春秋·古乐》中记载的"葛天氏之乐"，既有"歌八阕"，又有舞容；《尚书·益稷》记载的帝舜时乐官夔作的乐曲《箫韶》，也是诗、乐、舞三位一体的，《论语·八佾》记载孔子对它的赞美之辞："《韶》，尽美矣，又尽善也。"《诗经》中的作品也都是乐歌。约在春秋以后，诗歌才从乐、舞中逐步分化独立出来。

　　《诗经》是中国第一部诗歌总集，收录了西周初到春秋中叶五百多年间的305篇诗歌，另有6篇有目无词的笙诗，本称"诗"或"诗三百"。《诗经》的结集，有采诗、献诗等说法。《汉书·艺文志》云："古有采诗之官，王者所以观风俗，知得失，自考正也。"《汉书·食货志》云："孟春之月，群居者将散，行人振木铎徇于路，以采诗，献之大师，比其音律，以闻于天子。故曰：王者不窥牖户而知天下。"《国语·周语上》云："故天子听政，使公卿至于列士献诗。"《诗经》中的诗歌，或由王廷乐官制作，或由公卿列士献诗，或采集自各地，最后集中由乐官进行整理和编纂。《诗经》分风、雅、颂三个部分，"风"是用地方乐调（土乐）演唱的歌诗，共160篇，包括周南、召南、邶风、鄘风、卫风、王风、郑风、齐风、魏风、唐风、秦风、陈风、桧风、曹风、豳风；"雅"多为西周王畿地区（今陕西中部地区）的乐歌，共105篇，分大雅、小雅。《诗经》是周代礼乐文化的重要组成部分，内容十分广泛，其中有叙述周民族发祥、发展史的史诗，描写农业生产生活的农事诗，以君臣、亲朋欢聚宴享为主要内容的燕飨诗，反映西周中叶以后社会动荡、针砭时政的怨刺诗，描写天子、诸侯武功或厌倦战争、向往和平的征戍诗，反映婚姻爱情生活的婚恋诗等，深刻反映了商周时期，尤其是西周初至春秋中叶社会生活的各个方面。《诗经》作为中国文学的源头，具有动人的艺术魅力和文学创作的典范意义，在艺术手法、思想内容上开创了影响深远的创作传统。《诗经》运用赋、比、兴艺术手法，开启了我国古代诗歌创作的基本手法，成为后代作家学习的典范。《秦风·蒹葭》是赋、比、兴手法运用得最为纯熟的作品之一，创造了情景交融、物我相谐的艺术境界。《诗经》在思想内容上富于现实精神，奠定了我国诗歌面向现实的传统，所表现出的关注现实的热情、强烈的政治和道德意识、真诚积极的人生态度，成为后世诗人所追慕的"风雅"精神。

战国时期出现的楚辞，是以屈原为代表的楚国人创作的诗歌，与《诗经》共同构成中国诗歌的源头。宋代黄伯思《翼骚序》："屈原诸骚，皆书楚语，作楚声，记楚地，名楚物，故可谓之'楚辞'。"（陈振孙《直斋书录解题》卷十五《楚辞类》引）西汉末年，刘向辑录屈原、宋玉等人的作品，编成《楚辞》一书。《离骚》是屈原的代表作，是带有自传性质的一首长篇抒情诗，塑造了一个坚贞高洁的抒情主人公的光辉形象。屈原的作品表达了强烈的爱国主义精神，反映其伟大人格和高洁志行，在艺术上具有浓郁的抒情性、悲剧色彩和浪漫主义色彩，继承和发展了《诗经》赋、比、兴的表现手法，创造了句式长短不齐、音节抑扬顿挫、章法灵活多变的"骚体"。

先秦时期，散文由萌芽而至成熟。先出现的是记载历史事件的叙事散文。甲骨卜辞和殷商铜器铭文是最早的记事文字。"左史记言，右史记事。事为《春秋》，言为《尚书》。"（《汉书·艺文志》）《尚书》和《春秋》体现了记言和记事散文的不同体例。《左传》《国语》《战国策》等历史散文的出现，标志着叙事散文走向成熟。它们的叙事体例、思想、语言和写作艺术，滋养了后代的史传文学、散文和小说创作，对后代的文学创作产生了深远的影响。

战国时代，以说理为主的诸子散文兴起，代表性著作有《论语》《墨子》《老子》《孟子》《庄子》《荀子》《韩非子》等。《论语》记载孔子及其弟子的言行，由孔子弟子和后学编纂而成，成书于战国初年，通行本包括《学而》《为政》等20篇。《论语》创立了语录体，或记录只言片语，或记录对话，较为短小简约，在语言艺术上具有言近旨远、词约义丰的特点。《墨子》主要记载墨子的言论与活动，当成书于战国中期以后，今存53篇。《墨子》发展了语录体的形式，有不少篇章初具议论文的规模，它采用连类而喻的方式说理，逻辑严密且具有较强的形象性。《老子》共81章，采用韵散结合的形式，文多用韵，句多排偶，文句整齐中富于变化，善于把抽象的理论化作具体可感的形象，达到了哲学思辨与形象说理的高度统一。《孟子》主要记录孟子的言论，由孟子及其弟子共同编著，共7篇。孟子长于论辩，书中也富有逻辑思辨色彩。语言明白晓畅，平实浅近，文气磅礴，富有感染力。这一风格和孟子的人格修养有关。《庄子》今存33篇，分内、外、杂三个部分。一般认为，内篇是庄子所作，外篇、杂篇出于庄子后学。

《庄子》"以卮言为曼衍，以重言为真，以寓言为广"（《庄子·天下篇》），以形象生动的寓言故事、丰富奇崛的想象表达深邃的哲理，风格变幻奇诡，纵横开阖，汪洋恣肆。

（二）秦汉时期的文学

秦代实行极端的文化专制政策，阻碍了文化学术的发展，又由于时间短暂，所以流传下来的文学作品不多。由战国末期吕不韦召集门客撰著的《吕氏春秋》，成书于秦王政八年（前239年），文风达畅，取材广泛，吸收春秋战国以来的各派思想，形成了完整的体系，是战国末年的统一趋势在文化上的要求和反映。李斯是秦代唯一有作品流传下来的文人，其代表作《谏逐客书》铺陈排比，纵横议论，是一篇富有文采的政论散文。记载秦始皇巡游封禅的刻石铭文中有不少李斯的作品，多为四言韵语，质实雄壮，对后世碑铭文有影响。

汉代是中国历史上的昌盛时期，国力增强，社会进步，统治者采取了一系列有利于文学发展的措施，文学出现了蓬勃发展的局面，这在作家的文学素养，文学作品的数量、种类、思想深度和艺术水平等方面均有体现。汉代文学在价值取向、审美风尚、文体样式等诸多方面皆为后世树立了典范。

赋是汉代文学的代表性样式，体式有骚体赋、散体赋和抒情赋之别。汉代作家继承和发展了《楚辞》所代表的文学样式，创造出汉代文坛独具风貌的赋。汉初贾谊的《吊屈原赋》《鵩鸟赋》皆为以骚体写成的抒怀名作。其中《吊屈原赋》是贾谊被贬为长沙王太傅，渡湘水，历屈原放逐所经之地时所作，表达了对屈原的伤悼、同情和尊敬，是汉初赋的代表作。汉代的散体赋铺采摛文，体物写志，开创了新的文学审美时尚。

乐府诗是继《诗经》《楚辞》之后，中国古代诗歌史上又一壮丽的景观。两汉乐府诗是指由朝廷乐府系统或相当于乐府职能的音乐管理机关搜集、保存而流传下来的汉代诗歌。

在乐府民歌的影响下，文人的五言诗在东汉时兴起并日趋成熟。东汉末年无名氏的《古诗十九首》代表了当时文人五言诗的最高成就。《古诗十九首》载于《文选》，由于作者姓名失传，时代不能确定，在《文选》中题作"古诗"。这十九首古诗反映的思想内容较为复杂，例如，《今日良宴会》《西北有高楼》《回车驾言迈》等篇写仕宦情绪，《去者日以疏》《明月何皎皎》《行行重行行》《青青河畔草》《冉冉孤生竹》《凛凛岁云暮》《孟冬寒气至》《客从远方来》等诗写游子思归，《青青陵上柏》《东城高且长》《驱车上东门》《生年不满百》等诗写人生无常、及时行乐，《明月皎夜光》写朋友交情凉薄，《迢迢牵牛星》写男女之情。游宦无成、游子怀乡、追求享乐、闺人怨别等低沉的情绪基调，是东汉后期动乱不安的社会现实的曲折反映。在艺术特色上，《古诗十九首》长于抒情，其中尤为突出的情感是对人生易逝、节序如流的感伤和忧虑。例如，"人生寄一世，奄忽若飚尘"（《今日良宴会》），"所遇无故物，焉得不速老""人生非金石，岂能长寿考"（《回车驾言迈》），"人生天地间，忽如远行客"（《青青陵上柏》），"昼短苦夜长，何不秉烛游"（《生年不满百》）等诗句，皆感慨人生有限，岁月易逝。《古诗十九首》还善于运用比兴手法，例如，《涉江采芙蓉》《冉冉孤生竹》《庭中有奇树》等诗，言近旨远，语短情长，含蓄蕴藉。《古诗十九首》的语言精练自然，情感真挚，结构精巧，具有高超的艺术成就，其出现是五言诗发展到成熟阶段的标志，对后世文人的诗歌创作产生了深远的影响。

汉代的散文创作取得了很高的成就。西汉的政论散文得到长足发展。陆贾《新语》论秦所以失天下、汉所以得天下和古代帝王的兴衰成败之理，行文流畅，纵横捭阖。贾谊的散文收录于《新书》，《过秦论》《论积贮疏》《陈政事疏》等篇说理透辟，见解深刻且极富艺术感染力。晁错的名作《论贵粟疏》逻辑严密，质实恳切。桓宽《盐铁论》从现实问题出发，针砭时弊，颇中要害，浑朴质实。西汉的历史散文也出现了里程碑式的杰作，司马迁的《史记》开创了纪传体的史书创作体例，在人物塑造和抒情性上，体现了高超的文学艺术成就，在文风上对于后来的散文也有深远影响，成为唐以后所谓"古文"的典范，对唐以后小说、戏曲的发展也深有启发和影响。

（三）魏晋南北朝时期的文学

魏晋南北朝时期是中国文学逐步走向自觉的时期，也是各种文体演变、文学创作个性化发展的重要时期。

魏晋南北朝时期诗歌的成就最高。建安时代是文学开始走向自觉的时代，主要诗人有"三曹"和"七子"。曹操古直悲凉，曹丕便娟婉约，曹植文采气骨兼备，他们的创作完成了乐府民歌向文人诗的转变，为五言诗的发展开辟了道路。王粲、刘桢等"七子"竞逞才藻，各造新诗，呈现出鲜明的文学个性。建安作家的作品反映社会现实，高扬政治理想，抒发人生感受，具有慷慨悲凉、刚健遒劲的风格，形成了后世诗人所追慕的"建安风骨"。魏正始年间作家以"竹林七贤"为代表，他们的诗歌多抒写个人忧愤。阮籍诗"颇多感慨之词"（钟嵘《诗品》）和"忧生之嗟"（李善《文选注》），代表作是《咏怀诗》82首；嵇康诗亦"多抒感愤"（陈祚明《采菽堂古诗选》卷八），诗风"峻切"（钟嵘《诗品》）。受到玄风的影响，正始诗歌逐渐与玄理结合，诗风由建安时的慷慨悲壮变为词旨渊永、寄托遥深。

在散文方面，建安时期的散文创作在整体上呈现尚情任气、真挚自然的特点，为后世建立了"以情纬文，以文被质"（《宋书·谢灵运传论》）的典范。曹操的文章清峻、通脱，被称为"改造文章的祖师"（鲁迅《魏晋风度及文章与药及酒之关系》），曹丕、曹植的文章，众体兼备，慷慨任气，文采焕然。魏晋之际，以王弼、何晏为代表的正始名士，多谈老庄玄理，使说理文有所发展；以阮籍、嵇康为代表的竹林名士，论辩之文"师心""使气"，笔锋犀利。西晋张华的笔札自然洒脱，东晋王羲之的文章清新疏朗，陶渊明的文章不尚偶丽，语言清腴，风格平淡自然。南北朝时，在史传、地理等学术著作中，有一些出色的叙事、抒情、写景的散文作品，它们在不同程度上受到骈文的影响，和魏晋以前的散文风格颇有不同。例如范晔《后汉书》纪传的论赞部分，对偶工稳，辞采润泽，声律协畅，富于篇翰之美，显示出以骈文论史的特点；郦道元《水经注》骈散相间，以散为主，对后世散文深有影响；杨炫之《洛阳伽蓝记》文笔流畅，工于描绘，在散体中显出骈俪习气。

在辞赋方面，抒情小赋涌现，王粲《登楼赋》、曹植《洛神赋》、向秀《思旧赋》、陶潜《归去来兮辞》等名作，意绪绵邈，清新感人。散体大赋的写作，在内容上有拓展，有表现国家政治生活者，如左思《三都赋》、潘岳《籍田赋》，也有表现人生重要经历者，如潘岳《西征赋》、谢灵运《山居赋》、梁武帝《净业赋》、梁元帝《玄览赋》、颜之推《观我生赋》等。

（四）隋唐五代时期的文学

隋唐五代时期，中国古代文学发展到了一个全面繁荣的新阶段。隋代文学直承南北朝的浮艳文风，但一些原是北朝的诗人如卢思道、杨素、薛道衡等，写了一些具有清新刚健气息的诗，反映了新的气象；隋唐之际的诗人王绩平淡自然的隐逸诗风，在当时独树一帜。唐代是中国历史上的鼎盛时期，文学的发展呈现出百花齐放的局面，诗歌、散文、小说都有很大发展，还兴起了变文、词等新的文学形式。

诗歌在唐代取得的成就最高。在不到三百年的时间里，唐代留下近五万首诗歌，出现了许多独具风格的著名诗人，李白、杜甫的成就达到了诗歌创作的高峰，王维、白居易、李贺、李商隐、杜牧等大批优秀诗人形成了不同的流派和艺术风格。唐诗可以分为初唐、盛唐、中唐、晚唐四个阶段。初唐前期诗歌未能完全摆脱六朝的浮华和纤弱，宫廷诗人之作多富台阁气，主要成就在于发展了声律学，沈佺期、宋之问等人使律诗走向定型和规范化。"四杰"之王勃、杨炯、卢照邻、骆宾王反对六朝以来华而不实的绮靡风气，提倡抒发真情实感，在诗歌内容上由宫廷走向市井，从台阁移至江山与塞漠，对于结束齐梁文风、开启盛唐之音功不可没。陈子昂更加明确地批判齐梁之风，提倡汉魏风骨和兴寄、风雅传统，为唐代文学开辟了健康发展的道路。盛唐诗歌发展至高峰，表现之一是山水田园诗派和边塞诗派的兴盛。比起东晋陶渊明的田园诗、南朝谢灵运等人的山水诗，以孟浩然、王维、储光羲、常建等为代表的盛唐山水田园诗派将山水与田园更加紧密地结合，在艺术风格上更趋优美和清新，创造了更为丰富的诗歌意境。精通音乐与绘画的王维，正是以山水田园诗奠定了他在唐诗史上的大师地位，其诗清雅冲淡，宁静空明，被誉为"诗中有画，画中有诗"（苏轼《书摩诘蓝田烟雨图》）。从军赴边、建功立业是唐代文人的时尚，边塞生活成为诗人们共同留意的主题。唐代边塞诗数量很大，风格繁多，盛唐的边塞诗成就尤高，有过边塞生活体验的高适、岑参，以及王昌龄、王之涣、崔颢等诗人，从各方面深入表现边塞生活，在艺术上也有新的创造，促进了盛唐诗歌的繁荣。李白是盛唐文化孕育出来的天才诗人，他的诗歌体现了开元时代乐观向上的进取精神，也反映了唐王朝处于极盛而衰的转折关头的社会现实；他追求独立的人格和自由的精神世界，以澎湃的激情和豪迈的气魄歌唱自己的远大理想，以神奇的想象和高远的格调歌颂祖国的山川自然，既书写了气势浩瀚的壮观景象，又创设了自然天成的明丽意境。杜甫衔接了诗歌从盛唐到中唐的转变，在唐诗史上承前启后。他一生将自己与国家的命运联系在一起，深切地同情民生疾苦，执着地关怀现实政治。他的大量写实的优秀诗篇深刻反映了广阔的社会现实和唐朝由盛而衰的急剧转变，因而被称为"诗史"。他的诗歌集前代诗歌艺术之大成，兼备众体而又自铸伟辞，形成了博大精深、沉郁顿挫的独特风格，因而又被尊为"诗圣"。杜甫为中国的人文精神树立了忧国忧民的百世楷模，为历代士人所崇仰，为中国的诗歌艺术树立了沉雄博大的至高标准，在诗史上的影响，历千年而不衰。中唐的诗歌在内容上以济世拯时的冷峻思考、忧国伤时的忧患意识为主流，出现了许多风格派别，以韩愈、孟郊为代表的"韩孟诗派"在艺术上追求奇特险怪，有着浓重感伤情调的李贺也属于这一诗派。以白居易、元稹、张籍、王建等人组成的"元白诗派"，以浅近通俗风格为主要特色，倡导"新乐府运动"。以刘长卿、韦应物为主的大历诗人和柳宗元以清丽淡远为特色。晚唐时，怀古咏史诗的数量很多，普遍以伤古悼今为基调。成就最高的诗人是李商隐，其诗在表现领域上向心灵世界方面做了深入的开拓，在内涵上具有多义性的特点，对无题诗、咏史诗、咏物诗的发展作出重要贡献。与李商隐并称"小李杜"的杜牧，诗以情致高远、笔力劲拔为特色；以贾岛和姚合为代表的"苦吟"诗人，以苦吟的态度作"清新奇僻"的诗；陆龟蒙、皮日休、司空图等具有隐士情怀的诗人，在诗歌中表现避世心态与淡泊情思。

在散文方面，初唐陈子昂提倡风雅兴寄和汉魏风骨，使"天下翕然，质文一变"（卢藏用《陈子昂文集序》），促进了唐代前期文风的转变。自此直至开元末，散文作家增多，表现领域也日趋扩大。中唐时期，散文的创作达到高峰。与中唐严峻的政治形势以及士人的中兴愿望、儒学的复兴思潮有关，韩愈、柳宗元倡导"古文运动"，以散文文体文风的改革作为政治实践的组成部分，在内容上，主张"文以明道"，把散文引向政教之用；在形式上，由骈体而散体。散文的创作由此别开生面，去除浮靡空洞而返归质实真切，出现了许多饱含政治激情、富有感召力的杰作。

在小说方面，唐代出现了许多打破六朝志怪小说格局、独具机杼、富于文采与意想的传奇作品。"传奇"是唐代流行的文言小说，作者大多以记、传名篇，以史家笔法，传奇闻逸事，其名称来源于晚唐裴铏写的一部小说集《传奇》。唐传奇的出现，标志着我国文言小说发展到了成熟阶段。唐传奇与六朝志怪不同。在内容上，志怪小说主要记鬼神怪异之事，唐传奇虽也传写奇闻逸事，但大多取材于现实生活。在创作意识上，志怪小说把怪异当成事实，不是有意作小说。唐人写传奇才是有意识地从事小说创作。在艺术形式上，唐传奇构思新颖，情节曲折生动，结构完整严谨，语言生动活泼，塑造了众多性格鲜明的人物形象。传奇的出现是小说发展史上的一大飞跃，标志着中国小说的发展进入了成熟阶段。

唐代文学的繁荣，不仅体现在前代已有的文体获得推陈出新的辉煌成就，也体现在新的文学样式的兴起。变文一类通俗讲唱文体在民间广泛流传，词的创作从民间到文人，从萌芽到成熟。这皆为后代文学的发展开拓了道路。

变文是唐代通俗文学的一种形式，其得名与佛家所谓变相有关。用绘画表现的佛教故事称变相，用文字表现的佛教故事称变文。变文最早出现于寺庙，是由俗讲僧向听众讲述的佛经中的神变故事。后来讲唱者不限于俗讲僧，讲唱的地点也不限于寺院，出现了一些职业的民间艺人，讲唱以民间传说、历史故事和现实生活为题材的变文。变文的内容可以分为讲唱佛经故事和世俗故事两类，在艺术上富有特色，叙事曲折、描写生动、想象丰富、语言通俗；在体制上，韵散相间，诗文结合，逐段铺叙，说说唱唱。变文对后代的诸宫调、宝卷、鼓词、弹词等讲唱文学和杂剧、南戏等戏曲文学有积极的影响。

词是一种配合音乐歌唱的诗体，唐五代时通称"曲子词"，"词"是后起的名称，此外，又称"诗余""乐府""长短句"等。词的起源，最早可以追溯到隋唐之际的民间曲子词。宋王灼《碧鸡漫志》卷一云："盖隋以来，今之所谓曲子者渐兴。"宋张炎《词源》卷下亦云："粤自隋唐以来，声诗间为长短句。"他们都认为隋代就开始有词了。词起源于民间，敦煌发现的曲子词多为民间的作品，其中有一小部分作于唐初，大多数作于唐玄宗至五代。中唐时，文人学习民间词，创作了一些优秀的作品，如张志和《渔歌子》、韦应物《调笑令》、王建

《宫中调笑》等。白居易和刘禹锡在词的早期发展史上占有重要地位，他们的作品比较多，艺术上也较为成熟。温庭筠是第一个大量写词的文人，他的词多写闺阁、歌伎、思妇等题材，以声调和谐、色彩绮丽、隐约细腻为主要特色。五代时词的创作有两个中心，一个在西蜀，一个在南唐。后蜀赵崇祚选录温庭筠、皇甫松、韦庄、和凝、孙光宪、李珣等十八家五百首词作，结为《花间集》。所选词作的共同特点是用华丽的辞藻和婉约的构思描写女性的美貌、服饰以及她们的离愁别恨，从而形成了花间词派。南唐后主李煜是唐五代成就最高的词人。李煜的词可以降宋作为界线分为前后两期。前期的词主要写宫廷生活和男女情爱，表现出他非凡的才华和出色的技巧，但题材较窄、内容空虚。后期李煜词风发生了变化，《虞美人》（春花秋月何时了）、《浪淘沙》（帘外雨潺潺）、《乌夜啼》（林花谢了春红）、《相见欢》（无言独上西楼）等都是他后期的代表作，表达了对"故国""往事"的留恋，蕴意深沉，创造了较高的艺术境界。

（五）宋元时期的文学

词是宋代最引人注目的文学样式。北宋前期，著名词人有晏殊、欧阳修、柳永、范仲淹、张先等。晏殊、欧阳修的词作，主要继承五代的词风，但也显示出革新求变的一面。晏殊词的情感基调雍容和缓，语言清丽，不同于五代词的轻佻艳冶。欧阳修是在宋代词史上主动向民歌学习的第一人，使词朝着通俗化的方向发展。范仲淹开启了宋词贴近社会生活和现实人生的创作方向。张先缘题赋词，将日常生活引入词中，改变了以往词作有调而无题的传统格局，增强了词的纪实性和现实感，其词被视为"古今一大转移"（陈廷卓《白雨斋词话》卷一）。柳永的出现使宋词发生了重大的变化。他致力于创作慢词，改变了唐五代以来词坛上以小令为主的格局，使慢词与小令两种体式平分秋色；他创造和发展了词调、词法，是两宋词坛上创用词调最多的词人，使词的体制趋于完备；他在创作方向上改变了词的审美内涵和审美趣味，注意表现自我独特的人生体验和心态，用日常通俗的语言表现市民生活情调。柳永对词进行了全面革新，对后来词人影响甚大。

处在唐诗极度兴盛之后的宋诗，在发展过程中体现着对唐诗的继承和创新。宋代初期的诗歌创作主要承袭中、晚唐诗风，影响较大的有白居易体、晚唐体、西昆体。白居易体师法唐代白居易，模仿白居易与元稹、刘禹锡等人互相唱和的近体诗，诗作大多抒写闲适生活，风格浅切清雅，代表作家有李昉、徐铉、王禹偁等。晚唐体主要学习晚唐的贾岛，诗作大多描绘清幽的山林景色和淡泊的隐逸生活，代表作家有希昼、保暹、文兆、行肇、简长、惟凤、惠崇、宇昭、怀古等隐逸僧侣，世称"九僧"，又有名士魏野、潘阆、林逋等。西昆体得名于杨亿编集的《西昆酬唱集》。宋初，杨亿、刘筠、钱惟演等人曾奉敕聚集在皇帝藏书的秘阁编纂《册府元龟》，编书之余所写的酬唱诗结集为《西昆酬唱集》。这部诗集在当时影响很大，欧阳修说："盖自杨刘唱和，《西昆集》行，后进学者争效之，风雅一变，谓之昆体。"（《六一诗话》）西昆体诗人宗法李商隐，诗作注重音节铿锵，辞藻精丽，喜欢大量使用典故，追求意旨幽深。欧阳修的诗歌开创了北宋的诗风，他深受韩愈的影响，学习韩愈"以文为诗"，不仅以个别文句入诗，而且用诗发表议论，使诗歌呈现出散文化、议论化的特点。

北宋后期，黄庭坚在诗歌创作方面的影响很大，在当时与苏轼并称为"苏黄"。黄庭坚主张作诗要"点铁成金""夺胎换骨"，即师承模仿前人时要赋予古人文辞以新的意蕴，要对古人的诗意进行新的创造，从而达到"以故为新"的目的。他的诗追求新奇，喜欢用佛经、语录中前人未用的典故和语词，有意造拗句，押险韵，做硬语，诗风瘦硬峭拔。黄庭坚的追随者很多，南宋初年吕本中作《江西诗社宗派图》，刊行《江西宗派诗集》，首列黄庭坚、陈师道、陈与义三人，以下有韩驹、潘大临、徐俯等二十多人，后人称这个以黄庭坚为中心的诗歌流派为"江西诗派"。

南宋初期的杨万里讲活法，主张师法自然，反对以学问为诗，他的诗善于捕捉稍纵即逝、转瞬即改的自然场景，用生动、活泼而又富有变化的语言表现出来，形成了幽默诙谐、平易浅近、爽朗轻快的艺术风格，后世称之为"诚斋体"。陆游是南宋时期最杰出的诗人，他的诗各体兼备，尤以七律为佳，广泛地反映了时代的社会面貌，深刻地揭示了时代的主要矛盾。他继承了屈原等前代诗人忧国忧民的优良传统，在诗中抒发对祖国的真挚热爱、对人民的深切关怀，表达了渴望报国、恢复中原的雄心壮志。

南宋后期的"江湖派"因书商陈起刊刻《江湖集》《江湖前集》《江湖后集》

《江湖续集》等诗歌集而得名。江湖派诗人的生活年代不一，多为在野文人，较有影响的有姜夔、戴复古、刘克庄等，他们的作品大多反映厌恶仕途、企羡隐逸的情绪。文天祥是宋末爱国诗人的代表，其代表作《过零丁洋》《正气歌》传诵千古。

宋代的散文，继承唐代韩愈、柳宗元古文运动的成果，又有新的发展。王禹偁反对五代以来的浮艳文风，提倡"韩柳文章李杜诗"，把"传道而明心"和"句易通、义易晓"作为古文写作的标准。欧阳修是北宋古文运动的领袖，他继承韩、柳古文运动"文以明道""文从字顺"的精神，倡导文章写作要注重"道"，反对"弃百事不关于心"（《答吴充秀才书》），"务高言而鲜事实"（《与张秀才第二书》），主张"言以载事而文以饰言"（《代人上王枢密求先集序》），提倡流畅自然的文风，反对浮靡雕琢和怪僻晦涩。他以优秀的散文创作践行了自己的理论主张。苏辙说他的文章："天材有余，丰约中度，雍容俯仰，不大声色，而义理自胜，短章大论，施无不可。"（《欧阳公神道碑》）王安石和苏轼都出自欧阳修门下，与韩愈、柳宗元、欧阳修等并称"唐宋八大家"。王安石主张"文章合用世"（《送董传》），"务为有补于世"（《上人书》）。其论说文成就最为突出，议论时析理精微、理足气盛、铿锵有力；其记叙散文也讲求议叙结合，载道见志。苏轼的论说文切中时弊，书札、题记、叙跋等杂文，信手拈来，随笔挥洒，彰显其坦率、开朗、风趣的个性。

辽、金是先后与宋王朝对峙的北方少数民族建立的政权，游牧民族豪放刚健的性格对辽、金文学有着深刻的影响。辽代所存作品不多，金代文学则作者众多，作品繁盛，并有成熟的诗学理论。元好问是金代最重要的诗人和词人，也是杰出的诗论家。他的诗词作品之富在金代首屈一指，成就也最为突出；他的《论诗绝句三十首》评论了汉魏至宋末的重要诗人和诗派，在古代文学批评史上占有重要地位；他编成的《中州集》十卷，附《中州乐府》一卷，收录金代251位诗人的两千余首诗作，且每人名下各系小传，旨在以诗存史，具有重要的文献价值和史料价值。

元代文学在中国文学发展的过程中，具有划时代的意义。叙事性文学成为当时创作的主流，第一次在文坛上居于主导地位，自宋代始兴盛的说话和说唱艺术在元代继续流行，现存话本多刊刻或修润于元代；戏剧艺术走向成熟，剧本创作的成就，代表了当时文学的最高水平。在抒情性文学方面，"散曲"作为继诗词之后兴起的新诗体，代表了元代诗歌创作的最高成就。

说话、说唱艺术至迟在唐代就已出现。宋、金、元时期，演述古今故事、市井生活的说话和说唱艺术日益繁盛。宋代的"说话"，有小说、说经、讲史、合生四种"家数"，其中，小说、讲史两家最为重要。小说家以讲灵怪、胭粉、传奇、公案等故事为主，讲史家讲的是前代历史、兴废争战之事。随着说话的兴盛，流播的故事越来越多，说话人演讲故事所用的底本，以口传故事为蓝本的文字记录本，以及受说话体式影响而衍生的其他故事文本，例如文人依据史书、野史笔记、文言小说等改编而成的通俗故事读本等，后世统称为"话本"。宋元话本是中国小说史的一个重要发展阶段，它们的语言通俗而生动，开启了我国文学语言的一个新阶段，标志着白话文体的正式出现；故事情节曲折动人，人物心理描写细致，为后代小说创作提供了宝贵的经验。诸宫调是一种说唱文学，主要流行于宋、金时期。诸宫调由同一宫调的若干曲牌组成套曲，又由多种宫调串成长篇，间以说白，来演唱故事。金章宗时人董解元的《西厢记诸宫调》是现存唯一完整的诸宫调作品，它所讲述的张生、崔莺莺的爱情故事源于唐代元稹的传奇《会真记》（又名《莺莺传》），主题思想、人物形象皆有改变，情节经增添改写更为曲折生动，元代王实甫《西厢记》在主题、人物形象、情节、语言等方面，都受到它的影响。

元代是中国戏剧发展的黄金时代。中国的戏剧是综合文学、音乐、舞蹈、绘画等于一体的专门艺术，其起源可以追溯到上古氏族聚居时代人们生产劳动的歌舞。魏晋南北朝时期，北方少数民族的音乐、舞蹈和中原民间歌舞、角抵等相结合，出现了"代面""踏摇娘""拔头"等介于歌舞和戏曲之间、有一定故事性的小型歌舞戏。唐代的参军戏是我国最早的戏剧形式。参军戏中有"参军"和"苍鹘"两个角色，分别类似于后代戏剧中的"净"和"丑"，在表演形式上有弦管鼓乐伴奏，在一定程度上载歌载舞。晚唐、五代时参军戏发展为多人演出，情节也趋于复杂，对后世戏剧深有影响。唐代还有"大曲舞"等较大规模的歌舞戏，供宫廷宴乐的梨园弟子的演出也很兴盛，推动了我国戏曲艺术的发展。宋代出现了专门的戏剧演出场所——瓦舍勾栏，上演杂剧、杂技、讲史、说书、歌舞戏、诸宫调、皮影戏等节目。瓦舍勾栏的出现，推动了戏剧的发展和繁荣。宋杂剧以滑稽调笑为主要特点，是中国最重要的戏剧形式之一，产生了具有丰富曲折故事情节的剧本，如《目连救母》，标志着中国戏剧逐渐走向成熟和独立发展的道路。金代的院本是宋杂剧过渡到元杂剧的重要形式。

　　元代的戏剧可分为两大类：一类是杂剧，主要兴起和繁荣于北方，人称北杂剧，是元代文学的代表；一类是南戏，主要起源并广泛流传于南方，成就不如杂剧。元杂剧是在宋杂剧、金院本的基础上发展起来的，广泛地吸收了诸宫调、歌舞等技艺的艺术成就，并与北方民间流行的曲调结合，形成新的表演艺术和乐曲体系。元杂剧多采用每本"四折一楔子"的结构，在角色上有旦、末、净、杂之分，把戏曲演出的要素唱、念、做、打有机地结合在一起，形成独特的戏剧艺术形式，产生了许多散、韵结合，结构完整的优秀剧本。元杂剧的兴盛有多方面的原因。一批生活于下层，受压迫、受歧视的文人，通过戏剧等文艺形式反映现实，创作了一些富于反抗性的杂剧，如《窦娥冤》《鲁斋郎》《赵氏孤儿》《陈州粜米》等。繁荣的城市商品经济为元杂剧的演出提供了物质条件和群众基础。元代前期的大都（今北京）、汴梁（今开封）等在当时十分富庶繁荣的国际城市，即为杂剧创作和演出的中心；群众对剧本的需求，吸引了文人加入剧本写作的队伍，剧本的产量、质量逐渐提高，元杂剧成为可与唐诗、宋词媲美的一种新的文学形式。关汉卿是元杂剧的奠基人，被列为"元曲四大家"之首，是中国古代伟大的艺术家。他长期生活在瓦舍勾栏之中，并曾亲自粉墨登场，参与演出自己的作品。他全身心地投入杂剧创作，在戏剧史上有很高的地位和影响，被推为"驱梨园领袖，总编修师首，捻杂剧班头"（明初贾仲明《录鬼簿》）。

　　散曲是金、元时期在北方民间流行起来的新的诗歌样式。散曲的体制主要有小令、套数以及介于两者之间的带过曲等。小令，又称"叶儿"，一般为单片只曲，调短字少，由民间小唱、唐宋诗词发展演化而来，也有由同题同调的数支小令组成的"重头小令"。套数，又称"套曲""散套""大令"，是从唐宋大曲、宋金诸宫调发展而来，由同一宫调的若干首曲牌连缀而生，全套一韵到底，套末一般有尾声，篇幅较长，可以包容较为丰富的内容。带过曲由同一宫调的不同曲牌组成，曲牌最多不能超过三首，比套数容量要小，且没有尾声，是介于小令和套数之间的一种特殊体式。散曲以活泼的形式、质朴的语言和强大的艺术表现力，成为元代最富于生命力的诗歌样式。马致远是元代成就最高的散曲作家，被誉为"曲状元"，他的名篇《天净沙·秋思》情景交融，意趣天成，"寥寥数语，深得唐人绝句妙境"（王国维《人间词话》），被誉为"秋思之祖"（周德清《中原音韵》）。

（六）明清时期的文学

明代初年，诗文的代表作家有宋濂、刘基和高启，他们的作品写事抒怀，富有真情实感。永乐至成化间，台阁体诗文歌功颂德，内容空洞浮泛，风格肤廓庸弱。当时的诗人只有于谦独树一帜，其诗歌内容反映现实生活，不事粉饰雕琢。之后出现的李东阳，作诗力主宗法杜甫，强调法度音调，有众多追随者，形成"茶陵诗派"；作文主张师法先秦古文，所创作的散文流畅自然。继李东阳之后，文坛出现了以李梦阳、何景明为代表，成员还包括王九思、边贡、康海、徐祯卿、王廷相的"前七子"复古流派，他们主张"文必秦汉，诗必盛唐"，在纠正台阁体文风方面起了积极作用。明代后期，以李攀龙、王世贞为首领的"后七子"重新在文坛举起了复古的大旗，对明代的八股文有一定的冲击。嘉靖间，以王慎中、唐顺之、茅坤、归有光为代表的"唐宋派"，反对前后七子的拟古主义，主张文章取法唐宋古文。晚明杰出的思想家李贽提倡"童心"，认为"天下之至文，未有不出于童心者"，反对伪道学，提出"诗何必古选，文何必先秦"，并大力提倡通俗文学，其文学思想成为明后期新的文学思潮的纲领，影响了一个时代的文学理论和创作。以袁宏道为首要人物的"公安派"即深受李贽思想的直接影响，他们提出与李贽"童心说"相通的"性灵说"，把文学创作看作是性灵的表现，认为文学随着时代的变化而变化。公安派的文学成就主要在散文，尤其一些游记、尺牍、随笔独抒性灵，清新洒脱，展现了文学发展的新面貌。继公安派之后，以钟惺、谭元春为代表的竟陵派，延续了公安派的一些论调，尚"真诗"，重"性灵"，反对模拟古人词句，不同的是，他们主张从古人诗中求性灵，"引古人之精神，以接后人之心目"（钟惺《诗归序》），追求幽深孤峭的文学审美情趣，而与公安派浅率轻直的风格迥异。晚明的小品文代表了晚明散文的时代特色，反映了晚明文人的生活情调和文学趣尚，其体制较为短小精练，体裁不拘一格，题材趋于生活化、个人化，代表作家有公安派"三袁"、张岱等，杰出的作品有张岱描绘游赏生活的《西湖七月半》《湖心亭看雪》等。

明代的小说、戏曲等通俗文学十分繁荣，小说的发展尤其引人注目。元末明初，在宋元讲史话本的基础上，产生了一些长篇章回小说，《三国志通俗演义》和《水浒传》作为其中的代表作，奠定了长篇章回小说发展的基础，为后世长篇章回小说提供了历史演义和英雄传奇两种范例。它们演述历史，但七分实事，三分虚构，在人物和情节等方面均体现了艺术创造；篇幅很长，分卷分节，每节有单句题目，在形式上初具章回小说的特点。明代中叶以后，章回小说编著的热潮兴起，《西游记》等更加成熟的小说陆续写定问世，它们在内容上不完全是讲史，而开始表现广泛的社会生活，故事

情节更复杂，人物形象更丰满，在形式上明确地分回，回目由单句发展为双句，开头结尾有固定的形式。明代的小说就题材内容而言可分为历史演义、英雄传奇、神魔小说、世情小说等类别，被称为明代小说"四大奇书"的《三国志通俗演义》《水浒传》《西游记》分别是历史演义、英雄传奇、神魔小说、世情小说的开山或典范之作。明代后期，白话短篇小说获得长足发展，其中最著名的集子是冯梦龙编辑的《喻世明言》冯梦龙"三言"

明代的戏曲创作继元代之后又形成一个新的高潮，其主流是由宋元南戏演变而来的传奇。明前期传奇演唱的南曲声腔，主要有弋阳腔、海盐腔、余姚腔、昆腔等。嘉靖、隆庆间，著名曲师魏良辅改革昆腔，使之融合海盐腔、余姚腔、弋阳腔乃至北曲音乐，体制全备，成为四大声腔中声势最大的一种，在剧坛上取得权威和示范的地位。梁辰鱼的《浣纱记》是第一部用魏良辅改造过的昆腔演唱的传奇，它的成功创作，为以昆曲为主体的新传奇的繁荣奠定了基础。明代戏剧家的杰出代表是汤显祖，他的《牡丹亭》《紫钗记》《邯郸记》《南柯记》四部传奇作品，因皆有梦境的描写，合称"玉茗堂四梦"，又称"临川四梦"，其中《牡丹亭》以其深刻的思想和高度的艺术成就成为明代传奇剧本的典范。明代戏曲理论与研究有较大发展。徐渭著《南词叙录》，开南曲理论研究之先。在明后期剧坛上与汤显祖齐名的吴江戏剧家沈璟著《南词全谱》，创立昆曲格律体系，在创

作上讲究声律，在他的旗帜下形成了戏曲流派"吴江派"。"吴江派"戏剧家在编创传奇的同时潜心戏曲理论研究，如王骥德著有《曲律》，吕天成著有《曲品》。明代戏剧家创建戏曲理论，品评作家作品，对传奇的发展起了积极的引导作用。

清代是中国古代文学的综合鼎盛期，在文学创作上呈现出集历代文学之大成的景观，各种文体都再度辉煌，蔚为大观；在文学理论和文学典籍的整理方面，也取得了很高的成就。元明以来，呈现弱势的诗、古文，乃至已经衰落下来的词、骈文，在清代又重新振兴；新兴的小说、戏曲，入清之后依然蓬勃发展。以往各代曾经盛行过、辉煌过的文学样式，大都在清代文坛上占有一席之地；各类文体曾经有过的作法、风格，清代作者大都承袭下来，并有所发展和创新；清代的诗话、词话、文论、曲论、小说评点等数量超过前代，将文学理论推至新的高度。

清初著名的散文家，有号称"清初三家"的侯方域、魏禧与汪琬。清中叶声势最大、影响最著的散文流派是桐城派，代表人物是方苞、刘大槐、姚鼐等。方苞认为作文要讲究"义法"，主张学习古文的法则，又认为古文由于要"明道""载道"，内容醇正，文辞也应雅洁严谨。"义法"后来成为桐城派文论的纲领。刘大槐对"义法"理论进行丰富和拓展，以"义理、书卷、经济"为"行文之实"，以"神""气""音节"等为"行文之道"，使"义法"理论具有了较强的实践性和可操作性。姚鼐主张作文应"道与艺合，天与人一"，"义理、考据、辞章"三者兼备，受当时考据学风的影响，在义法之外突出考证。他将文章的风格归纳为"阳刚"和"阴柔"两大范畴，把文章的艺术要素提炼为"神、理、气、味、格、律、声、色"八字。他的散文理论使桐城派文论进一步完整和系统化，并纂辑《古文辞类纂》，选辑700余篇自战国、秦汉、唐宋八大家到桐城派方苞、刘大槐的古文，以为示范，分13类体裁，确立散文的"正宗"文统，影响甚广。晚清时，梁启超倡导"文界革命"，其文章一反桐城派的义法，形成一种新体散文，代表了散文发展进入新阶段，为晚清的文体解放和"五四"白话文运动的兴起开辟了道路。

清代小说对社会做了更深入的剖析，艺术表现形式具有新的特色。清代前期，文言小说数量很多，其中蒲松龄《聊斋志异》是我国文言小说的典范。白话小说也有多种类型，著名的有以描写家庭生活为中心的人情小说《醒世姻缘传》，才子佳人小说《玉娇梨》《平山冷燕》《好逑传》，英雄传奇小说《水浒后传》《说岳全传》，历史演义小说《祷杌闲评》《隋唐演义》等。18世纪中叶，吴敬梓《儒林外史》、曹雪芹《红楼梦》的出现，使小说的发展登上高峰。

在戏曲方面，明末清初，以李玉为领袖人物的苏州派作家对戏曲的创作和演出都产生了很大影响。洪昇《长生殿》、孔尚任《桃花扇》是康熙间剧坛上最为成功的传奇作品。《长生殿》演绎唐玄宗和杨贵妃的故事，是该题材作品的集大成之作，其曲文融合了唐诗、元曲的特点，形成清雅秀丽的风格。《桃花扇》以复社文人侯方域和秦淮歌妓李香君之间的爱情故事为主线，书写了南明弘光政权的兴亡始末，"借离合之情，写兴亡之感"，体现出历史反思的精神，在人物塑造上"字字绘影绘声"（梁廷枏《曲话》卷三），在传奇体制上也有所创新。清中叶，地方戏蓬勃发展，弹词、鼓词、子弟书等讲唱文学盛行。弹词主要流行于南方，最优秀的作品首推《再生缘》；鼓词主要流行于北方，内容较为丰富；子弟书是鼓词的一个分支，只唱不说，以七言为主。晚清时，京剧成为影响力最大的剧种。随着资产阶级改良运动和革命运动的展开，戏剧改革运动兴起，出现了一批宣传改良和革命的戏剧作品，京剧和其他地方剧种也有革新活动。

三、中国传统文学观念

中国传统文学在创作意识上以抒情言志为主流，在价值观念上主张经世致用，在美学思想上追求温柔敦厚，这些观念是中国传统文化精神和价值观的生动呈现。

（一）抒情言志的创作意识

与西方文学以史诗为重要源头，以叙事文学为主流不同，中国是"诗的国度"，以抒情言志为主要功能的诗歌在中国文学史上居于很高的地位。中国优秀的叙事文学，也往往具有抒情的特质而别具"诗"的光辉，例如，《史记》作为传记文学的开山和典范之作，融入了司马迁的感情，被称为"史家之绝唱，无韵之离骚"；作为中国古典小说巅峰之作的《红楼梦》也"大旨谈情"，倾注了曹雪芹的心血，具有动人的艺术魅力。

（二）经世致用的价值观念

中国古人强调文学经世致用的功能。孔子说："《诗》可以兴，可以观，可以群，可以怨。迩之事父，远之事君，多识于鸟兽草木之名。"（《论语·阳货》）他强调《诗经》的教育作用和政治作用，深刻地影响了后人对诗歌功能的理解和认识。两汉儒家诗歌理论的一个核心思想是强调《诗经》的社会教化作用。《毛诗序》中说："故正得失，动天地，感鬼神，莫近于《诗》。先王以是经夫妇，成孝敬，厚人伦，美教化，移风俗。"它提出《诗经》具有伦理道德教化、移风易俗的功用。汉代这种具有浓重政治教化色彩的《诗经》阐释，扩充到了对楚辞、汉赋等其他文学样式的阐释，例如，汉人对屈原《离骚》的评价都离不开由阐释《诗经》而来的各种标准。

建安时期曹丕的《典论·论文》是中国文学批评史上较早的一篇文学专论，堪称"文学的自觉时代"文论自觉的标志。文中提出："盖文章者，经国之大业，不朽之盛事。"这是古人提出的"太上有立德，其次有立功，其次有立言"（《左传·襄公二十四年》）这一"三不朽"价值观在建安时代的发展，提高了文学的地位，强调了文章具有"经国"的功用和不朽的价值。

古代文论中关于文章明道、载道功能的论述，将文学进一步引向政教和经世之用。

南朝刘勰阐述"文"与"道""圣"的关系："道沿圣以垂文，圣因文而明道。"（《文心雕龙·原道》）主张文章是用来阐明自然之道的。唐代韩愈、柳宗元倡导"古文运动"，主张"文以明道"，韩愈提出"修其辞以明其道"（《争臣论》），其门人李汉说："文者，贯道之器也。"（《昌黎先生集序》）柳宗元提出"文者以明道"（《答韦中立论师道书》），宋代周敦颐说："文所以载道也。"（《通书·文辞》）韩、柳等人关于文章"明道""贯道"的观念反映了重道轻文的倾向。北宋古文运动的领袖欧阳修继承和发展韩、柳的观点，倡导文章写作要注重"道"，并认为"道"是与现实生活密切相关的，认为"言以载事而文以饰言"（《代人上王枢密求先集序》），主张文道并重，肯定文学的实际功用和艺术价值。王安石主张"文章合用世"（《送董传》），"务为有补于世"（《上人书》），推崇文章的"用世"功能和"适用"价值。明清之际的顾炎武提出文章应"明道""纪政事""察民隐""乐道人之善"，以"有益于天下，有益于将来"（《日知录》）。

从孔子的"兴""观""群""怨"说，汉代的《诗经》阐释，到后来历代关于"文"与"道"关系的论述，体现了中国古代文学理论强调文学经世致用功能的主流观念，这是居于主导地位的中国传统文化价值观在文学理论中的反映。

（三）温柔敦厚的美学思想

"温柔敦厚"是中国诗学领域一个影响深远的命题，是儒家伦理道德学说和中庸思想在文艺审美方面的体现，是兼具丰富伦理道德内涵和艺术审美内涵的一个范畴。《礼记·经解》："孔子曰：'入其国，其教可知也。其为人也，温柔敦厚，诗教也。'""诗教"即通过学习《诗经》提高人的修养，培育人的性情，规范人的言行，使人们在诗歌的熏陶和教育下形成温和宽厚的性情，这是"温柔敦厚"所具有的伦理道德规范的内涵。

在"温柔敦厚"的"诗教"说影响下，中国古典文学追求中和温雅的美学效果，这一审美效果又是通过委婉含蓄的表现方式实现的。《论语·八佾》载孔子说："《关雎》乐而不淫，哀而不伤。"指出《关雎》所表达的情感是有节制的，快乐而不放荡，悲哀而不痛苦。《左传·襄公二十九年》载季札观乐，谓《周南》《召南》"勤而不怨"，《邶》《鄘》《卫》"忧而不困"，《豳》"乐而不淫"，《魏》"大而婉，险而易行"。司马迁《屈原列传》评价《诗经》"《国风》好色而不淫，《小雅》怨诽而不乱"。鲁迅称赞吴敬梓《儒林外史》"戚而能谐，婉而多讽"。这些文论都是中和温雅的美学思想的表达。这一美学思想，在文学的内容上，可体现为"发乎情，止乎礼义"；在文学的形式上，常表现为委婉含蓄的表现方式，以及怨而不怒、婉而多讽、戚而能谐、意味隽永等风格特征。

第四节　中国传统文化的内容——艺术

一、中国传统文化与艺术

中国传统文化与艺术，作为华夏文明的重要组成部分，不仅承载着深厚的历史积淀，还蕴含着独特的民族性格与精神追求。在中国传统艺术的诸多范畴中，道、气、和、悟、心、舞等核心理念，不仅塑造了艺术的形态与风貌，还深刻影响了中华民族的审美意识与人文精神。

第一，"道"是中国传统艺术的精神内核。老子所言之道，乃宇宙万物之根源，有无之统一，这一哲学思想贯穿于古代中国的科学、哲学与艺术之中。在美学层面，道的思想促使古代中国人特别强调人生境界与审美境界的合一，使得艺术作品成为体悟生命意义与人生价值的重要媒介。

第二，"气"是中国传统艺术的生命动力。在中国传统文化中，气被赋予了生命化与精神化的特质，成为解释宇宙万物生生不息、和谐韵律的关键。无论是中医、气功，还是戏曲表演与书画艺术，都强调气的运用。气韵生动，作为中国画创作的总原则，彰显了艺术作品内在精神与生命力的标志，深刻反映了中国古典美学的基本特色。

第三，"和"是中国传统艺术的辩证智慧。中华文化的核心在于"和合"，体现了对立统一的辩证思维。中庸之道代表了人与社会的和谐关系，强调矛盾双方的统一与和谐，避免对立与冲突。这种和谐意识不仅影响了中国传统美学与艺术学，还形成了富有民族特色的辩证和谐观，对于处理现代社会矛盾、维护社会稳定具有重要意义。

第四，"悟"是中国传统艺术的直觉思维。重直觉是中国传统思维方式的重要特点，对中国传统艺术思维与审美思维产生了深远影响，形成了以"悟"为核心的感性直觉审美思维方式。艺术家需具备悟性，以道驭技，而非单纯的技术操作。顿悟、妙悟等概念，强调了艺术创造与鉴赏中的直觉体验与心灵感悟。

第五，"心"是中国传统艺术的审美主体。中国传统美学与艺术一贯重视人的主体性，认为艺术是心灵的表达，心物一元。审美主客体的相融合一，是中国古典美学与艺术的核心观念，强调情与景、心与物、人与自然的交融，体现了艺术作品的人文精神与情感深度。

第六，"舞"是中国传统艺术的形态与风貌。中国古代艺术中，诗、乐、舞原初的三位一体，逐渐分化为各具特色的艺术门类，但"乐舞"精神却渗透于各艺术领域，展现出飞舞生动的形态与风貌。无论是音乐的韵律、国画的留白，还是书法的线条、建筑的布局，都蕴含着舞动的生命力与动态美。

二、中国传统艺术的主要门类

中国传统艺术门类繁多，主要有中国古代雕刻、中国古代建筑、中国书法、中国国画、中国古典音乐等，在人类文化史上，具有非常鲜明的特色。

（一）中国传统艺术之古代雕刻

古代雕刻是一门源远流长、意蕴深厚的艺术形式，它通过雕、刻、塑三种技法，运用各种可塑或硬质材料，创造出富有空间感、可视可触的艺术形象，不仅反映了社会生活，还深刻表达了艺术家的审美感受、情感与理想。其中，雕与刻是通过减少材料来达到艺术目的，而塑则是通过增加材料来实现创作意图。中国木雕刻工艺的历史可追溯至原始社会，那时已初见雏形的工艺品，显示了古人对雕刻艺术的初步探索。至战国时期，木雕工艺已从简单的刻纹和雕花板阴刻，发展至立体圆雕，标志着雕刻技艺的重大进步。汉代木雕，尤其是动物木雕，以其整木雕制的技艺，将中国木雕艺术推向了一个高峰。唐宋时期，木雕工艺日臻完善，而明清两代则是中国古典木雕艺术的成熟期，作品题材广泛，技艺精湛，不仅限于动物，还涵盖了人物形象，充分展示了中国古代雕刻艺术的辉煌成就。

中国传统雕刻艺术在立意与选材上均追求美感与喜气，诸如"五福捧寿""龙凤呈祥"等题材，通过生动美丽的动植物、器物形象，寓意吉祥，寄托了人们对生活美满、幸福长寿等美好愿景的深切期盼。民间雕刻艺术家巧妙利用一切可用部位进行装饰，繁而不乱，多而不杂，实现了局部与整体、形式与内容的和谐统一，展现了高超的艺术匠心。

匾额纹饰的雕刻同样体现了这一传统，其主题多围绕追求幸福，题材广泛，是中国人热爱生活、乐观心理的生动反映。通过吉祥语、民间谚语、神话故事等题材，结合人物、花卉、飞禽、走兽等形象，运用借喻、比拟、双关、象征等表现手法，创造出图案与寓意的完美结合，寄托了对幸福、美好、富庶、吉祥的向往和追求。这些图案造型丰富洗练，朴实高雅，令人百看不厌，回味无穷。

中国传统雕刻在造型上展现出鲜明的简约、以线入体、意象造型特点。尽管随着历史时代的变迁，雕刻的造型法则和审美标准会有所变化，但其艺术本体——情理相融的人性心理，始终得以保留。中国传统雕刻作品在造型处理上主要运用简约手法，以最少的笔墨表现最丰富的形象，体现了中国传统哲学对单纯朴素之美的深刻认知。这种简约并非简单，而是通过去除多余的华丽表象，达到审美的最高境界，即通过简约的手法，使雕刻更精炼且块面更整体，更具雕刻感甚至建筑感。

在中国传统视觉艺术的形式语言系统中，线是最基本也是最重要的组成部分。早在汉代画像石的造型中，我们就可以看到以线入体的运用，线作为造型语言，增强了形的运动感，其框架作用也使得整个构图饱满有力。线条的运用，不仅是在形体美感之外增加的至关重要的造型语言，而且与立体造型构成了密不可分的关系，使得雕塑的审美冲击力大大加强。这种以线入体的特点，使得中国传统雕刻具有明显的绘画性，表现为对轮廓线与身体衣纹线条的节奏韵律的关注，这些线条都经过高度的推敲、概括、提炼加工而成，既展示了创作者内心情感的丰富，又体现了东方智慧以及对自然规律的体悟。

意象性是中国古代雕塑的另一个显著特点，它与中国传统绘画的意象造型观具有同一性。无论是工笔还是写意，中国画都不追求肖似，而是依据观察体验所得的印象，加上想象，经过主观美化而形成艺术形象，与客观对象保持一定距离，所谓"妙在似与不似之间"。意象造型观既不单纯强调对自然的模仿，又保留了对自然的关注，同时强调主观情感的重要作用，这种兼顾方式恰恰与儒家的中庸之道相契合。因此，意象审美成为东方哲学在美学方面最为重要的概念。中国雕塑把注意力放在物象的神韵表现上，与中国画观念一致，且贯穿了整个古代雕塑史。无论是秦始皇陵兵马俑的写意性，还是汉唐陶俑、霍去病墓石刻、历代宗教造型等，它们都追求神韵，不求肖似，体现了中国古代雕塑以形写神的意象审美。

（二）中国传统艺术之古代建筑

中国古代建筑，作为悠久历史与光辉成就的重要载体，不仅在技术层面展现了高超的技艺，更在艺术与文化层面彰显了独特的魅力。从陕西半坡遗址的浅穴式房屋，到蜿蜒万里的长城，再到应县佛宫寺木塔与明清故宫，这一系列建筑杰作无不体现了中国古代建筑的辉煌与灿烂。以下从中国古代建筑艺术的三个基本特征以及中国五大著名建筑两个方面，深入探讨中国古代建筑的独特魅力与深厚文化底蕴。

1. 中国古代建筑艺术的基本特征

（1）审美价值与政治伦理价值的统一。中国古代建筑艺术的一个重要特征是其审美价值与政治伦理价值的有机结合。儒家思想对中国古代建筑的影响尤为深远，具体表现在以下方面：

第一，中正有序。儒家思想强调中正有序，这在中国古代建筑的平面布置中体现得淋漓尽致。无论是宫殿、寺庙还是住宅，都遵循着方整对称、昭穆有序的布局原则，形成了严格的中轴对称布局形制。

第二，尊卑有序。儒家注重尊卑有序、上下有别的社会等级制度，这在建筑上也有着明确的体现。建筑的开间、形制、色彩、脊饰等都有严格的规定，不得违制僭越。例如，北京故宫的布局就充分体现了这一特征，重要建筑都布置在主轴线上，次要建筑则位于两侧。

第三，君权至上。儒家思想强调君权至上，这在古代都城宫殿的布局中得到了充分体现。宫殿建筑群以宫室为中心，沿着纵轴线和横轴线进行设计，体现了君权的至高无上。

第四，孝亲法祖与敬天。儒家提倡孝亲法祖与敬天，这促使了宗庙、陵墓以及天坛、地坛等建筑的建造。

（2）方正严整，植根于深厚的传统文化，表现出鲜明的人文主义精神。中国古代建筑群落的布置，通常以一条纵轴线为主，主要建筑物布置在主轴线上，次要建筑物则位于两侧，形成一个方形或长方形的院落。这种布局既满足了安全与生活的需要，也符合中国古代社会的宗法和礼教制度。方正严整的布局思想，主要源于中国古代黄河中游的地理位置与儒学中正思想的影响。例如，北京的四合院住宅和曲阜孔庙的布局都充分展现了这一特征。

（3）山水园景，总体性、综合性很强。在中国古代优秀的建筑作品中，山水园景是不可或缺的重要组成部分。山水园景的意境大体分为治世境界、神仙境界和自然境界，分别反映了儒学、佛道两教以及老庄思想的影响。山水园景的一个重要特点是其意境的营造，与中国古典诗词、绘画、音乐一样，重在写意。造景者通过花木、山水、岩壑、建筑等表现某一艺术境界，使赏景者在景的触发中引起某种情思，进而升华为一种意境。

2. 中国五大著名建筑

（1）故宫：世界上最大的宫殿建筑群。故宫，又称紫禁城，是明朝和清朝的皇宫，也是世界上现存规模最大、保存最为完整的古建筑群之一。故宫的建筑群按中轴线对称布局，层次分明，主体突出。太和殿作为故宫三大殿中最大的一座，是中国古代宫殿建筑中最大的木结构宫殿。故宫不仅是中国古代建筑的杰作，也是中国最大的艺术博物馆。

（2）布达拉宫：世界屋脊上的明珠。布达拉宫耸立在西藏拉萨市红山之上，是当今世上海拔最高、规模最大的宫堡式建筑群。布达拉宫依山垒砌，群楼重叠，殿宇嵯峨，气势雄伟。其坚实敦厚的花岗石墙体、耸峙平展的白玛草墙领、金碧辉煌的金顶以及具有强烈装饰效果的巨大鎏金宝瓶、幢和红幡等，都体现了藏族古建筑的独特魅力。

（3）颐和园：皇家园林博物馆。颐和园是清代的皇家花园和行宫，其布局以万寿山、昆明湖为主体，将江南园林的设计风格巧妙地融入北方山川之中。颐和园的建筑群与山水园林相得益彰，展现了中国古代皇家园林的独特风貌和高超的造园艺术。

（4）永乐宫：道教宫殿式建筑群。永乐宫始建于元代，是一座规格宏大的道教宫殿式建筑群。其内部的墙壁上布满了精心绘制的壁画，艺术价值极高。永乐宫的建筑风格典型地体现了元代建筑的特点，粗大的斗拱层层叠叠地交错着，四周的雕饰简洁明朗。几个殿以南、北为中轴线依次排列，布局严谨有序。

（5）秦始皇陵：中国第一座皇家陵园。秦始皇陵是中国历史上第一位皇帝秦始皇的陵墓，也是中国第一座皇家陵园。其建制仿都邑，陵墓周围呈回字形，筑有内、外两重城垣。秦始皇陵不仅规模宏大，而且充满了神秘莫测的气息。其内部的地宫、兵马俑等发现，更是展示了中国古代陵墓建筑的独特魅力和高超技艺。

（三）中国传统艺术之中国书法

中国书法，作为一种独特的视觉艺术与古老的汉字书写形式，其深厚的文化底蕴与艺术魅力源远流长。从古老的甲骨文、石鼓文、金文，逐步演变为大篆、小篆、隶书，并在东汉、魏、晋时期定型为草书、楷书、行书等多种书体，书法始终以其独有的艺术形式展现着无尽的美学价值。此外，要深入理解"书法"，就需要从它的本质属性、美学特征、文化源泉以及独特的表现手法等多个层面进行剖析。书法，本质上是以汉字为基础，运用毛笔（不同历史时期有不同书写工具）书写的抽象符号艺术。它不仅体现了万事万物"对立统一"的基本规律，还深刻反映了作为创作主体的人的精神气质、学识修养。中国书法植根于中国文化，而汉字作为中国文化的基石，也成为中国书法区别于其他种类书法的核心标志。从历史的维度来看，中国书法经历了先秦、秦代、汉代、魏晋、南北朝、唐代、五代、宋代、元代、明代、清代直至当代的漫长发展历程。

1. 中国书法的起源、发展及特点

中国书法艺术的起源可追溯至公元 2 世纪后半期至 4 世纪的汉末魏晋时期，这一时期，文字的书写性发展至审美阶段，融入了创作者的观念、思维、精神，并能激发审美对象的审美情感，标志着真正意义上的书法的形成。然而，这并不意味着汉末魏晋之前的书法艺术形式缺乏艺术价值和历史地位。中国文字的滥觞以及早期具有艺术性的作品的产生，均展现出其独特的时代性和特殊性。尽管早期文字如甲骨文仍保留象形字的特点，但文字的书写已开始体现对称、均衡的规律，用笔、结字、章法也初具规范性，笔画的起止变化已蕴含墨书的笔意和笔致。因此，汉末魏晋之前的书法艺术不仅是书法史的重要组成部分，也是后代书法艺术发展与变革的基石。

中国书法艺术的形成与发展与汉文字的产生及演进密不可分。中国五千年灿烂的文明与无与伦比的丰富文字记载，均在历史长河中得以体现。中国的书画艺术，以其独特的艺术形式和艺术语言，再现了汉字的演变历程。尽管书画同源，但两者在历史的发展中却呈现出互补而独立的态势，共同体现了中国传统文化的丰富内涵。

书法创作是塑造形象、表现书法家个性与抒发情感的过程。唐代李阳冰在《上采李大夫书》中对此有深刻阐述，他认为书法之象源于自然界的万物，如天地山川、日月星辰、云霞草木等，书法家通过心象转换与表象加工，将这些自然形象转化为书法之象。这一过程需要书法家具备虚静、炽情或游戏等不同的创作心态。虚静心态要求书法家收视反听、绝虑凝神；炽情心态则是情燃如炽、激情奔放；而游戏心态则是一种随意的涂鸦式创作，旨在消遣时光。

2. 我国五大著名书法家及其作品

（1）王羲之（321—379 年），史称"书圣"，其书法自成一家，为古今之冠。他的草书浓纤适中，楷书势巧行密，行书遒媚劲健，千变万化，纯出自然。其传世名帖包括行书《兰亭集序》、草书《十七帖》、小楷《乐毅论》等，均为书法史上的瑰宝。

（2）欧阳询（557—641 年），楷书四大家之一，其楷书法度严谨，笔力险峻瘦硬，意态精密俊逸。他的书法最初取法王羲之，后参合六朝碑书，独辟蹊径，自成"欧体"，被誉为唐人楷书第一。其代表作《九成宫醴泉铭》被誉为"楷书之极则"，深受人们喜爱。

（3）颜真卿（709—784 年），唐朝大书法家，品高书妙。其书法雄强茂密，浑厚古朴，善用外拓笔法造包围之势，富有篆籀气。他的楷书代表作有《多宝塔碑》《勤礼碑》《麻姑仙坛记》等，一改王羲之以来的秀美之风及初唐瘦硬的书法标准，转为阳刚之美，堪称楷书艺术的巅峰。此外，他在行书领域也有深厚造诣，所书《祭侄文稿》被誉为"天下第二行书"。

（4）柳公权（778—865年）的书法在唐朝极负盛名。他吸收了欧阳询的严谨险绝和颜真卿的雄浑宽博，形成一种点画瘦劲、骨力遒劲的"柳体"。其书法清劲瘦硬，棱角分明，爽利森挺。代表作有《玄秘塔碑》《神策军碑》《金刚经刻石》等，是后世最多人学习的摹本。

（5）怀素（725—785年）是书法史上领一代风骚的草书家。他的草书笔走龙蛇，游转飞动，笔法精熟，用笔圆劲有力，使转如环，奔放流畅，一气呵成。其名迹有《自叙帖》《苦笋帖》《大草千字文》等。其小草平淡肃穆，圆熟丰美，同样具有极高的艺术价值。怀素与唐代另一草书家张旭齐名，人称"张颠素狂"或"颠张醉素"。

（四）中国传统艺术之古代绘画

中国古代绘画，秉承"外师造化，中得心源"的创作理念，追求以形写神、形神兼备的艺术效果，强调"意存笔先，画尽意在"的审美追求。作为中国传统绘画形式的国画，以毛笔为工具，蘸水、墨、彩于绢或纸上作画，其技法丰富多样，可细分为工笔与写意等，材料和工具则包括毛笔、墨、国画颜料、宣纸、绢等。国画在内容与艺术创作上，深刻反映了古人对自然、社会及其相关联的政治、哲学、道德、文艺等方面的理解与认知。

国画主要分为人物、花鸟、山水三大类别。这一分类表面上以题材为依据，实则蕴含了深邃的艺术观念和思想。所谓"画分三科"，即是对宇宙和人生三个方面的艺术概括：人物画展现人类社会与人际关系；花鸟画描绘大自然的各种生命及其与人的和谐共生；山水画则表现人与自然的关系，将人与自然融为一体。国画的三大类别，实则是艺术升华后的哲学思考，三者相辅相成，共同构成了宇宙的整体，相得益彰，这正是艺术之为艺术的真谛所在。

（五）中国传统艺术之古典音乐

中国古典音乐，作为中华民族文化宝库中的瑰宝，其历史源远流长，可追溯至远古时期，历经原始社会、奴隶社会、封建社会，直至 1840 年中国进入半封建半殖民地社会之前，其丰富多样的音乐形态与深厚的文化底蕴，共同构成了中国古典音乐的宏大篇章。这一漫长的音乐发展历程，不仅见证了中华文明的辉煌与变迁，也深刻反映了中华民族的情感世界与精神追求。

中国古典音乐的特点，首先体现在其与诗词歌赋的紧密融合上。自古以来，诗经、楚辞、乐府、唐诗、宋词、元曲等文学作品，往往都配有相应的乐谱，文学与音乐的相互渗透，共同塑造了中国古典音乐独特的艺术魅力。这种融合不仅丰富了音乐的内涵，也赋予了文学作品以音乐的韵律与情感，使得中国古典音乐成为一种综合性的艺术形式，承载着深厚的文化底蕴与审美情趣。其次，中国古典音乐在表现形式上，更倾向于独奏或小型合奏，如"琴瑟合奏""琴箫合奏"，营造出一种细腻、委婉的音乐氛围。这种音乐场面虽不宏大，却能在细腻的情感表达中，展现出深邃的意境与哲思。它强调的是心灵之间的沟通与交流，追求的是天人合一的艺术境界，让听者在静谧中感受到音乐的韵味，体验到一种微妙含蓄、意味深长的美感。

此外，中国古典音乐以旋律为中心，对和声的运用相对淡化。尽管早在古代，中国音乐家就已掌握七声音阶，但在实际创作中，更偏爱使用和谐的五声音阶，注重旋律与节奏的变化，而将和声置于次要地位。这种对旋律的极致追求，使得中国古典音乐如同用线条勾勒的中国画，旋律的流畅与变化构成了音乐的灵魂，引导听者穿越时空，感受山水、四季、人生的种种意象与情感。

在中国古代，五大著名歌曲不仅是音乐的典范，也是文化的象征。《关山月》以其纯朴自然的风格，传达了边防战士的艰辛与对和平的向往；《胡笳十八拍》则通过蔡琰的悲苦身世，展现了思乡之情与母爱的伟大；《阳关三叠》以王维的诗篇为蓝本，谱写出友情与离别的深情厚谊；《念奴娇·赤壁怀古》借古喻今，抒发了苏轼对历史与人生的深刻感慨；而《苏武牧羊》则以历史故事为题材，寄托了反帝反封建的爱国主义精神，展现了古典音乐的时代价值与社会意义。

三、中国传统艺术的精神

中国传统艺术的精神，深植于中华民族悠久的历史与文化土壤之中，其显著特点可概括为虚实相生、气韵生动、中和冲融，这三大特质不仅体现了中国传统艺术的独特魅力，也深刻反映了中华民族的审美追求和哲学思想。

（一）中国传统艺术的精神——虚实相生

中国传统艺术的精神内核，深植于虚实相生的哲学理念之中，这一理念不仅是艺术创作的基本法则，更是中华民族对于宇宙生命深刻理解的美学体现。虚实相生，作为一种将直接具象的描写与间接虚幻无形的描写巧妙融合的写作方法，其哲学根源可追溯至老子的"道"论。老子所言"道之为物，惟恍惟惚"，揭示了"道"作为宇宙本体，兼具"有"与"无"的双重属性，是无限与有限的统一，虚与实的统一。正是这种宇宙观的确立，为中国艺术中虚实相生的原则奠定了坚实的哲学基础，使得万物在虚实互动中流动运化，生生不息，展现出一种和谐、统一与平衡的美学境界。

在中国传统艺术中，虚实概念与哲学思想紧密相连，实境与虚境的交织构成了艺术作品的独特魅力。实境，即具体可感的艺术形象，而虚境则是难以捉摸的审美想象，它超越了实象的限制，拥有更为丰富与活跃的内涵。虚实相生，不仅体现在艺术形象的塑造上，更是一种意境的营造方式，通过实境诱发虚境，虚境统摄实境，二者相互转化、相互表现，达到了一种含蓄浑厚、难以言喻的审美高度。进一步而言，虚与实的相对性在中国艺术中得到了充分展现。有与无、客观与主观、具体与隐晦、行为与言辞、当前与未来、已知与未知，这一系列对立统一的范畴，共同构成了意境的结构特征。艺术家们巧妙地运用虚实相生的手法，如"以虚代实""以实写虚"，在有限的画面中创造出无限的空间，使作品具有了更深远的审美价值和更丰富的精神内涵。

值得注意的是，中国艺术中的"无形"被视为"有形"的生命根源，空白之处非但不显空洞，反而更深刻地揭示了宇宙万物生生不息的精神。这种对空白的运用，实则是以虚衬实，通过虚实相生，达到画境的升华。虚无之景的美，是相对实景之美而言的，二者相辅相成，共同构成了中国艺术的独特魅力。以虚代实，不仅是一种艺术手法，更是一种深刻的美学策略，它通过有限的艺术形象，激发观者的无限想象，实现艺术的再创造，从而获得余韵悠长、回味无穷的审美体验。

另外，"以实写虚"作为中国艺术的另一重要原则，强调将无形的情思物化为具体可感的艺术形象，通过通感等艺术手段，将视觉、听觉、嗅觉、触觉等感官体验融为一体，形成"感觉的复合"，从而使无形的情感变得具体而生动，达到化虚为实的目的。这一原则体现了中国艺术追求含蓄、藏巧于拙的美学理念，力求在有限的画面中展现无限的意蕴，这"无穷"之处，正是中国艺术的精髓所在。

（二）中国传统艺术的精神——气韵生动

"气韵生动"，这一中国传统艺术的精神内核，蕴含了深厚的哲学思想与美学理念，是中国艺术理论的瑰宝，也是揭示艺术本质的核心概念。其由"气"与"韵"两个独立而又相互关联的概念融合而成，既体现了古人对宇宙生命的深刻理解，又彰显了中国艺术独特的审美追求。

"气"的概念，可追溯至《易》中所论的天地元气、阴阳刚柔之气，它不仅是自然界冷暖、节气、气味的统称，更被赋予了哲学意味，如孟子所言的"浩然之气"，便是一种超越生命之气的精神境界。在汉代，人们认为"人禀气而生，含气而长"，进一步强调了"气"在生命存在中的重要性。而"韵"，则原本与音乐相关，指旋律、节奏，后逐渐扩展为人的胸次、才智的表征，进而与"气"结合，形成了"气韵"这一重要美学范畴。

"气韵生动"，作为南齐画家谢赫在《古画品录》中提出的绘画"六法"之首，不仅是对绘画艺术的要求，更是对整个中国传统艺术精神的概括。它要求艺术作品中的万物形象要鲜活灵动，充满生命力，这不仅是艺术家技艺的体现，更是其精神风貌与宇宙生命气息的融合。因此，"气韵生动"不仅关乎艺术作品的形态表现，更关乎其内在的精神传达。

"气韵"作为中国传统艺术的生命线和主要特征，是艺术家、艺术作品与欣赏者之间沟通的桥梁。艺术家的才情、胸次、精神风貌，通过艺术作品的"韵"

得以展现，而欣赏者则通过感知、体味作品中的"气韵"，实现与艺术家精神世界的共鸣。这一过程，既是中国艺术创作的核心，也是中国艺术欣赏的精髓。

"气韵生动"之所以成为中国传统艺术的最高批评标准，是因为它蕴含了畅达的气息、浓郁的诗情与和谐的律动等多重美学含义。它要求艺术作品不仅要形似，更要神似，要能够传达出宇宙生命的律动与和谐。这种标准，不仅适用于绘画，也逐渐渗透到诗词、歌赋、音乐、戏剧、书法等各个文化艺术领域，成为中国艺术批评的千古不变之准则。

"气"与"韵"虽可分开解释，但在中国传统艺术中，它们却是一个不可分割的整体。"气"是宇宙万物的本源，是艺术家创作灵感的源泉；"韵"则是艺术家通过作品对宇宙生命节奏的抒发与感受。无论艺术风格是刚是柔，都应表现出鲜明的节奏与韵律，这正是"气韵生动"所要传达的核心美学理念。

（三）中国传统艺术的精神——中和冲融

"中和"之美，作为中国传统艺术的精神内核，其内涵深邃而丰富，既是中国认识史上的古老概念，也是儒家哲学的重要范畴，更是中华传统文化的精髓之一。"中和"二字，蕴含了深刻的哲学思想和美学理念，其中"中"即中正，代表着适度与平衡；"和"即和谐，意味着不同元素的协调与融合。这一理念要求将相异或对立的方面按其内部规律有机地统一起来，相辅相成，最终达到总体的和谐中正，体现了丰富的辩证内涵，并对社会生活的各个领域产生了深远影响。

在艺术领域，"中和"之美被儒家美学家视为一种理想的美或境界，它不仅仅是一种形式上的和谐，更是一种内在精神的体现，是内在美与外在美的统一，是适中、适度、和谐、多样性统一以及多重因素交融相济的艺术辩证法。这种美学思想最早在音乐理论中得以体现，经过历代美学家的阐发，形成了完备的美学原则，并广泛运用于我国古代文艺评论之中。"中和"之美的理论基础是中庸之道，它强调天性与人性的合一，追求至诚、至善、至仁、至真的境界。这种合一不仅仅体现在天与人的关系上，还包括了鬼神与圣人、理性与情感、外内之间的和谐关系。在《中庸》中，这种合一被赋予了深厚的哲学意蕴，它要求人们通过自觉修养，达到像美好善良的天一样造福于人类和自然的理想境界。

　　具体而言，"中和"之美包含了多个层面的和谐关系。首先是鬼神与圣人的合一，这体现了古人对天地和祖先的敬畏之情，也表达了人们对圣人的崇敬和追求。其次是理性与情感的合一，它要求人们在追求天道、天性合一的过程中，对情感进行约束和限制，以达到内心的和谐与平衡。最后是外内合一的和谐关系，它强调品德意识与品德行为的统一，是知与行的合一，体现了中国古代哲学中"诚"的重要地位。

　　作为中国古代的一种重要美学理论，"中和"之美具有鲜明的价值论色彩。它始终强调在与主体的价值关系中来判断对象的"中和"与否，并追求着对象对于人来说的最佳和谐状态与最高价值。在艺术创作中，"中和"之美既表现为富于辩证精神的动态关系过程，又表现为符合可容性原则的静态关系结构。它既是一种艺术辩证法，又是一种艺术和谐观，是辩证的艺术和谐观的完美结合。

第三章
高校历史教学体系构建与改革实践

第一节　高校历史教学的内涵解读

一、高校历史教学的意义

（一）传承文化记忆与民族认同

1. 历史教育在文化传承中的作用

历史作为时间的见证者与记录者，是民族文化记忆的重要载体。高校历史教学通过系统梳理国家与民族的发展历程，将丰富的文化遗产以知识形态传递给新一代学子，确保文化的连续性和完整性，这一过程不仅涉及历史事件、人物、制度等基本史实的传授，更包括对这些史实背后所蕴含的文化价值、精神内涵的深入挖掘与阐释。通过历史教学，学生能够深刻理解本民族文化的独特性、优越性及其在世界文化多样性中的地位，从而增强文化自信与文化自觉。

2. 民族认同感和归属感

民族认同感和归属感是维系社会稳定、促进民族团结的基石。历史教学通过讲述共同的历史经历、英雄事迹、文化成就等，激发学生对民族历史的自豪感与认同感。在讲述国家兴衰、民族融合、文化碰撞等复杂历史进程时，历史教学引导学生认识到，尽管历史充满曲折与挑战，但民族内部的团结与奋斗始终是推动社会进步的重要力量，这种认识有助于培养学生的民族情感，增强他们对国家、民族的归属感和责任感，为构建和谐社会奠定坚实的思想基础。

（二）培养学生批判性思维能力

1. 促进学生分析、评价历史事件的能力

历史学习不仅仅是对过去事实的简单记忆，更是一个复杂的分析、判断与评价过程。高校历史教学注重培养学生的批判性思维能力，鼓励学生运用所学知识，结合时代背景、社会环境等多维度因素，对历史事件进行深入剖析。通过对比分析不同历史观点、评估历史人物的功过是非、探讨历史决策的成因与后果，学生学会了独立思考、理性判断，形成了对历史的多元理解和客观评价，这一过程不仅锻炼了学生的逻辑思维能力，也提升了他们解决现实问题的能力。

2. 强调历史教学中的证据意识与逻辑推理

在培养批判性思维的过程中，证据意识与逻辑推理至关重要。高校历史教学强调史料的重要性，引导学生学会搜集、整理、分析历史文献、考古发现等一手资料，以此为基础构建对历史的认知。同时，历史教学还注重培养学生的逻辑推理能力，教会他们如何从已知信息出发，通过合理的推理与演绎，得出符合逻辑的结论，这种训练不仅有助于学生在历史学习中避免主观臆断、盲目接受，也为他们将来在科研、工作等领域中保持严谨的科学态度奠定坚实的基础。

（三）促进跨学科学习与综合素养提升

1. 历史学科与其他学科的交叉融合点

历史学科具有高度的综合性与包容性，它与哲学、文学、政治学、经济学、地理学等多个学科存在广泛的交叉与融合。高校历史教学通过引入跨学科视角，促进不同学科知识的相互渗透与整合。例如，历史与哲学的结合可以帮助学生深入思考历史事件的哲学意义；历史与文学的结合则能让学生通过文学作品感受历史人物的内心世界与情感世界；历史与政治学的结合则有助于学生理解政治制度、国际关系等现实问题的历史根源，这种跨学科的教学方式不仅丰富了历史教学的内容与形式，也拓宽了学生的知识视野，促进了他们综合素养的全面提升。

2. 历史学习对学生综合素质提升的积极影响

历史学习不仅关乎知识的积累与思维能力的提升，更关乎学生人文素养、道德品质、创新能力等多方面的培养。通过历史学习，学生能够汲取历史智慧，学会从历史的角度审视现实问题，培养起深厚的家国情怀与社会责任感。同时，历史学习还鼓励学生勇于质疑、敢于创新，面对复杂多变的社会环境时能够保持清醒的头脑与坚定的信念，这些品质与能力的形成，对于学生未来的个人发展与社会贡献都具有不可估量的价值。

二、高校历史教学的特征

（一）学术性与专业性特征

1. 历史学科的学术底蕴

高校历史教学根植于历史学这一古老而博大的学科之中，该学科以其丰富的文献资料、复杂的因果关系、广阔的历史视野著称。在教学过程中，教师需引导学生深入探索历史的内在逻辑与演变规律，理解不同历史时期的社会结构、经济形态、文化特征及其相互关系，这种探索不仅要求学生掌握基本的历史事实，更需培养其历史意识，即能够从历史的长时段视角审视当下，理解历史的连续性与变迁性。

2. 专业知识体系的系统构建

高校历史教学注重构建系统、全面的专业知识体系，这包括从史前文明到当代社会的通史教育，以及针对特定时期、地域、专题的深入研究。课程设置上，既有基础性的通史课程为学生奠定坚实的知识基础，又有专题性、前沿性的选修课程满足不同兴趣与研究方向的需求。通过这样层层递进、相互关联的课程结构，学生能够逐步构建起自己的历史知识框架，形成对历史全貌的深刻认识。

3. 学术研究方法与能力的培养

高校历史教学应强调学术研究方法与能力的培养，这包括史料搜集与批判性分析、历史问题的提出与解决、学术论文的写作与发表等。通过参与课堂讨论、小组讨论、学术讲座、科研项目等形式，学生学会如何运用历史唯物主义和辩证法的观点分析问题，如何在浩如烟海的史料中筛选出有价值的信息，如何运用科学的研究方法探索历史真相，这些能力不仅对于历史学专业学生至关重要，也是其他人文社科专业学生不可或缺的素养。

（二）理论与实践相结合特征

高校历史教学另一显著特征是理论与实践的紧密结合，这一特征旨在通过多样化的教学活动，促进学生将理论知识转化为实践能力，培养其解决实际问题的能力。

1. 理论知识与实践活动的融合

在教学过程中，教师不仅注重理论知识的传授，还积极组织各种历史实践活动，如历史剧表演、历史辩论赛、历史模拟法庭等，让学生在实践中感受历史的魅力，加深对理论知识的理解。此外，通过邀请历史学家、考古学者、博物馆策展人等专业人士举办讲座与交流，学生能够直接接触到历史研究的前沿动态，拓宽视野，激发研究兴趣。

2. 实地考察与文物鉴赏

实地考察是理论与实践相结合的重要途径。高校历史教学鼓励学生走出校园，走进历史遗址、博物馆、纪念馆等场所，亲身体验历史场景，感受历史氛围。在实地考察中，学生可以通过观察、记录、分析等方式，直观了解历史遗迹的保存状况、历史价值及背后的文化意义。同时，文物鉴赏也是培养学生历史感知力的重要手段。通过对文物造型、纹饰、铭文等的细致观察与分析，学生能够更加深入地理解文物的历史背景、制作工艺及文化内涵。

3. 培养解决实际问题的能力

理论与实践的结合最终指向学生解决实际问题能力的培养。在历史教学中，教师可以通过设计案例分析、模拟决策等教学活动，引导学生运用所学知识分析历史问题，提出解决方案，这种训练不仅有助于学生掌握分析问题的方法论，还能培养其创新思维和批判性思维，为未来的学术研究和职业生涯奠定坚实基础。

（三）多元文化的包容性特征

在全球化的今天，高校历史教学更加注重多元文化的包容性，旨在培养学生的全球视野与文化包容心。

1. 跨地域、跨时代的历史文化展示

高校历史教学在内容上力求全面覆盖，不仅关注本国历史，也重视世界历史的介绍与比较。通过跨地域、跨时代的历史文化展示，学生能够了解到不同文明的发展轨迹、相互交流与碰撞的过程以及它们对当今世界的影响，这种跨文化的视角有助于学生打破地域与时间的界限，形成更加宽广的历史认知框架。

2. 多元视角解读历史事件与人物

在解读历史事件与人物时，高校历史教学鼓励学生采用多元视角进行审视，这包括阶级分析、性别视角、文化批判等多种方法。通过多元视角的解读，学生能够更加全面、客观地认识历史事件与人物的复杂性，避免单一、片面理解。同时，这种训练也有助于培养学生的批判性思维能力和独立思考能力。

三、高校历史教学的原则

（一）科学性原则

1. 确保教学内容的准确无误

科学性原则是高校历史教学的基础，它要求所有教学内容必须基于严谨的历史研究与考证，确保信息的真实性与准确性。在选取教材、编写教案及课堂讲授过程中，教师应严格遵循史学界公认的学术成果，避免任何主观臆断或未经验证的假设。此外，随着历史研究的不断深入，教师应及时更新教学内容，剔除过时或已被证伪的观点，确保学生接触到的历史知识是最新且最可靠的。

2. 遵循历史发展的客观规律

科学性原则体现在对历史发展客观规律的尊重上，历史是一个复杂多变的动态过程，其演变遵循着特定的内在逻辑与规律。在教学中，教师应引导学生认识到历史发展的必然性与偶然性，理解不同历史阶段之间的内在联系与演变趋势，从而培养学生形成正确的历史观和时空观念。

3. 培养学生严谨的科学态度

科学态度是科学精神的核心，也是历史学习不可或缺的品质。高校历史教学应注重学生科学态度的培养，通过案例分析、史料辨析等教学活动，让学生学会批判性思考，不盲目接受既有结论，而是能够运用科学方法去分析、评价历史现象与事件，这种态度的培养，将为学生未来的学术研究与职业生涯奠定坚实的基础。

（二）系统性原则

1. 构建完整的历史知识体系框架

系统性原则要求高校历史教学必须构建一套完整、连贯的历史知识体系框架，这包括从古至今的时间脉络梳理、不同历史时期的重大事件与人物介绍、历史发展的阶段性特征总结等方面。通过这一框架的建立，学生能够清晰地把握历史发展的全貌，形成对历史的整体认知。

2. 教学内容循序渐进与由浅入深

系统性原则体现在教学内容的编排上，教师应根据学生的认知水平和学习规律，合理安排教学顺序，确保内容由浅入深、循序渐进。从基础知识的讲解到复杂问题的探讨，从具体历史事件的叙述到历史规律的总结，每一步都需精心设计，以帮助学生逐步构建起自己的历史知识体系。

3. 促进学生历史思维的连贯性发展

系统性教学不仅关注知识的积累，更重视学生思维能力的培养。通过连续的、有逻辑的教学过程，教师可以引导学生逐步掌握历史分析的方法与技巧，形成连贯的历史思维，这种思维能力的提升，将使学生能够更好地理解历史、解释历史，甚至预测未来。

（三）启发性原则

1. 激发学生探索历史的兴趣与好奇心

启发性原则强调在历史教学中激发学生的学习兴趣与好奇心。教师可以通过讲述生动有趣的历史故事、展示珍贵的历史文物、组织丰富的课外活动等方式，让学生感受到历史的魅力与趣味，从而主动投入历史学习中去。

2. 引导学生主动思考、发现问题

启发性教学还要求教师能够巧妙地设置问题，引导学生主动思考、积极探究。

通过提出具有启发性、开放性的问题，教师可以激发学生的求知欲和探索欲，鼓励他们从不同角度、不同层面去审视历史现象与事件，形成自己的见解和判断。

3. 培养学生的自主学习与探究能力

在启发性教学中，培养学生的自主学习与探究能力是关键。教师应鼓励学生自主搜集资料、分析史料、撰写报告等，让他们在实践中锻炼自己的研究能力和创新能力。同时，教师还应提供必要的指导和支持，确保学生的自主学习活动能够顺利进行并取得预期成果。

（四）德育渗透原则

1. 挖掘历史中的德育资源

高校历史教学不仅是知识的传授过程，更是德育的重要阵地。历史中蕴含着丰富的德育资源，如爱国主义精神、民族精神、社会责任感等。教师应深入挖掘这些资源，将其融入教学之中，通过讲述英雄人物的事迹、分析历史事件的意义等方式，让学生感受到这些精神的伟大与崇高。

2. 培养学生的爱国情怀与社会责任感

德育渗透原则的最终目的是培养学生的爱国情怀与社会责任感。通过历史教学，教师应让学生认识到自己的历史使命和社会责任，激发他们为国家的繁荣富强、社会的进步发展贡献力量的热情和动力。同时，教师还应引导学生树立正确的世界观、人生观和价值观，为他们的全面发展奠定坚实的道德基础。

3. 促进学生全面发展与人格完善

德育渗透原则还关注学生的全面发展与人格完善。历史教学中的德育资源不仅有助于提升学生的道德品质和社会责任感，还能够促进他们在智力、情感、意志等方面的全面发展。通过历史的熏陶和感染，学生可以学会尊重他人、关爱社会、勇于担当等优秀品质，从而形成健全的人格和健康的心理。

（五）因材施教原则

1. 采用多样化的教学方法与手段

因材施教原则在高校历史教学中的实践，离不开多样化教学方法与手段的运用，这既是对学生个体差异的尊重，也是提高教学效果的有效途径。

（1）分层教学。根据学生的历史基础、学习能力和兴趣方向，将学生分为不同层次或小组进行教学。对于基础较弱的学生，注重基础知识的巩固和基本技能的培养；对于学习能力较强的学生，则提供更多的拓展阅读和深入研究的机会，以满足其更高层次的学习需求。

（2）情境模拟与角色扮演。利用现代教学技术，创设逼真的历史情境，让学生身临其境地感受历史事件的发展过程。此外，还可以组织学生进行角色扮演活动，让他们通过扮演历史人物来体验历史、理解历史，这种方式能够极大地提高学生的参与度和学习兴趣。

（3）个性化辅导与反馈。针对学生在学习过程中出现的问题和困惑，教师应提供个性化的辅导和反馈。通过一对一的交流、作业批改、在线答疑等方式，及时了解学生的学习情况和需求变化，为他们提供针对性的指导和帮助，这种个性化的教学服务能够让学生感受到教师的关怀和支持，增强他们的学习动力和自信心。

2. 实现个性化教学与精准指导

在采用多样化教学方法与手段的基础上，高校历史教学还应努力实现个性化教学与精准指导，这要求教师不仅要关注学生的个体差异和需求变化，还要运用现代教育技术手段来辅助教学决策和效果评估。

（1）利用大数据分析学情。通过收集和分析学生的学习数据（如作业完成情况、课堂表现、考试成绩等），教师可以全面了解学生的学习状态和存在的问题。基于这些数据分析结果，教师可以更加精准地制定教学计划、调整教学内容和教学方法。

（2）建立学习档案袋。为每位学生建立学习档案袋，记录他们在历史学习过程中的成长轨迹和进步情况。学习档案袋不仅可以作为教师评估学生学习效果的重要依据，还可以作为学生自我反思和成长规划的参考。

（3）实施动态评价与反馈。采用形成性评价与终结性评价相结合的方式，对学生的历史学习进行全面、客观的评价。同时，注重评价的及时性和针对性，为学生提供及时、具体的反馈意见和建议。通过动态评价与反馈机制的实施，教师可以及时了解学生的学习效果和需求变化，为他们提供更加精准的指导和帮助。

四、高校历史教学的理念

（一）以学生为中心的教学理念

1. 尊重学生个体差异，满足不同学习需求

在高等教育阶段，学生群体呈现出前所未有的多样性与复杂性，其学习兴趣、认知风格、先验知识及学习动机均存在显著差异。因此，以学生为中心的教学理念首要强调的便是尊重并适应这些个体差异，通过差异化教学策略满足不同学生的学习需求，这要求历史教师在课程设计之初，便需进行详尽的学生需求分析，包括学习目标的明确、学习偏好的调查以及学习障碍的识别。在教学过程中，教师可采用分层教学、个性化辅导、小组合作学习等多种教学模式，确保每位学生都能在适合自己的节奏与方式下获得最佳学习体验。

2. 激发学生的学习兴趣和主动性

历史作为一门蕴含丰富人文内涵与智慧启迪的学科，其教学不应局限于书本知识的灌输，而应注重引导学生主动探索历史的奥秘，感受历史的温度。教师可以通过引入生动的历史案例、组织实地考察、开展历史主题辩论或角色扮演等活动，将枯燥的历史知识转化为引人入胜的探究之旅，让学生在参与中体验学习的乐趣，从而激发其内在的学习动力。同时，鼓励学生提出质疑、进行批判性思考，也是培养学生学习主动性的重要途径。

（二）探究式学习理念

1. 探究式学习在历史教学中的应用

探究式学习作为一种强调学生自主探索、发现与解决问题的学习方式，其在历史教学中的应用日益广泛。在历史课堂上，教师可以设计一系列具有挑战性且贴近学生生活的问题情境，引导学生通过查阅资料、分析史料、小组讨论等方式，逐步揭开历史的面纱，形成自己的历史认知，这种学习方式不仅有助于学生深入理解历史事件的复杂性与多样性，还能有效提升其信息筛选、逻辑推理、批判性

思维等关键能力。此外，探究式学习还鼓励学生将所学知识应用于解决实际问题，如通过模拟历史事件决策过程，培养学生的决策能力与责任意识。

2. 探究式学习对学生能力培养的益处

探究式学习对学生能力的培养具有深远影响。首先，探究式学习促进了学生自主学习能力的提升，使学生从被动接受知识转变为积极寻求答案，为终身学习奠定了坚实基础；其次，通过参与探究式学习，学生的批判性思维能力得到显著增强，他们学会了从不同角度审视历史问题，形成独立见解；再次，团队合作与沟通能力也在探究过程中得到锻炼，学生学会了如何在团队中分工合作、有效沟通，这对于其未来职业生涯的发展至关重要；最后，探究式学习培养学生的创新精神与实践能力，鼓励他们在探索中勇于创新，敢于尝试，为社会发展贡献智慧与力量。

（三）终身学习与持续发展理念

1. 历史教育对学生终身学习能力的培养

历史教育不仅仅是传授过去的知识，更是培养学生终身学习能力的关键途径。通过学习历史，学生能够掌握一套分析过去、理解现在、预见未来的方法论，这种能力对于应对快速变化的社会环境至关重要。历史教育强调的批判性思维、历史意识、时间观念等，都是构成终身学习能力的核心要素。此外，历史学科还蕴含着丰富的人文精神与价值观，能够激发学生的社会责任感与使命感，为其持续学习提供不竭的动力源泉。

2. 历史学科在个人职业发展中的潜在价值

历史学科在个人职业发展中的潜在价值不容忽视。首先，历史学专业毕业生凭借其深厚的文化底蕴、敏锐的洞察力及良好的表达能力，在文化教育、新闻传播、国际关系、政策研究等多个领域均有着广泛的就业前景；其次，历史学科所培养的分析问题、解决问题的能力以及跨学科的综合素养，使得历史学专业毕业生在跨学科合作与创新中展现出独特的优势；最后，随着全球化进程的加速，国际交流与合作的日益频繁，具备国际视野与跨文化交流能力的历史人才更是备受青睐。因此，历史教育不仅为学生的个人发展提供了广阔的空间，也为社会进步与文明交流贡献了力量。

五、高校历史教学的重点

（一）基础知识与核心概念的掌握

1. 历史学科的核心知识体系

历史学科的核心知识体系涵盖了从古至今的重要历史时期、重大历史事件、历史人物、社会结构变迁、文化成就等多个维度。具体而言，这一体系包括古代文明史、中世纪欧洲史、近现代国际关系史、中国近现代史、世界史专题（如工业革命、全球化进程）等，这些知识点相互交织，共同构成了理解人类社会发展演变的框架。

2. 强调基础知识的重要性

基础知识是历史学习的基石，它为学生提供了构建历史认知体系的必要材料。掌握扎实的基础知识，有助于学生形成连贯的历史时间线，理解历史事件之间的内在联系，进而把握历史发展的基本规律。

（二）历史思维能力的培养

1. 细化历史思维能力

历史思维能力是指运用历史学的理论和方法，分析、解释和评判历史现象的能力，它包括时间观念、因果分析、历史比较、历史想象与重构等多种能力。时间观念要求学生能够准确地将历史事件置于特定的时间框架中，理解其发生、发展的时序性；因果分析则强调探究历史事件之间的因果关系，揭示历史发展的内在逻辑；历史比较则通过对比不同历史时期、不同地域的文化、制度等现象，揭示其共性与差异；历史想象与重构则鼓励学生基于史料进行合理的想象与推测，构建更为完整的历史图景。

2. 历史思维能力的培养策略

为有效培养学生的历史思维能力，高校历史教学应采取以下策略：①设计启发性问题，引导学生主动思考，培养其探究精神；②强化案例教学，通过具体的历史事件分析，锻炼学生的分析能力和逻辑推理能力；③开展专题研究，鼓励学生自主选择研究课题，进行深入研究，培养其独立研究能力和创新思维；④加强跨学科交流，引导学生将历史知识与其他学科相结合，拓宽视野，深化理解。

（三）史料研读与批判性分析

史料是历史研究的基础，根据其来源和性质可分为第一手史料和第二手史料。第一手史料指直接来源于历史事件的原始记录，如档案、日记、信件等；第二手史料则是后人根据第一手史料整理、编写的著作，如历史书籍、学术论文等。史料的搜集方法多种多样，包括图书馆查阅、网络检索、实地考察等。高校历史教学应引导学生掌握不同史料的特点和使用方法，学会从多种渠道搜集和整理史料。

史料研读是历史学习的重要环节，它要求学生能够准确解读史料信息，理解其背后的历史背景和作者意图。在研读过程中，学生需具备辨别真伪、筛选有价值信息的能力。批判性分析则是在此基础上，对史料进行深入的剖析和评价，揭示其局限性、偏见或隐藏的信息。为培养学生的史料研读与批判性分析能力，高校历史教学应注重以下几个方面：一是加强史料学的教学，使学生了解不同史料的性质和价值；二是通过案例分析，教授学生如何运用批判性思维解读史料；三是鼓励学生参与学术讨论和辩论，提升其口头表达和书面表达能力；四是引入学术规范教育，使学生了解学术诚信的重要性，避免在研究中出现抄袭、篡改等不端行为。

六、高校历史教学的难点

（一）史实复杂性与多元解读的挑战

1. 历史事件的复杂性分析

在高校历史教学中，首要面临的挑战在于历史事件的复杂性。历史并非一系列孤立事件的简单堆砌，而是由无数相互交织、相互影响的社会、政治、经济、文化等因素共同塑造的复杂过程，这种复杂性体现在多个层面：首先，历史事件往往具有多因一果或多因多果的特点，单一原因难以全面解释其发展轨迹；其次，历史事件的发展往往伴随着诸多偶然性与必然性的交织，使得预测和解释变得尤为困难；最后，历史事件的影响往往跨越时空界限，对后世产生深远而复杂的作用。具体到教学实践中，教师需要引导学生深入剖析历史事件背后的多重原因、发展脉络及长远影响，而这一过程要求学生具备较高的逻辑思维能力、史料分析能力和跨学科知识整合能力。然而，受限于学生个体差异、知识储备及学习时间等因素，许多学生难以全面把握历史事件的复杂性，导致对历史事件的理解停留在表面，难以形成深刻的历史认识。

2. 多元解读现象探讨

随着历史研究的深入和多元化学术视角的兴起，同一历史事件往往存在多种解读方式，这些解读可能基于不同的理论框架、史料选择或价值判断，从而呈现出多样化的历史叙述。多元解读现象的存在，一方面丰富了历史研究的内涵，促进了学术的繁荣与发展；另一方面，也给历史教学带来了挑战。在教学过程中，如何引导学生正确看待历史争议，形成批判性思维，成为教师面临的重要任务。教师需要帮助学生认识到，不同的历史解读并非绝对的对错之分，而是基于不同立场、视角和方法的合理推论。因此，教师应鼓励学生开放思维，尊重并理解不同的历史观点，同时培养学生运用史料进行独立思考和判断的能力。此外，教师还应引导学生认识到，历史研究的目的是更加接近历史的真相，而非简单地接受或否定某种既定结论。

（二）学生学习兴趣与动力的激发

1. 影响学生学习兴趣与动力的因素识别

在高校历史教学中，学生的学习兴趣与动力直接影响其学习效果和教学质量。影响学生学习兴趣与动力的因素复杂多样，主要包括以下方面：

（1）课程内容与教学方式。枯燥无味的课程内容、单一的教学方式容易使学生失去学习兴趣；而生动有趣的课程内容、多样化的教学方式则能有效激发学生的学习兴趣。

（2）学生个体差异。不同学生在历史知识基础、学习能力、兴趣爱好等方面存在差异，这些差异导致学生对历史学习的需求和动力各不相同。

（3）学习环境与氛围。良好的学习环境和氛围能够激发学生的学习兴趣和动力；反之，缺乏支持的学习环境则可能抑制学生的学习积极性。

（4）外部激励与反馈。适当的外部激励和及时的反馈能够激发学生的学习动力；而缺乏激励和反馈则可能使学生失去学习的热情和动力。

2. 激发学生兴趣与动力的策略

针对上述影响因素，高校历史教师可采取以下策略来激发学生的学习兴趣和动力：

（1）优化课程内容与教学方式。根据学生的学习兴趣和需求，精选具有代表性、趣味性和启发性的历史案例和事件作为教学内容；同时，采用多样化的教学方式，如讨论式、案例式、探究式等，激发学生的学习兴趣和主动性。

（2）关注学生个体差异。了解学生的历史知识基础、学习能力和兴趣爱好等方面的差异，实施差异化教学策略。对于历史知识基础薄弱的学生，可以通过提供补充材料和个别辅导等方式帮助其提高；对于学习能力强的学生，则可以引导其深入探究历史问题，培养其创新思维和批判性思维。

（3）营造良好学习环境与氛围。创建开放、包容、互动的课堂环境，鼓励学生积极参与课堂讨论和交流；同时，利用现代信息技术手段，如多媒体教学、网络教学等，丰富教学手段和资源，提高教学效果。此外，还可以通过组织历史讲座、展览、实地考察等活动，拓宽学生的历史视野和知识面。

（4）建立有效的激励与反馈机制。根据学生的学习表现给予适当的外部激励和及时的反馈。激励措施可以包括表扬、奖励、荣誉证书等；反馈方式则可以采用口头反馈、书面反馈、同伴评价等多种形式。通过有效的激励与反馈机制，激发学生的学习动力和自信心。

第二节　高校历史教学的课程设置

一、中国古代史课程设置

在高校历史教育体系中，中国古代史课程占据着举足轻重的地位，它不仅是学生构建国家历史认同感和文化自信的基石，也是深入理解中华文明连续性、多样性和创新性的重要途径，该课程旨在通过系统讲授中国古代社会的政治、经济、文化、科技等多方面的演变历程，引导学生全面认识中国古代历史的丰富内涵和独特价值，培养其历史思维能力和文化素养。

（一）先秦时期历史的课程设置

先秦时期，作为中国古代历史的开端，其课程内容应围绕原始社会的形态变迁、夏商周三代的更迭、春秋战国的社会转型等核心议题展开。神话传说虽非严格意义上的历史记载，但作为先民对自然与社会的朴素认识，其背后蕴含的文化基因与民族精神不容忽视，应作为导入内容加以简要介绍。随后，深入分析分封制、宗法制等政治制度对后世的影响，以及井田制、铁犁牛耕等经济变革对生产力发展的推动作用。尤为重要的是，要深入探讨春秋战国时期的百家争鸣现象，通过儒、墨、道、法等主要学派的思想主张，展现这一时期思想文化的空前繁荣，及其对后世中国乃至世界文化的深远影响。

（二）秦汉至隋唐的课程设置

秦汉至隋唐时期，是中国历史上第一个大一统局面的形成与巩固阶段，课程内容应聚焦于中央集权制度的建立与完善、经济文化的交流融合、科技文化的创新发展等方面。秦朝的法家思想实践、汉代的儒学独尊、魏晋南北朝的民族大融合、隋唐的科举制度创立与丝绸之路的畅通，均是这一时期的重要标志。通过讲述这些历史事件与制度变迁，展现中国古代社会在政治、经济、文化上的全面进步，以及统一多民族国家形成与发展的历史逻辑。

（三）宋元明清的课程设置

宋元明清时期，是中国封建社会发展的高峰期，也是传统社会向近代社会转型的过渡期。课程内容应涵盖宋代的经济繁荣与文化创新（如活字印刷术、宋词元曲的兴起）、元代疆域的空前辽阔与民族政策的调整、明清两代的专制主义中央集权强化、商品经济的萌芽与资本主义生产关系的初步发展等。特别要关注明清之际的社会思想启蒙，如黄宗羲、顾炎武等人的批判性思考，以及西学东渐背景下中国社会的初步反应，为理解中国近代史的开端奠定基础。

二、中国近代史课程设置

中国近代史课程以其独特的历史地位和时代特征，成为培养学生历史使命感和社会责任感的关键课程，它不仅是中华民族从封闭走向开放、从屈辱走向复兴的生动写照，也是世界历史进程中不可或缺的一部分，该课程特色在于其强烈的现实关怀与深刻的时代反思，通过深入分析近代中国面临的国内外挑战、社会各阶层的探索与抗争，引导学生认识历史规律，把握时代脉搏。

（一）中国近代史课程的内容要点

1. 晚清社会的变革与危机

晚清时期，中国面临着前所未有的内忧外患，课程内容应详细剖析鸦片战争的爆发、洋务运动的兴起、甲午战争的失败、戊戌变法的尝试等关键事件。同时，关注晚清社会的经济、政治、文化等方面的变化，如自然经济的解体、民族资本主义的初步发展、西学东渐的加速等，为理解后续的历史变革奠定基础。

2. 辛亥革命与中华民国建立

辛亥革命作为中国历史上一次伟大的资产阶级民主革命，其意义在于推翻清王朝的统治，结束中国两千多年的封建君主专制制度，建立中华民国。课程内容应围绕辛亥革命的背景、过程、结果及其历史意义展开，深入分析孙中山等革命先驱的思想与实践，以及辛亥革命后中国社会的政治格局变化、民主共和观念的传播等。

3. 抗日战争与解放战争

抗日战争与解放战争是中国近代史上具有决定意义的两场战争，课程内容需全面呈现这两场战争的起因、经过、结果及其深远影响。抗日战争是中国人民反抗外来侵略、争取民族独立的伟大斗争，课程内容应强调全民族抗战的艰辛历程和胜利意义；解放战争则是中国共产党领导的人民解放军推翻国民党反动统治、建立新中国的伟大斗争，课程内容应突出人民战争的思想和战略战术的运用，以及新中国成立的历史必然性。

（二）中国近代史课程的教学实践

1. 口述历史与访谈项目

为增强课程的实践性和互动性，可以引入口述历史与访谈项目。组织学生采访当地的老红军、老战士、历史见证人等，通过他们的亲身经历和口述资料，让学生更加直观地感受历史，增强历史的真实感和感染力。同时，引导学生整理和分析访谈资料，培养其史料分析能力和批判性思维。

2. 红色教育基地参观学习

结合课程内容，组织学生进行红色教育基地的参观学习，如革命纪念馆、烈士陵园、重要历史事件发生地等。通过实地考察，让学生身临其境地感受革命先烈的英勇事迹和革命精神的伟大力量，加深对历史事件的理解和感悟。在参观过程中，可以设计导览手册、问题清单等辅助材料，引导学生主动探索、积极思考，提升学习效果。此外，还可以利用现代科技手段，模拟历史场景，这种沉浸式的学习方式能够极大地激发学生的学习兴趣和参与度，使历史学习更加生动有趣。

3. 专题研究与论文写作

为了培养学生的研究能力和学术素养，可以设立专题研究环节，鼓励学生围绕中国近代史中的某个具体问题或事件进行深入探究。教师可以提供研究方向或题目建议，也可以让学生自行选题。在研究过程中，学生需要查阅大量文献资料，进行文献综述，设计研究方案，收集和分析数据，最终撰写论文。通过这一过程，学生不仅能够加深对历史问题的理解，还能够掌握科学研究的基本方法和步骤，为未来的学术研究和职业发展奠定坚实的基础。

三、中国"四史"课程设置

（一）"四史"课程的独特意义

在高等教育体系中，中国"四史"教育，即党史、新中国史、改革开放史和社会主义发展史的教学，不仅承载着传承历史文化、弘扬民族精神的使命，更在塑造学生世界观、人生观、价值观方面发挥着不可替代的独特作用，这一教育体系的构建，是对高等教育内容深度与广度的拓展，旨在通过系统学习，加强学生的政治认同与思想引领，深化对中国特色社会主义道路、理论、制度、文化的理解，培养具有高度政治觉悟、深厚历史底蕴和广阔国际视野的新时代人才。

1. 加强学生政治认同与思想引领

"四史"教育作为高校思想政治教育的重要组成部分，其核心在于通过回顾党的奋斗历程、新中国的发展历程、改革开放的伟大实践和社会主义理论的不断创新，实质上是对学生政治认同的强化，使学生从历史逻辑、理论逻辑和实践逻辑的统一中，坚定对中国共产党领导的信心，对中国特色社会主义制度的自信，对实现中华民族伟大复兴中国梦的信念。同时，"四史"教育还注重对学生思想的引领，通过讲述英雄人物事迹、重大历史事件背后的思想变革，激发学生的爱国情怀、奋斗精神和责任意识，促进学生形成正确的历史观、民族观、国家观。

2. 深化对中国特色社会主义的理解

"四史"教育不仅是历史的回顾，更是对现实问题的深刻反思与未来发展方向的展望。通过学习党史，学生能够理解中国共产党在不同历史时期的战略决策与路线方针，认识到中国特色社会主义道路是历史的选择、人民的选择；通过新中国史的学习，学生将看到社会主义建设与改革的艰辛探索与辉煌成就，理解中国特色社会主义制度在推动国家发展、改善人民生活方面的巨大优势；改革开放史的教学，则让学生直观感受到从封闭半封闭到全面开放的伟大转折，理解对外开放对于促进中国经济社会快速发展、融入世界发展潮流的重要性；而社会主义发展史的学习，则帮助学生把握社会主义理论的发展脉络，理解中国特色社会主义理论体系是对科学社会主义理论的继承与发展，是马克思主义中国化的最新成果。

（二）"四史"课程的内容构建

为确保"四史"教育的有效实施，高校应精心构建课程内容体系，既要全面覆盖"四史"的核心要义，又要注重内容的时代性、针对性和系统性。

1. 党史课程的内容构建

党史部分应聚焦于中国共产党从成立到领导全国各族人民推翻三座大山、建立新中国的光辉历程。课程应详细讲述党的创立背景、早期革命斗争、土地革命、抗日战争、解放战争等重大历史事件，深入分析党的路线方针政策的历史演变及其背后的思想逻辑。同时，还应深入挖掘革命领袖和英雄人物的事迹，展现其坚定的理想信念、高尚的道德情操和卓越的领导才能，以此激发学生的敬仰之情和奋斗之志。

2. 新中国史课程的内容构建

新中国史的教学应涵盖从新中国成立到改革开放前的社会主义建设历程，重点讲述社会主义制度的确立、工业化建设、社会主义改造、探索适合中国国情的社会主义建设道路等关键阶段。课程应深入分析这一时期面临的国内外复杂形势、党的方针政策调整以及取得的重大成就与经验教训。同时，也要正视历史中的曲折与挫折，引导学生客观看待历史，从中汲取智慧和力量。

3. 改革开放史课程的内容构建

改革开放史的教学应聚焦于中国从封闭半封闭状态向全面开放转变的历史进程。课程应详细分析改革开放决策的历史背景、实施过程及其对中国经济社会发展产生的深远影响。此外，还应关注改革开放过程中出现的新情况、新问题，以及党和政府如何通过政策调整和创新应对挑战，推动改革开放不断向纵深发展。

4. 社会主义发展史课程的内容构建

社会主义发展史的教学应侧重于社会主义理论的发展脉络和实践探索。课程应梳理从空想社会主义到科学社会主义的演变过程，介绍马克思主义经典作家的社会主义理论，以及社会主义运动在世界范围内的实践尝试。在此基础上，重点讲述中国特色社会主义理论体系的形成与发展，通过对比分析不同时期的社会主义理论与实践，引导学生理解中国特色社会主义的独特性和优越性，增强对中国特色社会主义事业的认同感和使命感。

四、世界古代史课程设置

（一）世界古代史课程的要素

在高校历史教育体系中，世界古代史课程占据着举足轻重的地位，它不仅是对人类文明起源与早期发展轨迹的深入探索，更是培养学生跨文化理解、历史批判性思维及全球视野的重要基石，该课程旨在通过系统梳理古代世界的重大事件、文明成就、社会结构、经济形态及思想文化变迁，使学生全面把握人类历史发展的多样性与统一性，进而理解不同文明间相互影响、融合与冲突的历史逻辑，它要求学生在掌握基本历史事实的基础上，能够运用历史学的研究方法，分析古代社会的运行机制，评估历史人物的贡献与局限，以及历史事件对后世的影响。

（二）世界古代史课程的内容

1. 古代文明起源

本部分聚焦于世界古代文明的三大发源地——古埃及、巴比伦与印度河流域，详细阐述这些文明在政治、经济、社会及文化等方面的独特贡献。古埃及以其金字塔、象形文字及法老制度体系闻名于世，展现了早期国家构建与农业文明的高度发展。巴比伦则以《汉谟拉比法典》为代表，揭示了古代社会的法律秩序与治理智慧，同时其天文学、数学成就对后世产生了深远影响。印度河流域的哈拉帕文明，以其先进的城市规划、排水系统以及独特的印章文字，揭示了南亚次大陆早期文明的辉煌，为理解印度次大陆历史的多样性奠定了基础。

2. 古希腊罗马文明

古希腊与罗马文明作为西方文明的摇篮，其政治制度、哲学思想、文学艺术及法律体系对后世产生了不可估量的影响。古希腊的城邦制度孕育了民主政治的雏形，苏格拉底、柏拉图、亚里士多德等哲学家的思想至今仍闪耀着智慧的光芒。古罗马则在继承希腊文化的基础上，发展出更为成熟的法律体系与行政管理体系，如《十二铜表法》及罗马帝国时期的官僚制度，为现代政治与法律制度的形成提供了重要参考。此外，古罗马的文学、建筑、艺术等方面的成就，也是人类文化遗产中的瑰宝。

3. 中世纪欧洲与伊斯兰世界

中世纪欧洲与伊斯兰世界作为古代向近代过渡的重要时期，各自展现了独特的历史面貌。中世纪欧洲经历了封建制度的形成与演变，基督教文化的普及与深化，以及城市复兴与商业贸易的兴起，促进了东西方文化的交流与碰撞，为文艺复兴的到来奠定了基础。伊斯兰世界则在中世纪迎来了黄金时代，其科学、哲学、文学、艺术等领域取得了辉煌的成就，对世界文明的发展产生了深远影响。

五、世界近代史课程设置

（一）世界近代史课程的意义

世界近代史课程是高校历史教育不可或缺的一部分，它聚焦于 16 世纪以来世界范围内发生的重大变革，旨在帮助学生理解近代化进程的动力机制、表现形式及历史影响，该课程不仅关注工业化、城市化、民主化等现代化进程的推进，还强调全球化背景下国家间关系的演变、国际体系的重塑以及人类面临的共同挑战。通过本课程的学习，学生应能掌握分析近代历史事件的方法论，培养全球治理意识，为成为具有国际视野和跨文化交流能力的复合型人才奠定基础。

1. 把握世界近代化进程

世界近代化进程是一个复杂而多元的过程，涉及经济、政治、社会、文化等多个层面。经济方面，工业革命是推动近代化进程的关键因素，它极大地提高了生产力水平，促进了资本主义的快速发展；政治方面，民族国家的兴起与国际关系的演变，使得世界政治格局发生了深刻变化；社会方面，城市化进程加速，社会结构发生深刻调整，中产阶级逐渐崛起；文化方面，启蒙运动、文艺复兴等思想解放运动促进了科学理性的传播与人文精神的觉醒。

2. 培养学生全球治理意识

在全球化的今天，全球治理已成为不可回避的时代课题。世界近代史课程应注重培养学生的全球治理意识，使学生认识到在全球化背景下，各国之间的相互依存度日益加深，任何国家的发展都离不开国际社会的支持与合作。通过分析两次世界大战、冷战等历史事件，学生可以深刻理解国际合作与冲突的复杂性，学会从全球视角审视问题，为解决当代世界面临的挑战提供思路。

（二）世界近代史课程的内容框架

1. 工业革命与资本主义发展

工业革命作为近代化进程的起点，其影响深远而广泛。本部分将详细阐述工业革命的背景、过程、特点及影响，特别是它对资本主义生产方式、社会结构、经济体系及国际关系等方面的深刻变革。通过分析英国、法国、德国等国家的工业化进程，学生可以理解不同国家工业化道路的多样性及其背后的历史逻辑。

2. 民族国家兴起与国际关系演变

民族国家的兴起是国际关系史的重要篇章。本部分将探讨民族国家形成的原因、过程及特点，分析民族主义思想对国际关系的影响。同时，将重点讲述 19 世纪末至 20 世纪初，随着欧洲列强殖民扩张的加剧，国际政治舞台上的力量对比发生变化，以及由此引发的一系列国际冲突与合作。学生将学习到维也纳体系、俾斯麦的外交政策、三国同盟与三国协约的形成等关键历史事件，理解这些事件如何塑造了当时的世界格局，并为后续的世界大战埋下了伏笔。

第三节　高校历史教学结构与目标

一、高校历史教学结构

（一）高校历史教学结构的内涵

高校历史教学结构，作为高等教育体系中历史学科教学活动的基本框架与组织形式，其核心概念涵盖了课程体系设计、教学内容安排、教学方法运用、教学资源配置以及教学评价机制等多个维度，这一结构不仅体现了历史学科的知识体系与逻辑脉络，还融合了现代教育理念与技术手段，旨在通过系统化的教学活动，促进学生历史素养、批判性思维及创新能力的全面发展。高校历史教学结构的设计，需紧密围绕历史学科的特性，即时间跨度大、内容丰富多样、理论与实践相结合等，确保教学活动既能深入历史深处，又能面向现实，引导学生从历史的角度审视当下，预见未来。

1. 高校历史教学结构的主要意义

作为教学体系的重要框架，高校历史教学结构的意义在于为历史教学活动提供了清晰的方向与路径，它确保了教学内容的连贯性、系统性和科学性，有助于学生在有限的学习时间内掌握历史学科的核心知识与理论框架。同时，教学结构还通过规定教学目标、明确教学任务、优化教学流程，促进了教学活动的有序进行，提高了教学效率与质量。此外，教学结构还为学生提供了多样化的学习路径与选择空间，满足不同学生的学习需求与兴趣，促进了学生个性化发展。

2. 历史学科特性对教学结构的影响

历史学科的特性深刻影响着其教学结构的构建。首先，历史的时间连续性要求教学结构必须遵循历史发展的脉络，以时间为主线，将历史事件、人物、思想等要素串联起来，形成完整的知识体系；其次，历史的多样性体现在不同地域、文化、社会背景下的历史现象与过程，这要求教学结构应具备包容性与开放性，能够涵盖多元的历史视角与解释框架；最后，历史的实践性强调历史学习不应仅停留于书本知识，而应通过实地考察、史料分析等方式，让学生亲身体验历史，培养实践能力与问题解决能力。因此，高校历史教学结构在设计时需充分考虑这些特性，确保教学活动既能深入历史本质，又能贴近现实生活，激发学生的学习兴趣与探索欲望。

（二）高校历史教学结构的作用

1. 促进知识传承与学术创新

高校历史教学结构在支撑历史知识的系统传授方面发挥着基础性作用。通过精心设计的课程体系与教学内容，教学结构确保了历史知识的全面覆盖与深入解析，使学生能够系统地掌握历史学科的基本知识与理论框架。同时，教学结构还鼓励学生进行批判性思考，培养学术研究的兴趣与能力。在教学过程中，教师引导学生分析历史问题、提出假设、收集证据、进行论证，这一过程不仅加深了学生对历史知识的理解，还激发了他们的创新思维与学术探索精神。此外，教学结构还通过开设学术讲座、组织科研项目等方式，为学生提供更多参与学术研究的机会，促进学术创新成果的涌现。

2. 优化教学资源配置

高校历史教学结构在指导课程设置、教材选择及师资配备等方面发挥着重要作用。教学结构根据历史学科的特点与教学目标，合理规划课程体系，确保课程内容的科学性与实用性。在教材选择方面，教学结构注重教材的权威性与时代性，选择那些能够反映历史学科最新研究成果、符合学生认知水平的教材。同时，教学结构还重视师资力量的建设，通过引进优秀人才、加强教师培训等方式，提升教师队伍的整体素质与教学水平，这些措施有助于优化教学资源的配置，提高教学质量与效率。

3．适应学生多样化需求

高校历史教学结构在满足不同学习风格和能力水平学生的需求方面具有显著优势。教学结构通过实施个性化教学与差异化教学策略，为学生提供多样化的学习路径与选择空间。个性化教学关注每个学生的学习特点与兴趣爱好，通过定制化的教学计划与辅导方案，帮助学生实现自我发展。差异化教学则针对不同能力水平的学生设置不同的教学目标与评价标准，确保每个学生都能在适合自己的学习节奏中取得进步。

4．推动教育技术与方法的革新

随着信息技术的飞速发展，高校历史教学结构也在不断融入现代技术手段与方法。教学结构通过引入多媒体教学资源、建立在线学习平台等方式，丰富了教学手段与形式，提高了学生的学习兴趣与参与度。同时，教学结构还鼓励教师探索新的教学方法与模式，如翻转课堂、混合式教学等，以适应时代发展的需求，这些革新不仅提高了教学效率与质量，还培养了学生的信息素养与自主学习能力。此外，教学结构还注重与国际接轨，借鉴国外先进的教学经验与技术手段，推动高校历史教学的国际化进程。

5．构建开放与合作的学习环境

高校历史教学结构在促进校内外、国内外教学资源的共享与合作方面发挥着重要作用。教学结构通过建立开放的学习平台与机制，鼓励学生参与校内外的学习交流活动，拓宽他们的视野与知识面。同时，教学结构还注重与国际教育机构的合作与交流，通过联合培养、学术合作等方式，提升高校历史教学的国际化水平，这些合作不仅为学生提供了更多接触国际先进教育理念与技术的机会，还促进了跨文化交流与理解，培养了具有国际视野和跨文化交流能力的人才。此外，教学结构还鼓励教师之间的合作与交流，通过组建教学团队、开展教学研讨等方式，共同提升教学质量与科研水平，这种开放与合作的学习环境，不仅促进了知识与资源的共享，还激发了教师与学生的创新潜能，为高校历史教学的持续发展注入了新的活力。

（三）高校历史教学结构的分类

1. 本科历史教学结构

本科历史教学结构以基础知识与素养培养为核心，旨在为学生构建扎实的历史学科基础。在教学过程中，注重历史知识的系统性和全面性，通过课堂教学、课外阅读、讨论交流等多种方式，帮助学生掌握基本的历史概念和理论框架。同时，强调历史思维能力的培养，包括历史意识、历史解释、历史评价等方面，引导学生学会用历史的眼光看待问题，培养批判性思维和创新能力。实践教学在本科历史教学中占据重要地位。通过参观考察、田野调查、模拟演练等实践活动，增强学生的感性认识和实践能力，使其能够将所学知识应用于解决实际问题中。此外，鼓励学生参与科研项目和学术竞赛，提升其科研能力和团队合作精神。

2. 研究生历史教学结构

研究生历史教学结构更加注重学术前沿追踪与批判性思维培养。在这一阶段，学生已经具备了一定的历史学科基础和研究能力，因此教学重心转向引导学生关注学术前沿动态，掌握最新的研究方法和理论成果。通过开设高级研讨课、专题研究课等课程形式，鼓励学生深入研究某一领域或问题，培养其独立研究能力和创新思维。同时，研究生历史教学还强调科研方法与论文写作能力的训练。通过系统的科研方法训练，帮助学生掌握规范的科研流程和写作技巧，提高其论文质量和学术水平。此外，注重本科与研究生教学结构的衔接与互补，通过开设过渡性课程或联合培养项目等方式，促进不同教育层次之间的有机衔接和协同发展。

（四）高校历史教学结构的优化策略

1. 加强顶层设计，明确教学定位

高校历史学科应明确自身在高等教育体系中的定位，是侧重于基础研究、应用研究还是两者兼顾。在此基础上，结合学校特色与资源优势，确定学科的发展方向与重点研究领域。例如，一些综合性大学可侧重于历史学的跨学科研究，如历史与文学的融合、历史与社会的互动等，以拓宽学生的学术视野；而专业性院校则可聚焦某一历史时期或特定地域的历史研究，形成特色鲜明的学术品牌。

2. 完善课程体系，强化课程的有机结合

（1）构建科学合理的课程体系。高校历史课程体系应体现层次性、系统性和时代性。首先，需设置一系列基础核心课程，如中国古代史、世界史通论、史学概论等，为学生奠定坚实的知识基础；其次，应丰富选修课程模块，涵盖不同历史时期、地域、专题及跨学科内容，以满足学生个性化发展需求；最后，注重课程之间的逻辑联系与衔接，形成完整的知识体系。

（2）强化课程内容的时代性与创新性。随着时代的发展，历史教学内容也应不断更新与调整。高校应鼓励教师将最新的研究成果、学术动态及现实问题融入课堂，使课程内容更加贴近时代、贴近生活。此外，可引入数字人文、大数据等现代技术手段，创新教学内容呈现方式，提升学生的学习兴趣与参与度。

3. 提升教师素质，加强教师培训与交流

（1）建立多元化师资培养体系。高校应建立健全师资培养机制，通过国内外访学、学术交流、在职研修等多种方式，提升教师的学术水平与教学能力。特别是鼓励中青年教师参与高水平科研项目，积累实践经验，提升教学质量。同时，加强对新入职教师的岗前培训，帮助他们快速适应高校教学环境。

（2）促进教师间的交流与合作。高校应搭建教师交流平台，鼓励不同学科背景、研究方向的教师进行跨学科交流与合作。通过组织教学研讨会、工作坊、示范课等活动，分享教学经验、探讨教学方法，促进教学相长。此外，还应加强校际、国际教师交流与合作，拓宽教师的学术视野，提升国际竞争力。

二、高校历史教学目标

"教育是一种循序渐进的活动，教学活动是以学年、学期为单位加以组织与实施的，每一学年、学期都会有相应的教学目标，教学目标的制订要与学习者接受教育的层次相适应。"[①] 高校历史教学目标主要包括以下方面：

[①]　贾云涛. 历史教学设计与实践研究 [M]. 哈尔滨：哈尔滨出版社，2020：59.

（一）挖掘历史知识的广度与深度

第一，国内外历史重要事件与人物。在高校历史教学中，对于国内外历史重要事件与人物的掌握是基础且核心的要求，这一目标的设定，旨在构建一个全面而系统的历史知识框架，使学生能够跨越时空界限，深刻理解不同文明的发展脉络和相互影响。

第二，历史时期、制度与文化的深入理解。历史不仅仅是事件的堆砌，更是社会制度、文化观念、经济形态等多方面因素相互作用的结果。因此，高校历史教学还需引导学生深入理解不同历史时期的社会结构、政治制度、经济形态以及思想文化特征。

（二）历史思维与能力的培养

1. 批判性思维与独立判断能力

在知识高速发展的时代，培养学生具备批判性思维和独立判断能力显得尤为重要。高校历史教学应鼓励学生质疑传统观点，学会从多角度、多层次分析问题，形成自己的见解。通过案例分析、小组讨论、学术辩论等多种形式的教学活动，引导学生学会运用历史资料，进行逻辑推理和证据分析，从而培养其独立思考和解决问题的能力。同时，教师还需引导学生认识到历史解释的主观性和多样性，学会尊重不同观点，进行理性的对话与交流。

2. 历史分析、比较与综合能力

历史分析、比较与综合能力是历史学科的核心素养之一。高校历史教学应注重学生这些能力的培养，通过具体的历史事件、人物或现象，引导学生运用历史唯物主义和辩证法的观点，进行深入的剖析和比较。例如，通过对比中西方封建社会的异同，可以帮助学生理解不同文明发展道路的多样性；通过分析同一历史时期不同国家的社会变革，可以揭示出历史发展的普遍规律与特殊性。此外，还应训练学生将分散的历史信息整合起来，形成对某一历史时期或问题的全面认识，提升其综合概括和归纳总结的能力。

3．研究方法与学术规范的掌握

高校历史教学不仅是知识的传授，更是研究方法和学术规范的培养。在教学过程中，教师应向学生介绍历史学的基本研究方法，如史料搜集与整理、历史文献的阅读与解读、历史事实的考证与推断等，并引导学生通过参与科研项目、撰写学术论文等方式，亲身体验研究过程，掌握科学研究的基本技能。同时，还需强调学术诚信和学术规范的重要性，教育学生尊重他人知识产权，遵守学术道德，确保研究成果的真实性和可靠性。此外，还应通过课程论文、课堂报告等形式，加强对学生学术表达能力的训练，提高其学术素养和综合能力。

（三）传承与弘扬历史文化

1．中华文化传统与民族精神的教育

高校历史教学聚焦于中华文化传统的深入挖掘与广泛传播，这是构建学生文化自信、民族认同感的基石。在教学过程中，通过系统讲授中国历史的演进脉络，从远古时期的文明曙光到近现代的民族复兴，引导学生理解中华文化的深厚底蕴和独特魅力。同时，强调民族精神在历史长河中的凝聚与升华，如爱国主义、自强不息、厚德载物等核心价值观。这些精神遗产不仅是中华民族生存发展的精神支柱，也是当代青年学生应继承并发扬光大的宝贵财富。通过案例分析、历史情境模拟等教学方法，使学生能够在历史的长廊中漫步，亲身体验中华文化的博大精深，进而激发其民族自豪感和文化自信心。

2．世界历史文化的交流与理解

在全球化的今天，高校历史教学亦需超越国界，促进学生对世界历史文化的全面认识与深刻理解。通过介绍不同文明、不同国家的历史发展轨迹，展示世界历史文化的多样性与丰富性，帮助学生构建全球史观，理解并尊重文化的差异性。在教学中，注重引导学生分析历史事件背后的文化动因、社会结构、经济形态等因素，以及它们如何相互作用，影响世界历史的发展进程。此外，还应鼓励学生参与国际学术交流，通过跨国合作项目、海外研修等方式，亲身体验不同文化的魅力，增进对世界的理解和包容，培养具有国际视野和跨文化沟通能力的人才。

（四）培养学生的历史意识与社会责任感

1. 时间观念与历史连续性的认识

历史意识的核心在于对时间观念和历史连续性的深刻把握。高校历史教学通过讲述历史事件的时间序列，帮助学生建立清晰的时间框架，理解过去、现在与未来的紧密联系。通过对比不同历史时期的社会变迁、技术进步、思想演变等，引导学生认识到历史发展的必然性与偶然性，以及个人与集体在历史洪流中的角色与责任，这种时间观念的培养，有助于学生形成长远眼光，理性看待当下，积极面向未来。

2. 历史责任感与公民意识的培养

历史教学不仅是知识的传授，更是情感、态度与价值观的培育。通过讲述历史上的英雄人物、重大事件及其社会影响，激发学生的爱国情感和历史责任感，使其认识到作为社会成员应承担的责任与义务。同时，加强公民意识教育，引导学生关注社会问题，思考历史与现实的关系，积极参与社会建设，为实现国家富强、民族振兴贡献力量。

3. 培养学生坚定的理想信念

在历史的长河中，无数先贤志士以坚定的理想信念为指引，书写了可歌可泣的壮丽篇章。高校历史教学应深入挖掘这些精神资源，通过讲述历史人物的光辉事迹，传递正能量，激励学生树立崇高的理想信念，坚定中国特色社会主义道路自信、理论自信、制度自信、文化自信，这种理想信念的培养，对于引导学生树立正确的世界观、人生观、价值观，成为有理想、有道德、有文化、有纪律的社会主义建设者和接班人具有重要意义。

（五）促进学生的全面发展

1. 跨学科素养的提升

历史教学具有天然的跨学科特性，它涉及政治、经济、文化、社会等多个领域。因此，高校历史教学应注重培养学生的跨学科素养，通过跨学科整合教学，打破学科壁垒，促进知识的融会贯通。例如，将历史与地理学结合，探讨地理环境对历史发展的影响；将历史与经济学结合，分析经济政策的变迁对社会结构的重塑作用等，这种跨学科的学习方式，有助于拓宽学生的知识视野，提升其综合分析和解决问题的能力。

2．创新思维与解决问题能力的培养

历史是一门充满智慧的学科，它蕴含着丰富的思维方法和解决问题的策略。高校历史教学应鼓励学生独立思考，勇于质疑，通过批判性思维分析历史现象，探索历史规律。同时，引导学生运用所学历史知识，结合现实问题，提出创新性的解决方案，这种教学模式不仅有助于培养学生的创新思维，还能提升其解决实际问题的能力，为未来的学习和工作奠定坚实的基础。

3．人文关怀与国际视野的拓展

历史是人文精神的宝库，它蕴含着丰富的人文关怀。高校历史教学应深入挖掘历史中的人文精神，如人文关怀、人文关怀等，通过讲述历史人物的故事，传递人性的光辉与温暖，培养学生的同情心、同理心和责任感。同时，加强国际视野教育，引导学生关注全球性问题，如环境保护、和平发展、文化交流等，培养其国际意识和全球观念，这种人文关怀与国际视野的拓展，有助于学生形成更加开放包容的心态，更好地适应全球化时代的需求和挑战。

第四节　高校历史教学方法与模式

一、高校历史教学方法

（一）传统与现代并蓄的教学方法

1. 讲授法

讲授法作为历史教学中最传统也最基本的方法，其核心在于教师通过口头讲解，向学生传授历史知识、概念及理论框架。在经典传承方面，讲授法能够系统、连贯地呈现历史脉络，确保学生掌握基础史实与理论，为深入学习奠定坚实基础。然而，面对信息化时代的学生群体，单纯的讲授已难以满足其多样化的学习需求。因此，讲授法的现代化转型显得尤为重要。讲授法的现代化转型主要体现在以下方面：①利用多媒体教学资源，如PPT、视频、音频等，使讲授内容更加生动直观；②融入翻转课堂理念，让学生在课前通过视频、阅读材料自主学习，课堂时间则用于深入讨论与问题解决；③注重历史情境的重构，通过角色扮演、历史剧表演等形式，让学生在模拟的历史场景中感受历史，加深对知识的理解与记忆。讲授法的现代化转型不仅保留了讲授法的系统性与权威性，还增强了学习的趣味性与互动性，提高了教学效果。

2. 讨论法

讨论法是通过组织学生就某一历史问题或事件进行讨论，以促进思维碰撞与知识建构的教学方法。从小组讨论到辩论式学习，讨论法在高校历史教学中经历了从浅入深、从单一到多元的发展过程。小组讨论侧重于组内成员间的交流与合作，通过分享观点、互相质疑，共同探索问题的答案，这种方法有助于培养学生的团队协作能力、口头表达能力及初步的批判性思维。而辩论式学习则是在此基础上进一步提升，它要求学生在更广阔的平台上，就某一具有争议性的历史议题进行正反两方的辩论，这种高强度的思维交锋不仅能够激发学生的学习兴趣与探索欲望，还能促使他们更深入地挖掘历史事件的复杂性，学会从多角度、多层次分析问题，提升综合分析能力与逻辑思维能力。

3．启发教学法

启发教学法强调以学生为中心，通过教师精心设计的问题或情境，引导学生主动思考、积极探索，从而发现问题、解决问题的教学方法。在高校历史教学中，启发教学法能够有效激发学生的内在学习动机，培养其自主学习与探究能力。在具体实施时，教师可结合历史材料、考古发现、文献记载等，设置一系列具有启发性的问题或任务，如"分析某一历史事件发生的深层原因""比较不同文化背景下对同一历史事件的解读差异"等。学生在解决问题的过程中，需要查阅大量资料、进行独立思考与逻辑推理，这不仅加深了他们对历史知识的理解，还锻炼了其信息筛选、整合与创新能力。此外，教师还可以适时提供反馈与指导，帮助学生调整思路、完善答案，确保学习过程的顺利进行。

4．读书指导法

读书指导法是通过指导学生自主阅读历史文献、著作及研究论文，培养其阅读理解能力、批判性思维及学术素养的教学方法。在高校历史教学中，这一方法对于拓宽学生知识面、深化历史认知具有重要意义。

为了有效实施读书指导法，教师需要做好以下方面的工作：①精选阅读材料，确保其内容具有代表性、时代性与启发性；②制定明确的阅读目标与要求，引导学生有针对性地进行阅读；③提供必要的阅读指导与技巧培训，包括如何快速捕捉信息、如何进行有效笔记、如何进行批判性思考等；④组织阅读分享与交流活动，鼓励学生分享阅读心得、交流观点，促进思想的碰撞与融合。通过这一系列措施，学生能够在自主阅读中不断积累知识、提升能力，形成独特的历史观与学术视野。

5．比较研究法

比较研究法是通过对不同文化、不同历史时期或不同国家地区的历史事件进行对比分析，揭示其异同点、探讨其成因及影响的教学方法。在高校历史教学中，比较研究法不仅能够帮助学生拓宽视野、深化理解，还能培养其跨文化交流与比较分析能力。实施比较研究法时，教师可引导学生从多个维度进行对比分析，如政治制度、经济发展、社会文化等方面。同时，鼓励学生运用跨学科的知识与方法，如社会学、经济学、文化学等，对历史事件进行多维度、多层次的剖析。此外，教师还应注重培养学生的批判性思维与独立思考能力，引导他们不盲从、不偏见，以客观公正的态度审视历史。通过比较研究法的实施，学生能够更加全面、深入地认识历史，形成更加开放包容的历史观与世界观。

（二）技术融合下的创新教学方法

在 21 世纪的信息时代背景下，高等教育领域正经历着前所未有的变革，其中历史学科的教学也不例外。技术的飞速发展，尤其是数字化、虚拟化、数据分析及社交媒体等新兴技术的广泛应用，为高校历史教学提供了全新的视角与手段，极大地丰富了教学内容，增强了学习体验，促进了知识的深度理解和广泛传播。

1. 数字化教学

数字化教学作为技术融合在高校历史教学中的首要体现，其核心在于利用多媒体技术和丰富的在线资源，打破传统课堂教学的时空限制，实现教学内容的多样化与个性化。多媒体技术的运用，如音频、视频、图像及动画等，能够生动再现历史场景，使抽象的历史概念具象化，增强学生的感官体验，提高学习兴趣。例如，在讲解古代战争时，通过播放历史纪录片或三维动画模拟战役过程，学生可以直观地感受到战争的激烈与策略的精妙，从而更深刻地理解历史事件的复杂性和多因性。此外，在线资源的广泛应用也是数字化教学的重要组成部分。高校可以构建或利用现有的历史教学资源库，包括电子图书、学术论文、历史档案、在线课程等，为学生提供丰富的学习材料，这些资源不仅扩展了学生的知识视野，还允许他们根据自己的兴趣和需求进行自主学习，促进了学习方式的灵活性和个性化。同时，教师也可以通过在线平台发布学习任务、组织讨论、批改作业，实现教学管理的数字化，提高教学效率。

2．数据分析与可视化

数据分析与可视化技术为高校历史教学提供了强大的数据支持和直观展示手段。通过收集、整理和分析大量历史数据，教师可以揭示历史发展的内在规律和趋势，为历史教学提供科学依据。同时，利用可视化技术，如数据图表、时间线图、地理信息系统（GIS）等，可以将复杂的历史信息以直观、易懂的方式呈现出来，帮助学生更好地理解和记忆。例如，在研究人口迁移、城市发展等历史课题时，教师可以利用 GIS 技术绘制历史地图，展示不同历史时期的人口分布、城市规模及空间变化等信息，这种直观展示不仅有助于学生理解历史现象的地理背景，还能引导他们从空间维度思考历史问题，培养空间思维能力和历史分析能力。

3．社交媒体与协作平台

社交媒体与协作平台的兴起，为高校历史教学构建了一个开放、互动的学习环境。通过社交媒体，学生可以轻松地与教师、同学乃至全球范围内的历史爱好者进行交流和讨论，分享学习心得、提出问题、解答疑惑，这种跨时空的交流方式不仅拓宽了学生的知识来源，还促进了思想的碰撞和灵感的激发。同时，协作平台如在线论坛、博客、维基百科等，为学生提供了共同参与知识构建的机会。学生可以围绕特定的历史主题或问题，组建学习小组，分工合作，共同搜集资料、分析数据、撰写报告，这种协作学习方式不仅培养了学生的团队合作精神和沟通能力，还提高了他们的自主学习能力和问题解决能力。

（三）基于学生中心的教学方法

1．自主学习法

在高等教育体系中，历史学科作为人文社科的重要组成部分，其教学方法的革新对于培养学生的综合素养与独立研究能力具有不可估量的价值。自主学习法，作为一种以学生为中心的教学模式，正逐步在历史教学领域中占据核心地位，该方法强调学生作为学习过程的主体，通过自我驱动、自我监控和自我反思，主动探索历史知识的广度与深度，从而有效提升其独立研究能力。

（1）自主学习法的理论基础与实践框架。自主学习法的理论基础根植于建构主义学习理论，该理论认为学习是一个主动建构知识的过程，而非简单地接受教师传授的信息。在历史教学中实施自主学习法，需要构建一个以问题为导向的学习环境，鼓励学生围绕特定历史主题或事件提出问题、搜集资料、分析论证并得出结论，这一过程不仅促进了学生对历史知识的深入理解，还锻炼了他们的批判性思维、信息筛选与整合能力。

（2）自主学习法的实施策略。

第一，设定明确的学习目标与任务。教师应根据教学大纲和学生实际情况，设计具有挑战性但又不失可行性的学习目标和任务，如撰写历史小论文、进行历史案例研究等，以激发学生的探索欲和求知欲。

第二，提供丰富的学习资源。利用图书馆资源、在线数据库、历史档案及多媒体材料，为学生搭建多元化的学习平台，支持他们自主获取和筛选信息。同时，教师还可推荐高质量的历史文献和研究方法指南，帮助学生掌握研究技巧。

第三，引导学习过程的自我监控与反思。鼓励学生制定学习计划，记录学习过程中的困惑与收获，定期进行自我评估。教师可以通过设置学习日志、小组讨论或一对一辅导等形式，引导学生反思学习过程，调整学习策略。

第四，强化合作与交流。自主学习并非孤立地学习，而是在合作与交流中不断深化。教师可以组织学习小组，鼓励学生围绕共同的研究主题展开讨论，分享资源，相互启发，形成合作学习的良好氛围。

2. 翻转课堂

翻转课堂作为一种创新的教学模式，通过颠倒传统课堂内外的学习活动安排，实现了课外学习与课堂讨论的深度融合，为历史教学注入了新的活力。

（1）翻转课堂的核心要素。翻转课堂的核心在于"先学后教"，即学生在课外通过观看教学视频、阅读文献等方式完成知识传授的任务，而课堂时间则主要用于问题的深入探讨、协作学习及教师个性化的指导，这一模式有效利用了信息技术手段，打破了时间与空间的限制，使学习更加灵活高效。

（2）翻转课堂在历史教学中的应用策略。

第一，高质量教学视频的制作与分发。教师应根据教学内容精心设计教学视频，确保内容精练、重点突出、易于理解。同时，利用网络平台将视频资源分享给学生，供其课外自主学习。

第二，设计有针对性的课堂活动。课堂时间应聚焦于解决学生在自学过程中遇到的问题，通过小组讨论、角色扮演、案例分析等多样化活动，促进学生之间的思想碰撞与知识内化。教师需精心策划这些活动，确保它们能够紧密围绕教学目标，激发学生的参与热情。

第三，强化课堂互动与即时反馈。翻转课堂强调师生、生生之间的即时互动。教师应积极参与到学生的讨论中，倾听他们的观点，解答疑惑，并提供必要的引导和支持。同时，利用课堂管理工具收集学生的即时反馈，及时调整教学策略，确保教学效果。

（3）实施效果与反思。翻转课堂在历史教学中的应用，显著提高了学生的学习积极性和参与度，促进了深度学习的发生。学生通过课前的自主学习，对历史知识有了初步的理解和掌握，为课堂讨论奠定了坚实的基础。而课堂内的深入交流和协作学习，则进一步加深了他们对历史事件的理解，培养了批判性思维和问题解决能力。然而，翻转课堂的成功实施也依赖于教师的精心准备和学生的高度自律，因此在实际操作中需充分考虑这些因素，不断优化教学策略。

3. 个性化学习路径

在高等教育日益普及的今天，学生群体的多样性日益凸显，他们的学习需求、兴趣偏好及学习能力各不相同。因此，构建个性化学习路径，为每位学生量身定制适合其特点的学习方案，成为高校历史教学的重要趋势。

（1）个性化学习的理论基础。个性化学习基于尊重个体差异的教育理念，认为每个学生都是独一无二的个体，具有不同的学习风格、兴趣点和潜能。因此，教学应关注学生的个性特征，提供多样化的学习资源、学习方式和评价方式，以满足其个性化的学习需求。

（2）实施策略与技术支持。

第一，学习风格与兴趣评估。通过问卷调查、学习风格测试或个别访谈等方式，对学生的学习风格（如视觉型、听觉型、动觉型等）和兴趣偏好进行初步评估，这些信息为后续设计个性化学习路径提供了重要依据。

第二，定制化学习资源。基于学生的学习风格和兴趣，教师可以整合多种教学资源，包括电子书籍、在线课程、视频讲座、历史纪录片、模拟游戏等，为学生提供丰富多样的学习材料。同时，鼓励学生根据个人兴趣选择拓展阅读材料或参与相关实践活动，如参观历史博物馆、参与历史重演等，以增强学习的趣味性和实效性。

第三，灵活的学习进度安排。在个性化学习路径中，学生可以根据自己的学习节奏和能力水平，灵活安排学习进度。教师可以为学生提供学习建议和指导，但不过度干预其学习过程，让学生在自主掌握知识的同时，培养自我管理和自我激励的能力。

第四，差异化评价与反馈。为了准确评估学生的学习成效，教师应采用差异化的评价方式，如项目式评价、同伴评价、自我评价等，以全面反映学生的学习过程和成果。同时，针对每位学生的具体情况，提供个性化的反馈和建议，帮助他们明确学习方向，调整学习策略。

第五，技术支持与平台应用。利用现代信息技术手段，如学习管理系统（LMS）、智能教学平台等，为个性化学习提供强有力的技术支持，这些平台可以记录学生的学习轨迹，分析学习数据，为教师提供精准的教学指导依据，同时也能为学生提供个性化的学习资源和推荐，提升学习效率和效果。

（3）实施效果与持续优化。个性化学习路径的实施，有助于激发学生的学习兴趣和动力，提高学习满意度和成就感。通过满足学生多样化的学习需求，促进他们的全面发展，培养具有创新精神和实践能力的高素质人才。然而，个性化学习路径的构建和实施是一个复杂而长期的过程，需要学校、教师和学生的共同努力和持续改进。学校应建立相应的支持机制，如教师培训、资源建设、政策保障等，为个性化学习提供有力保障。教师应不断学习和探索新的教学方法和策略，以适应学生个性化学习的需求；学生应积极参与学习过程，主动探索未知领域，培养自主学习和终身学习的能力。

（四）跨学科整合的教学方法

1. 历史与文学的结合

在高等教育体系中，历史与文学的跨学科整合为历史教学提供了一种新颖而深刻的视角，其核心在于通过叙事技巧与情感表达的融合，深化学生对历史事件的理解与共鸣。传统历史教学往往侧重于时间线、事件序列及因果关系的梳理，而融入文学元素后，历史课堂得以转变为一场场生动的叙事之旅，使过去的事件在情感与想象的驱动下鲜活起来。

（1）叙事技巧的运用。文学叙事以其丰富的情节构建、人物塑造及语言艺术，为历史教学提供了多维度的叙事框架。教师可通过选取具有代表性的历史文学作品，如历史小说、回忆录、史诗等，引导学生分析文本中的叙事结构、视角转换及象征意义，从而理解历史事件背后的复杂性与多样性。例如，在讲解中世纪欧洲历史时，引入《坎特伯雷故事集》等文学作品，不仅能够展现当时社会的风貌，还能通过不同人物的叙述视角，揭示社会阶层与道德观念等方面的差异。

（2）情感表达的共鸣，文学作为情感的载体，能够穿越时空的界限，触动读者的心灵。在历史教学中，通过文学作品中的情感描绘，学生可以更加直观地感受到历史人物的情感波动与心理变化，进而对历史事件产生更深层次的情感共鸣，这种共鸣不仅增强了学生对历史的兴趣与投入度，还促进了他们对历史价值观与道德判断的反思与构建。例如，在分析《安妮日记》中的情感记录，可以帮助学生深刻理解战争对个体生活、家庭关系及精神世界的巨大影响，从而培养起对和平的珍视与对战争的反思。

2. 历史与地理的融合

历史与地理的跨学科整合，强调空间与时间的相互依存与交织，为学生提供了一个更为立体、全面的历史认知框架。地理不仅是历史事件发生的舞台，更是影响历史进程的重要因素。

（1）空间维度的拓展。地理空间的分析有助于揭示历史事件的地域特征、空间分布及地理环境的制约作用。在教学中，教师可以利用地图、地理信息系统（GIS）等工具，直观展示历史事件的地理背景，如古代文明的分布、贸易路线的变迁、战争的地理战略等。同时，通过对比不同地域间的文化差异、资源分布及生态环境，引导学生理解地理环境如何塑造了人类社会的历史轨迹。

（2）时间与空间的交织。历史的发展是一个动态的过程，其中包含着时间与空间的复杂交织。通过将历史事件置于特定的时空背景下进行分析，学生可以更好地理解历史事件之间的内在联系与演变规律。例如，在分析欧洲文艺复兴时，不仅要关注其时间跨度，还要结合当时意大利半岛的地理优势、城市经济的繁荣及地中海地区的文化交流等因素，全面探讨文艺复兴兴起的原因、影响及意义。

3. 历史与社会科学的交汇

历史与社会科学的跨学科整合，强调从经济、政治、文化等多个维度对历史事件进行综合分析，以揭示其背后的社会结构与变迁规律。

（1）经济维度的考量。经济因素是影响历史进程的重要力量，在教学中，教师应引导学生关注历史时期的经济发展状况、生产关系变革及经济政策的调整，分析其对社会结构、阶级关系及文化观念的影响。例如，在研究工业革命时，不仅要描述技术革新带来的生产力飞跃，还要深入探讨其对社会经济结构、阶级矛盾及城市化进程的影响。

（2）政治维度的审视。政治体制、政治斗争及政策决策等政治因素，对历史事件的发展起着至关重要的作用。通过引入政治学理论与方法，教师可以帮助学生理解不同政治体制下的权力结构、决策机制及政治文化，进而分析政治因素如何推动或阻碍历史进程。例如，在分析法国大革命时，可以结合政治学中的权力理论、革命理论等，探讨革命爆发的原因、过程及结果。

（3）文化维度的解读。文化作为历史的积淀与传承，是理解历史不可或缺的一部分。在教学中，教师应注重挖掘历史事件背后的文化因素，如价值观念、艺术风格等，分析它们如何影响历史进程及人类社会的发展方向。例如，在研究文艺复兴时期的艺术成就时，可以结合文化史、艺术史等相关知识，探讨文艺复兴时期的文化氛围、艺术创新及人文主义思想对后世的影响。

4. 历史与艺术、科学的跨界

历史与艺术、科学的跨学科整合，为学生提供了更为广阔的历史认知视野，有助于他们从多个维度深入理解历史的丰富性与复杂性。

（1）艺术维度的感知。艺术是历史的镜像，通过艺术作品可以直观地感受到历史时期的审美观念、社会风貌及文化精神。在教学中，教师可以引导学生欣赏历史时期的绘画、雕塑、建筑等艺术作品，分析其中的艺术风格、表现手法及象征意义，从而加深对历史的理解与感悟。例如，在研究古希腊文明时，可以引导学生欣赏古希腊雕塑的艺术魅力，探讨其对人体美的追求、民主精神及哲学思想的体现。

（2）科学维度的探究。科学技术的发展是推动历史进步的重要力量之一。在教学中，教师应关注历史时期科学成就对人类社会的影响与贡献，引导学生探究科学技术背后的历史背景、发展脉络及其对社会变革的推动作用。通过引入科学史、技术史等相关领域的知识，学生可以更加全面地认识到科学技术在历史进程中的关键角色。

（3）科技革命与历史变迁。历史上几次重大的科技革命，如农业革命、工业革命、信息革命等，都深刻改变了人类社会的面貌。在讲解这些革命时，教师可以深入分析科技发明与创新的产生背景、传播路径及其对社会经济结构、政治体制、文化观念等方面的深远影响。例如，在分析工业革命时，可以探讨蒸汽机、纺织机等关键技术的发明如何促进了生产力的飞跃，进而引发了城市化、工业化、社会结构变迁等一系列连锁反应。

（4）科学方法与历史研究。科学方法的引入也为历史研究提供了新的视角和工具。历史学者可以借鉴科学实验、数据分析、模型构建等科学方法，对历史事件进行更为精确、系统的研究。在教学中，教师可以介绍一些基本的科学研究方法，并引导学生尝试运用这些方法分析历史问题，培养学生的批判性思维和科学精神。

（5）艺术与科学的互动。艺术与科学在历史进程中往往相互交织、相互促进。艺术家通过艺术作品表达对科学的探索与理解，而科学家则常常从艺术作品中汲取灵感和启示。在教学中，教师可以选取一些艺术与科学结合的典型案例，如文艺复兴时期的艺术与解剖学、天文学的结合，现代艺术中的科技元素等，探讨艺术与科学之间的内在联系及其对历史进程的影响。

（五）批判性思维与创新能力培养的教学方法

在高等教育体系中，历史学科不仅是传承人类文明与文化的重要载体，更是培养学生批判性思维与创新能力不可或缺的领域。随着全球化进程的加速和知识经济的兴起，社会对人才的要求已不仅仅局限于知识的积累，更强调个体在复杂多变环境中的独立思考、问题解决及创新能力。因此，如何在高校历史教学中有效融合批判性思维与创新能力的培养，成为当前教育改革的重要议题。

1. 批判性阅读与分析

批判性阅读与分析，作为培养批判性思维的核心技能，在高校历史教学中占据举足轻重的地位。传统历史教学往往侧重于历史事件的叙述与结论的灌输，而忽视了对学生分析、评价历史材料能力的培养。为此，教师需要引导学生超越表面的历史叙述，深入探究历史事件的背后逻辑、动因及影响，学会从多个角度审视历史。

（1）多元史料的引入与对比。教师应鼓励学生广泛阅读不同类型的史料，包括官方文献、私人笔记、考古发现、艺术作品等，通过对比不同来源的信息，培养学生的信息筛选与鉴别能力，这一过程促使学生认识到历史叙述的主观性与多样性，从而学会以批判性的眼光审视历史。

（2）历史语境的重建。在批判性阅读过程中，理解历史事件所处的社会、政治、经济等背景至关重要。教师应指导学生运用历史唯物主义和辩证唯物主义的方法论，重构历史事件的原始语境，理解其发生发展的必然性与偶然性，这种历史语境的重建，有助于学生跳出当代视角的局限，更加客观地评价历史。

（3）批判性反思与讨论。组织专题讨论会或学术沙龙，鼓励学生就历史问题发表个人观点，进行批判性反思。通过思想的碰撞与交流，学生可以学会从不同立场出发思考问题，理解历史解释的多样性与复杂性。同时，这种讨论还能锻炼学生的口头表达能力与团队协作能力。

2. 创新设计思维

创新设计思维，强调在解决问题时采用新颖、创造性的方法，这对于历史学科同样具有重要意义。历史问题往往没有唯一答案，鼓励学生运用创新设计思维探索历史问题的新视角与新解法，不仅能够激发学生的创造力，还能促进历史研究的深入发展。

（1）跨学科视角的融合。历史学科与其他学科如社会学、心理学、经济学等有着密切的联系。教师应鼓励学生跨越学科界限，运用跨学科的知识与方法分析历史问题。例如，结合社会学理论探讨历史事件的社会影响，或运用心理学原理分析历史人物的心理动机,这种跨学科的融合能够为学生提供更为广阔的视野,促进创新思维的产生。"在课堂教学实践中落实新的教学理念,应及时调整历史课堂教学内容,增加思想性教学与问题性教学内容;优化历史课堂教学环节,增加史料分析思考与总结环节时间。"①

（2）未来导向的历史研究。历史研究不应仅局限于过去,还应关注其对未来的启示与影响。教师应引导学生以未来为导向,思考历史问题对当代社会的借鉴意义。例如,通过分析历史上的改革与变革,探讨当前社会面临的类似问题及其解决方案,这种未来导向的研究视角,能够激发学生的创新思维,培养其解决实际问题的能力。

3. 模拟决策与角色扮演

模拟决策与角色扮演,是提升学生历史决策能力与创新能力的有效手段。通过模拟历史情境中的决策过程,学生能够亲身体验历史人物的抉择与挑战,从而深刻理解历史决策的复杂性与重要性。

（1）历史情境的再现。教师可以根据课程内容设计特定的历史情境,如古代帝国的治理、近代国家的外交谈判等。通过角色扮演的方式,让学生分别扮演不同的历史人物,模拟其决策过程,这种情境再现能够使学生更加深入地理解历史背景与人物心理,为做出合理决策奠定基础。

（2）决策方案的制定与评估。在模拟决策过程中,学生需要综合考虑各种因素,制定出可行的决策方案。教师应引导学生运用批判性思维,对方案进行逐一评估与比较,分析其优缺点及可能产生的后果,这一过程不仅锻炼了学生的决策能力,还培养了其风险意识与责任感。

（3）反思与总结。模拟决策结束后,教师应组织学生进行反思与总结。学生可以分享自己在决策过程中的经验与教训,探讨如何改进决策方案以应对更复杂的情况,这种反思与总结不仅能够加深学生对历史决策的理解,还能促进其创新思维与批判性思维的发展。

---

① 吴方基,冯君. 大数据时代高校历史教学理念改革与实践 [J]. 黑龙江教育（高教研究与评估版）,2020（1）：51.

二、高校历史教学模式

（一）案例式教学模式

1. 案例教学的现代转型

案例教学作为一种教学方法，其历史可追溯至古希腊哲学家苏格拉底的问答法，即通过对话引导学生自主思考。在历史教育领域，传统案例教学主要侧重于通过具体历史事件或人物的讲述，帮助学生理解和记忆历史知识，这种模式下，教师往往是知识的传递者，而学生则相对被动地接受信息，缺乏深入的分析和批判性思维的培养。

随着教育理念的更新和教育技术的进步，案例教学在高校历史教学中经历了深刻的现代转型。现代案例教学不再仅仅是一种辅助教学手段，而是成为培养学生核心素养、促进深度学习的重要途径，它强调以学生为中心，通过真实或模拟的历史情境，引导学生主动探索、分析和解决问题，从而培养其批判性思维、创新能力及团队合作精神。现代案例教学注重情境的创设与再现，利用多媒体技术、虚拟仿真等手段，使学生仿佛置身于历史现场，感受历史的真实与复杂。同时，它还强调案例的多样性和时效性，不仅涵盖传统历史事件，还涉及当代社会中的历史问题，使学生能够将所学知识与社会现实相联系，增强其历史意识和时代责任感。

2. 案例选择与编写的原则

（1）真实性原则。案例的真实性是案例教学的基石。所选案例必须基于历史事实，准确反映历史事件的来龙去脉、人物关系及历史背景。教师应通过查阅大量史料、参考权威研究成果，确保案例内容的真实可靠。同时，在编写案例时，应避免主观臆断和虚构情节，以免误导学生。"高校历史课程改革应从基础教学入手，以提高历史学科学生的史料研读能力为基础，提升学生创新精神为关键，加强培养学生对于历史学习的主观能动性。"[1]

---

[1] 全莹.高校历史教学中的基础固守与培育革新[J].延边大学学报（社会科学版），2019，52（3）：135.

（2）针对性原则。案例的选择应紧密围绕教学目标和课程内容，具有明确的针对性和目的性。教师应根据课程大纲和学生特点，精选能够体现教学重点、难点和热点问题的案例，这些案例应能够激发学生的学习兴趣，促进其深入思考，并有助于实现教学目标。

（3）多样性原则。多样性是案例教学生命力的体现。教师应选择不同类型、不同地域、不同时期的案例，以丰富教学内容，拓宽学生视野，这些案例可以涵盖政治、经济、文化、社会等多个领域，展现历史的多样性和复杂性。同时，教师还可以根据实际需要，结合时事热点和学生兴趣点，灵活选择和编写案例。

3．案例教学的实施路径

（1）情境模拟。情境模拟通过模拟历史场景、再现历史情境，使学生身临其境地感受历史氛围和事件发展过程。教师可以利用多媒体技术、实物展示、角色扮演等手段，营造逼真的历史环境。例如，在讲述古代战争时，可以播放相关纪录片、展示战争器械模型，并组织学生进行模拟战斗；在讲述古代社会生活时，则可以布置古代风格的教室环境，让学生穿上古装进行角色扮演等。

（2）角色扮演。在角色扮演中，学生需要扮演特定历史时期或事件中的某个人物或角色，通过亲身体验和互动交流来理解和感受历史事件的发展过程及其背后的社会背景、文化传统等，这种方式能够极大地激发学生的学习兴趣和参与热情，促进其深入思考和情感体验。例如，在讲述唐朝丝绸之路时，可以让学生分别扮演商人、使者、官员等角色进行模拟交易和谈判；在讲述近代中国屈辱史时，则可以让学生扮演不同阶层、不同立场的人物进行辩论和反思等。

（3）讨论分析。在教师的引导下，学生围绕案例展开深入的讨论和分析，这一过程中，教师应鼓励学生积极发言、提出不同见解和观点，并适时进行点拨和引导。通过讨论分析，学生可以更加全面地了解历史事件的来龙去脉和背后的复杂因素；同时也能够锻炼其语言表达能力、逻辑思维能力和批判性思维能力。此外，教师还可以通过组织小组讨论、全班辩论等形式来增强互动性和参与度，提高教学效果。

4．案例教学的优化建设

（1）案例教学的优化策略。

第一，专业培训。高校应定期组织案例教学相关的专业培训，邀请经验丰富的教师或专家举办讲座和示范教学。通过培训，教师可以学习到最新的教学理念、方法和技巧，从而提升自己的教学能力。

第二，教学研讨。建立案例教学研讨小组或工作坊，鼓励教师之间分享教学经验和心得。通过集体备课、互相听课、评课等方式，教师可以相互学习、相互借鉴，共同提升教学水平。

第三，反思与总结。教师应养成反思和总结的习惯，每次案例教学结束后，及时回顾教学过程，分析成功与不足之处，总结经验教训。通过不断地反思和总结，教师可以逐步优化自己的教学策略，提高教学效果。

第四，技术支持。利用现代信息技术手段，如在线教学平台、虚拟仿真技术等，为案例教学提供有力支持，这些技术不仅可以丰富教学手段，提高学生的学习兴趣和参与度，还可以帮助教师更好地监控学生的学习进度和效果，及时调整教学策略。

（2）案例教学的建设策略。

第一，明确评估标准。根据教学目标和课程要求，制定明确的评估标准，包括学生对案例的理解程度、分析能力、批判性思维、团队合作等方面，这些标准应具体、可操作，便于教师和学生共同遵循。

第二，多元化评估方式。采用多种评估方式相结合的方法，如课堂表现评价、小组讨论评价、作业评价、期末考试等。通过多元化评估方式，可以全面、客观地反映学生的学习情况，为教学改进提供有力依据。

第三，及时反馈与调整。教师应及时向学生反馈学习成果和存在问题，并根据学生的反馈情况及时调整教学策略。同时，学校也应建立定期的教学评估机制，对教师的教学效果进行综合评价，并据此提供必要的支持和帮助。

（二）项目式教学模式

1. 项目式教学的特征

项目式教学作为一种现代教学方法，其核心在于通过设计、规划及实施具体项目来促进学生的主动学习和深度理解，它强调学生在解决真实世界问题的过程中，通过实践操作和团队合作，掌握知识、技能及培养综合素养。在项目式教学中，学生不再是被动接受知识的对象，而是成为学习过程的主体，通过主动探索、分析和解决问题，实现知识的内化与迁移。项目式教学是指学生在教师的指导下，围绕一个或多个具有实际意义的项目展开学习活动，通过调研、分析、设计、实施及评价等环节，完成既定学习目标的教学模式，这种教学模式打破了传统课堂教学的界限，将理论知识与实践操作紧密结合，旨在培养学生的批判性思维、创新能力、团队协作能力和问题解决能力。

项目式教学的特征主要包括以下方面：①主动探索：学生在项目实施过程中需要主动查阅资料、分析问题、提出解决方案，培养自主学习和探究能力；②团队合作，项目式教学强调小组合作，通过成员间的相互协作，共同完成项目任务，培养学生的团队协作精神和沟通能力；③跨学科融合，项目式教学鼓励跨学科知识的整合与应用，促进学生对知识的全面理解和综合运用；④成果导向，项目式教学以项目成果作为评价学生学习成效的重要依据，注重对学生实践能力和创新能力的考查。

2. 项目选题与规划

（1）跨学科融合。在历史项目式教学中，选题与规划是至关重要的环节。为了增强项目的趣味性和实用性，教师应引导学生关注跨学科知识的融合。例如，可以结合文学、地理、艺术、科学等不同领域的知识，设计综合性强、贴近生活的项目主题。如探讨"历史上的贸易路线与文化交流"，学生不仅需要掌握相关的历史知识，还需了解地理环境的变迁、贸易商品的种类、文化交流的影响等跨学科内容，这种跨学科融合不仅拓宽了学生的知识视野，还促进了学生对历史事件的全面理解和深入剖析。

（2）实际应用。项目选题应注重其实用性，即项目应能够解决现实生活中的实际问题或满足社会发展的需求。例如，可以选取"历史文化遗产的保护与传承"作为项目主题，引导学生通过实地考察、文献研究等方式，了解当地历史文化遗产的现状和存在的问题，提出切实可行的保护和传承方案，这种实际应用的项目不仅能够增强学生的社会责任感和实践能力，还能够为地方文化的发展贡献智慧和力量。

3. 项目式教学中的教师与学生角色

（1）教师角色转变。在项目式教学中，教师的角色发生了显著转变。教师不再是知识的传授者，而是成为学习的引导者和促进者。具体而言，教师在项目实施过程中应扮演以下角色：①项目设计者，教师应根据教学目标和学生特点，设计合适的项目主题和实施方案；②资源提供者，教师应为学生提供必要的学习资源和工具，如书籍、文献、网络资源等；③指导者，在项目实施过程中，教师应及时给予学生指导和反馈，帮助学生解决遇到的问题和困难；④评价者，项目完成后，教师应根据评价标准对项目成果进行客观公正的评价。

（2）学生自主学习。在项目式教学中，学生的自主学习是核心环节。学生需要在教师的指导下，自主完成项目任务。具体而言，学生应做到以下方面：①明确任务，在项目启动阶段，学生应认真阅读项目任务书，明确项目目标和要求；②制定计划，根据项目任务和时间安排，学生应制定详细的项目实施计划；③查阅资料，学生需通过图书馆、网络等多种途径查阅相关资料，为项目实施提供理论支撑；④合作探究，在项目实施过程中，学生应积极参与小组讨论和合作探究，共同解决问题；⑤展示成果，项目完成后，学生应整理项目成果，并以适当的形式进行展示和交流。

4. 项目成果展示与评价标准

（1）成果展示。项目成果展示是项目式教学的重要环节，通过成果展示，学生可以向教师和同学展示自己的学习成果和收获。成果展示的形式应多样化，如调研报告、PPT演讲、视频展示、实物模型等，这些形式不仅能够直观地展示项目成果，还能够锻炼学生的表达能力和创新能力。

（2）评价标准。项目式教学的评价标准应注重多元化和个性化。具体而言，评价标准应包括以下方面：①知识掌握程度，评价学生对项目相关知识的掌握情况；②实践能力，评价学生在项目实施过程中展现出的实践能力和创新能力；③团队合作，评价学生在团队合作中的表现，包括沟通能力、协作精神等；④成果质量，评价项目成果的质量和创新性；⑤学习态度，评价学生在学习过程中的态度、积极性和参与度。

5. 项目式教学的影响与启示

（1）项目式教学的影响。项目式教学对未来历史教育将产生深远的影响。首先，项目式教学将推动历史教育理念的转变。项目式教学更加注重学生的实践能力和创新思维的培养，这种转变将有助于提高学生的综合素质和竞争力，为他们未来的学习和生活奠定坚实的基础。其次，项目式教学将促进历史教育内容的更新和拓展。随着社会的不断发展和科技的日新月异，历史教育的内容也需要不断更新和拓展。项目式教学鼓励学生关注现实生活中的历史问题和社会现象，通过跨学科的知识整合和实际应用，使历史教育更加贴近学生的生活实际和社会需求。再次，项目式教学将改变历史教育的方式和方法，项目式教学强调学生的主动学习和合作探究，这种教学方式将激发学生的学习兴趣和积极性，提高他们的学习效率和效果。最后，项目式教学还注重培养学生的自主学习能力和团队协作能力，为他们未来的学习和工作提供有力支持。

（2）项目式教学的启示。项目式教学对未来历史教育提供了重要的启示。首先，历史教育应注重学生的实践能力和创新思维的培养。历史不仅仅是过去的事件和人物的记录，更是人类智慧和经验的结晶。首先，历史教育应注重培养学生的实践能力和创新思维，引导他们通过实践探究和跨学科整合来深入理解历史现象和规律；其次，历史教育应关注现实生活中的历史问题和社会现象，历史是现实的镜子和未来的指南；再次，历史教育应引导学生关注现实生活中的历史问题和社会现象，通过历史的角度来审视和分析这些问题和现象，从而培养他们的社会责任感和使命感；最后，历史教育应采用多样化的教学方式和方法。不同的学生有不同的学习风格和需求，因此，教师应该采用多样化的教学方式和方法来满足他们的需求。项目式教学作为一种有效的教学方式，可以与其他教学方式相结合，共同促进学生的全面发展。

（三）任务驱动教学模式

1. 任务驱动教学模式的特征

任务驱动教学模式，作为一种基于建构主义学习理论的教学实践方法，其核心在于通过设计一系列具有明确目标和实际意义的任务，引导学生主动探索、合作学习和解决问题，该模式强调以学生为中心，教师则扮演引导者、组织者和评估者的角色，通过任务的完成来驱动学生的学习过程，实现知识、技能与态度的全面发展。在高校历史教学中，任务驱动教学模式尤为适用，它能够帮助学生更好地理解历史事件的复杂性、多维性和关联性，培养其批判性思维和解决问题的能力。任务驱动教学模式的特征主要包括以下方面：

（1）基础性与目标性特征。任务驱动教学模式的基础性在于，所有任务的设置都依托于具体课程的基础知识和基本技能。在历史学科中，这要求学生在掌握基本的历史时间线、重要事件、人物及其影响等基础上，进一步深入探究历史现象背后的原因、影响和启示。同时，该模式具有明确的目标性，教师需根据教学目标和学生实际情况，设计具有层次性和递进性的任务，使学生在完成任务的过程中逐步达成学习目标。

（2）互动性与开放性特征。任务驱动教学模式注重师生互动和生生互动，鼓励学生积极参与课堂讨论、合作学习和自主探究，这种教学模式打破了传统教学中教师单向传授知识的局面，使教学过程呈现出高度的开放性和灵活性。在历史课堂上，学生可以通过小组讨论、角色扮演、案例分析等多种方式，从不同角度和层面深入理解历史问题，形成自己的见解和观点。

（3）科学性与系统性特征。任务驱动教学模式的科学性体现在任务设计、内容安排和探讨程序上需遵循教育科学发展规律，符合学生的认知特点和心理发展。同时，任务的设计应具有系统性，既要涵盖历史学科的核心概念和关键能力，又要注重知识点之间的内在联系和逻辑顺序，使学生在完成任务的过程中逐步构建起系统的历史知识体系。

2. 任务驱动教学模式的要求

（1）注重能力培养。任务驱动教学模式不仅关注知识的传授，更注重学生能力的培养。在任务设计中，教师应注重培养学生的批判性思维、创新能力和团队协作能力。例如，可以设计"历史问题辩论"任务，让学生围绕某一历史问题展开辩论，通过搜集资料、分析论证和口头表达等环节，锻炼学生的逻辑思维和语言表达能力；同时，通过小组合作完成任务，培养学生的团队协作能力和沟通能力。

（2）循序渐进与系统性。任务设计应遵循循序渐进的要求，从简单到复杂、从具体到抽象逐步推进。在历史教学中，教师可以根据历史时间线或主题线索设计一系列相互关联的任务，使学生在完成任务的过程中逐步构建起系统的历史知识体系。同时，任务的设计应具有系统性，注重知识点之间的内在联系和逻辑顺序，避免孤立地传授知识点。

3．任务驱动教学模式的步骤

（1）创设情境与引入任务。教师需要根据教学内容和教学目标创设一个具体的历史情境，以激发学生的学习兴趣和探究欲望。然后，明确提出本节课或本阶段的学习任务，让学生明确自己的学习目标和学习方向。

（2）分析任务与制定计划。在明确任务后，教师需引导学生对任务进行深入分析，明确任务的具体要求、难点和关键点。然后，鼓励学生自主制定学习计划或小组合作制定计划，明确完成任务的步骤、方法和时间安排。

（3）自主探究与合作学习。在任务实施过程中，学生需根据制定的计划进行自主探究和合作学习。教师需提供必要的指导和支持，引导学生运用所学知识和技能解决问题。同时，鼓励学生之间互相交流、互相学习、共同进步。

（4）成果展示与反思评价。任务完成后，学生需以口头报告、书面报告或实物展示等形式展示自己的学习成果。然后，教师和学生共同对成果进行反思和评价。教师需关注学生的学习过程和学习成果，肯定学生的努力和进步；同时指出存在的问题和不足并提出改进建议。

（5）拓展延伸与深化理解。在任务完成后，为了进一步巩固学生的学习成果并拓展其视野，教师可以设计一些相关的拓展任务或活动，这些任务可以是对原任务的深化，也可以是与其他学科领域的交叉融合，旨在帮助学生建立更广泛的知识联系和更深层次的理解。

4. 任务驱动教学模式的评估反馈

（1）多元化评估体系。任务驱动教学模式下的评估应采用多元化评估体系，包括过程性评价和结果性评价相结合、定性评价和定量评价相结合、自我评价和他人评价相结合等。过程性评价关注学生的学习过程和学习态度，如参与度、合作能力、探究精神等；结果性评价则关注学生的学习成果和达成目标的情况。定性评价通过描述性语言对学生的表现进行综合评价，定量评价则通过具体的数据和指标来衡量学生的学习效果。自我评价帮助学生认识自己的优势和不足，他人评价则包括教师评价、同伴评价等，为学生提供多角度的反馈。

（2）及时反馈与调整。在任务驱动教学过程中，教师应及时给予学生反馈，帮助学生了解自己的学习进展和存在的问题。反馈应具体、明确且具有建设性，既要肯定学生的努力和进步，又要指出存在的问题和不足，并提出具体的改进建议。同时，教师还应根据学生的反馈和课堂表现及时调整教学策略和任务设计，以确保教学活动的有效性和针对性。

（3）促进自我反思与持续学习。任务驱动教学模式的重要目标是培养学生的自我反思能力和持续学习能力。通过任务的完成和成果的展示，学生可以对自己的学习过程和学习成果进行反思，思考自己在哪些方面做得好、哪些方面需要改进，这种自我反思有助于学生形成自主学习的习惯和能力，为未来的学习和生活奠定坚实的基础。同时，通过持续的任务驱动教学，学生可以不断地挑战自己、超越自己，实现自我发展和成长。

（4）激励机制与成果展示。为了激发学生的学习积极性和创造力，教师可以建立一定的激励机制，如设置优秀任务奖、最佳团队合作奖等，对表现突出的学生进行表彰和奖励。此外，教师还可以组织成果展示会或展览，让学生展示自己的学习成果和创作作品，增强学生的成就感和自信心，这种展示和交流的过程也有助于学生之间的相互学习和启发，形成良好的学习氛围和班级文化。

（四）问题导学教学模式

"问题导学教学模式主要是在教学过程中，教师要合理地提出关于教学知识的问题，引导学生主动思考知识背后的原因。"[1]高校历史教学中的问题导学教学模式主要包括以下方面：

1. 问题导学模式的核心理念

问题导学教学模式，作为一种以问题为核心、学生为主体的教学方法，其理论基础深植于现代教育理论之中，主要包括主体性教育思想、发展性教育思想和建构主义教育思想。

（1）主体性教育思想强调教育过程中学生主体性的发挥，认为教育不仅是知识的传授与智力的开发，更在于激发学生的创新精神与自主发现问题的能力，这一思想为问题导学模式提供了哲学基础，即在教学过程中，学生不再是被动接受知识的容器，而是主动探索、建构知识的主体。

（2）发展性教育思想进一步指出，教育是一个在已有基础上不断促进学生新发展的过程。问题导学模式正是遵循这一原则，通过设计具有层次性和挑战性的问题，引导学生逐步深入探索，使不同水平的学生都能在原有基础上获得成长，这一模式不仅关注学生的即时学习成果，更重视其长远发展的潜力和能力。

（3）建构主义教育思想是问题导学模式最直接的理论支撑。建构主义认为，知识不是由教师单方面传授给学生的，而是学生在特定情境下，通过自身经验与外界信息的相互作用而主动建构起来的。问题导学模式正是通过创设问题情境，引导学生主动探索、发现知识，并在此过程中不断建构和完善自己的知识体系。

2. 问题导学的问题设计原则

在问题导学模式中，问题的设计是至关重要的。为了有效激发学生的好奇心和探索欲，问题的设计需要遵循以下原则：

（1）情景性。问题设计应紧密联系学生的生活实际和已有知识，通过创设具体的情景，使学生在熟悉的情境中产生认知冲突，进而诱发其质疑和思考。例如，在讲解古代政治制度时，可以设计关于现代政治制度与古代制度异同的比较问题，引导学生从自身生活经验出发，深入思考历史与现实的联系。

（2）层次性。问题的解决是一个逐步发展的思维过程，因此问题的设计应

---

[1]　涂婷. 历史教学与大学生文化自信培养研究 [M]. 长春：吉林出版集团股份有限公司，2022：66.

具有层次性，引导学生从简单到复杂、从具体到抽象地逐步深入理解和解决问题，这种层次性的设计不仅有助于学生形成系统的知识体系，还能在解决问题的过程中培养他们的逻辑思维能力。

（3）开放性。开放性问题能够鼓励学生从不同角度、不同层面进行思考，培养他们的创新思维和批判性思维。在问题导学模式中，应适当设计一些开放性问题，让学生有机会表达自己的观点和见解，促进思维的碰撞和交流。

3. 问题导学的教学流程优化

问题导学的教学流程通常包括问题提出、问题探究、问题解决和总结反思四个环节。为了优化这一流程，可以采取以下策略：

（1）问题提出的策略。教师可以通过创设情境、引入新材料或利用历史事件等方式引出问题，激发学生的好奇心和求知欲。同时，鼓励学生自主提出问题，培养他们的问题意识。

（2）问题探究的策略。在问题探究阶段，教师应提供必要的资料和指导，引导学生通过独立思考、小组合作等方式进行探究。同时，鼓励学生运用多种方法和手段（如查阅文献、实地考察等）收集信息、分析问题，培养他们的信息素养和解决问题的能力。

（3）问题解决的策略。在问题解决阶段，教师应引导学生将探究结果进行总结和归纳，形成对问题的全面认识。同时，鼓励学生展示自己的探究成果，与同学进行交流和分享，促进知识的共享和深化。

（4）总结反思的策略。在总结反思阶段，教师应引导学生对整个学习过程进行回顾和反思，总结经验和教训，明确下一步的学习方向。同时，鼓励学生进行自我评价和同伴评价，培养他们的自我反思能力和评价能力。

4. 问题导学的学习共同体构建

问题导学模式强调学习共同体的构建，即在学习过程中形成一个由教师、学生和其他学习资源共同组成的学习环境。为了促进协作与深度交流，可以采取以下措施：

（1）建立学习小组。根据学生的学习情况和兴趣爱好，将学生分成若干学习小组。在小组内，学生可以相互帮助、相互启发，共同完成学习任务。同时，小组间的竞争与合作也能激发学生的学习动力和创造力。

（2）搭建交流平台。利用现代信息技术手段（如网络平台、社交媒体等）搭建交流平台，方便学生随时随地进行交流和讨论。在平台上，学生可以分享自己的学习心得、提出问题、寻求帮助等，形成浓厚的学习氛围。

（3）开展合作学习活动：组织各种形式的合作学习活动（如小组讨论、角色扮演、模拟辩论等）。让学生在活动中相互协作、共同解决问题，这些活动不仅能增强学生的团队协作能力和沟通能力，还能促进他们对历史知识的深入理解和应用。

5. 问题导学的改进策略

尽管问题导学教学模式具有诸多优点，但在实际应用过程中也面临一些挑战。例如，部分教师可能难以适应这种以学生为中心的教学模式；学生之间的学习水平和兴趣差异可能导致合作效果不佳；教学资源的不足也可能限制问题的深入探究等。针对这些挑战，可以采取以下改进策略：

（1）加强教师培训。通过组织专题培训、教学研讨等活动，提高教师对问题导学模式的认识和运用能力。同时，鼓励教师积极学习先进的教学理念和教学方法，不断提升自己的专业素养和教学水平。

（2）关注个体差异。在问题设计、任务分配及教学评价等环节中，充分考虑学生的个体差异，采用差异化教学策略。教师可以根据学生的兴趣、能力和学习风格，为他们提供不同难度和类型的问题，确保每位学生都能在适合自己的水平上得到发展。同时，鼓励学生根据自身特点选择适合自己的学习方式和路径，培养他们的自主学习能力和自我管理能力。

（3）丰富教学资源。积极开发和利用多样化的教学资源，包括教材、教辅资料、网络资源、实物模型等，为问题导学提供有力支持。教师可以根据教学需要，筛选和整合相关资源，为学生创造更加丰富、生动的学习情境。同时，鼓励学生利用课余时间自主查找和整理资料，培养他们的信息获取和处理能力。

第五节　高校历史教学改革的实践

一、高校历史教学改革的实践意义

在历史学科作为人文社科领域重要基石的背景下，高校历史教学不仅承载着传承人类文明、培养历史素养的使命，还深刻影响着学生世界观、价值观的形成。随着时代的发展与社会的变迁，传统教学模式逐渐暴露出其局限性，难以满足新时代对人才培养的多元化需求。因此，探索并实施高校历史教学改革，成为提升教育质量、促进学科发展、培养具有创新精神与实践能力人才的必由之路。

第一，教育理念更新的导向作用。高校历史教学改革的首要任务是教育理念的更新，这不仅是改革的起点，也是贯穿始终的指导思想。传统历史教育往往侧重于知识传授，忽视了对学生历史思维能力、批判性思维及人文素养的培养。改革实践中，强调"以学生为中心"的教育理念，倡导从"填鸭式"教学转向"探究式"学习，鼓励学生主动探索历史问题，培养独立分析、综合评价的能力，这一转变不仅有助于激发学生的学习兴趣和主动性，还能促进他们形成正确的历史观和世界观，增强社会责任感和使命感。

第二，教学方法创新的实践探索。随着信息技术的发展，多媒体、互联网＋、大数据等现代技术手段被广泛应用于历史教学中，为教学方法的革新提供了强大支持。例如，利用数字化教学资源，如历史纪录片、虚拟博物馆、在线课程等，可以打破时空限制，让学生身临其境地感受历史；采用翻转课堂模式，让学生在课前自主学习基础知识，课堂时间则用于深入讨论、案例分析，增强师生互动，提高学习效率。此外，问题导向教学、情境教学、项目式学习等新型教学方法的应用，也极大地丰富了历史教学的形式，使学习过程更加生动有趣，有助于学生深度理解和应用历史知识。

第三，课程体系优化的战略意义。课程体系是高校历史教学的骨架，其合理性直接影响到人才培养的质量。高校历史教学改革中，课程体系优化是关键环节之一，这包括根据学科发展趋势和社会需求调整课程设置，增加跨学科课程，如历史与文学、哲学、社会学、经济学等的交叉融合，拓宽学生的知识视野；同时，注重课程内容的时效性和前沿性，及时更新教材，引入最新研究成果，使历史教学紧跟时代步伐。此外，构建分层次、模块化的课程体系，满足不同水平、不同兴趣学生的需求，也是课程体系优化的重要方向。通过优化课程体系，可以有效提升历史教学的系统性和针对性，为培养高素质的历史专业人才奠定坚实基础。

第四，师资队伍建设的支撑作用。师资队伍是高校历史教学改革的实施主体，其素质和能力直接关系到改革的成败。高校应高度重视历史教师的专业成长和职业发展，通过定期组织教学研讨会、工作坊、学术交流活动等形式，提升教师的教学理念、教学方法和科研能力。同时，鼓励教师参与国内外访学、进修，拓宽国际视野，引进先进的教学理念和方法。此外，建立科学合理的教师评价体系和激励机制，激发教师的教学热情和创造力，也是师资队伍建设的重要方面。一支高素质、专业化的师资队伍，是推动高校历史教学改革深入发展、提高教学质量的根本保障。

第五，学生能力培养的深远影响。高校历史教学改革的最终目的是促进学生全面发展，提升其历史素养和综合能力。通过改革实践，学生在历史学习中不再仅仅满足于知识的记忆与再现，而是更加注重历史思维的培养、历史问题的解决能力以及人文素养的提升。他们学会了从历史的角度审视现实问题，运用历史智慧指导个人成长和社会发展；同时，通过参与历史研究、社会实践等活动，锻炼了团队合作、沟通协调、创新创造等多方面的能力，这些能力的培养，不仅有助于学生未来职业生涯的发展，更有助于他们成为有责任感、有担当的社会公民。

二、高校历史教学改革的实践内容

"在新课程改革的形势下，大学历史教学模式不断改革创新，分级教学模式在大学历史教学中进行了实施，对于不同层次的历史班级，其教学大纲、教学方法、教学内容等有所不同，新形势下大学历史教学改革的核心是建设教学内容和课程体系。"[1] 高校历史教学改革的实践内容主要包括以下方面：

（一）教学大纲的修订

高校历史教学大纲的修订，作为教育改革与创新体系中的核心环节，其重要性不言而喻，这一过程不仅是对既有教学框架的审视与调整，更是对历史学科发展动态与未来趋势的积极响应。

1. 教学目标的清晰界定与多维拓展

（1）基础知识的巩固与深化。在修订历史教学大纲之初，首要任务是明确并强化基础知识的传授与掌握，这要求大纲不仅涵盖中国及世界历史的基本脉络、重大事件、关键人物及思想流派，还需注重历史事实的准确性与历史解释的多元性，引导学生构建系统的历史知识框架。同时，鼓励教师采用案例分析、史料解读等方法，加深学生对历史事件的理解与记忆，培养其批判性思维和历史意识。

（2）能力培养的全面提升。修订大纲应超越单纯的知识传授，更加注重学生分析历史现象、解决历史问题的能力培养，这包括历史分析方法的教授，如因果分析、比较研究、历史唯物主义等，以及信息检索、数据分析等现代研究技能的训练。此外，还应强化学生将历史知识应用于现实社会的能力，如通过历史视角分析当前社会问题，提出见解与建议，从而培养学生的社会责任感与公民意识。

2. 课程结构的优化与重组

（1）基础课程与专业课程的平衡。优化课程结构是修订大纲的关键步骤，

---

[1] 夏力哈尔·巴亚洪. 关于大学历史教学改革的探索与实践 [J]. 中国科教创新导刊, 2014，（13）：14.

基础课程应确保学生获得广泛而扎实的历史基础知识，为后续学习奠定坚实基础。同时，根据专业方向设置专业必修课程，深入探究特定历史时期、地域或专题，满足学生个性化发展需求。选修课程的设置则应体现多样性与灵活性，鼓励学生根据个人兴趣与职业规划进行选择，拓宽知识视野，促进跨学科学习。

（2）课程内容的整合与创新。在保持课程内容全面性的基础上，应注重内容的整合与创新。通过跨学科整合，如历史与文学、艺术、政治、经济等领域的交叉融合，增强学生的综合分析能力。同时，引入前沿研究成果与热点问题，如数字化历史、环境史等新兴领域，使课程内容更加贴近时代脉搏，激发学生的学习兴趣与探索欲望。

3．实践教学的强化与多样化

（1）实践教学形式的丰富。实践教学是提升学生历史素养与创新能力的重要途径，修订大纲应明确规定实践教学的形式与内容，包括历史考察、历史调研、历史模拟法庭、历史剧表演、口述史采集等，这些实践活动不仅能够帮助学生将理论知识转化为实践能力，还能加深他们对历史情境的体验与感悟，培养其团队协作精神与问题解决能力。

（2）实践教学要求的明确。为确保实践教学的有效实施，修订大纲还需对实践教学的目标、任务、过程、评价等方面提出明确要求。通过制定详细的实践教学计划、指导书及评价标准，引导学生积极参与实践活动，并在实践中不断反思与提升。同时，建立有效的实践教学监督机制与反馈机制，确保实践教学的质量与效果。

4．现代化教学模式的融入与融合

（1）数字化教学资源的整合。随着信息技术的飞速发展，数字化教学资源已成为高校历史教学不可或缺的一部分。修订大纲应充分利用这一优势，整合网络课程、在线数据库、虚拟博物馆、数字档案等丰富多样的教学资源，为学生提供更加便捷、高效的学习途径。通过线上线下混合式教学模式的探索与实践，打破传统课堂的时空限制，实现教学资源的优化配置与共享。

（2）信息化教学手段的应用。在修订大纲中，还应鼓励教师运用信息化教学手段进行教学改革与创新。如利用多媒体教学软件、在线互动平台等工具，丰富教学手段与形式；通过大数据分析技术了解学生的学习需求与行为特征，实现个性化教学与精准指导，这些信息化教学手段的应用不仅能够提升教学效果与学生的学习兴趣，还能促进教学方式的现代化与国际化。

（二）教学内容的调整

在高等教育体系中，历史学科作为人文社科领域的核心组成部分，承担着传承文化、启迪智慧、培养批判性思维与人文素养的重要使命。随着时代变迁与知识体系的不断更新，修订后的教学大纲为高校历史教学指明了新的方向，要求教学内容必须与时俱进，既保持历史的连续性与深度，又体现时代的前沿性与创新性。因此，基于修订后的教学大纲，对高校历史教学内容进行科学合理的调整，成为实现高质量教学、促进学生全面发展的关键路径。

1. 差异化教学策略的实施

（1）学生能力与基础的精准评估。差异化教学的首要任务是对学生的历史基础、学习能力及兴趣偏好进行全面而精准的评估，这需要通过多种手段实现，包括入学测试、日常作业分析、课堂互动观察以及学生自我评估等。通过这些数据，教师可以构建学生能力模型，为后续的教学分层提供科学依据。

（2）教学内容与任务的分层设计。基于学生能力模型，教师应将历史教学内容细化为不同难度层次，如基础层、提高层、拓展层等，并为每一层次设计相应的教学方案与任务。基础层注重历史基本概念的掌握与基础史实的记忆；提高层则在巩固基础的同时，增加分析性、评价性的学习内容；拓展层则面向学有余力的学生，引入前沿研究成果、学术争议及跨学科视角，激发其探索未知的热情。

（3）动态调整与个性化辅导。差异化教学并非一成不变，而是一个动态调整的过程。教师应定期评估学生的学习进展，根据反馈及时调整教学策略与内容安排。同时，对于学习遇到困难的学生，应提供个性化的辅导与支持，确保每位学生都能在适合自己的节奏下稳步前进。

2. 内容拓展与深化的路径探索

（1）前沿研究成果的融入。为了培养学生的学术素养与创新能力，高校历史教学应紧跟学术前沿，将最新的研究成果融入课堂，这要求教师不仅要熟悉传统史料，还要关注史学界的新动态、新发现，将其转化为易于学生理解的教学素材。通过引入前沿研究，可以激发学生的好奇心与求知欲，引导他们学会用批判性的眼光审视历史。

（2）学术争议的探讨。历史学科往往伴随着诸多争议与未解之谜。在教学中，教师应鼓励学生正视这些争议，通过组织专题讨论、辩论赛等形式，让学生围绕特定问题展开深入交流与探讨，这不仅可以锻炼学生的逻辑思维与口头表达能力，还能培养其独立思考与批判性思维的能力。

（3）实践环节的增设。历史不仅仅是书本上的文字与图片，更是活生生的社会实践。因此，高校历史教学应增设实践环节，如历史考察、口述史收集、历史剧编排等，这些实践活动可以让学生亲身体验历史的厚重与魅力，加深对历史知识的理解与感悟，同时培养其动手能力与团队协作能力。

3. 跨学科融合的创新实践

（1）构建跨学科课程体系。跨学科融合是高等教育发展的重要趋势，高校历史教学应打破学科壁垒，与哲学、文学、经济学、政治学乃至自然科学等学科建立紧密联系，共同构建跨学科课程体系。通过跨学科的教学内容与项目设计，可以引导学生从多个角度审视历史问题，培养其综合素养与创新能力。

（2）实施跨学科教学项目。为了深化跨学科融合的实践效果，高校可以组织跨学科教学项目，这些项目可以围绕某一主题或问题展开，邀请不同学科的教师共同参与指导。学生则需要在跨学科团队的协作下完成研究任务。通过这一过程，学生可以学会运用多学科的知识与方法解决问题，培养其跨学科思维与团队协作能力。

（3）搭建跨学科交流平台。为了促进跨学科交流与合作，高校应搭建多种形式的交流平台，包括定期举办的跨学科研讨会、学术讲座、工作坊等。通过这些活动，不同学科的教师与学生可以相互学习、相互启发，共同推动历史教学与研究的创新发展。

（三）精英培养计划的制定

在当今全球知识经济体系下，历史学科作为人文社科领域的重要基石，不仅承载着传承文明、解析过去的重任，更在培养批判性思维、国际视野及社会责任感方面发挥着不可替代的作用。为了应对时代挑战，培育能够引领未来学术研究、贡献社会发展的历史学科精英，高校亟须制定一套全面、系统且高效的精英培养计划。以下是对该计划核心要素的详细阐述。

1. 选拔机制的构建

（1）多维度评价体系。构建科学、公正的选拔机制，是精英培养计划成功实施的首要前提，该机制应摒弃单一以考试成绩为标准的做法，转而采用多维度、全方位的评价体系。具体而言，除了关注学生的学习成绩外，还应综合考虑学生的平时表现（如课堂参与度、作业质量、团队合作能力等）、研究兴趣与热情、创新思维与实践能力等因素。通过设立综合测评体系，结合教师推荐、学生自评与互评、专家面试等环节，全面评估学生的综合素质与潜力，确保选拔出的学生真正具备成为历史学科精英的潜质。

（2）动态调整与反馈。选拔机制应具备动态调整与反馈的功能，随着学生成长过程的不断推进，其兴趣、能力及发展方向可能发生变化。因此，应建立定期评估与反馈机制，及时跟踪学生的学习进展与表现，对选拔出的精英班成员进行动态调整，确保计划始终聚焦于最具潜力的学生群体。

2. 课程体系的优化

（1）挑战性课程设计。为精英班学生设计的课程体系应显著区别于普通课程，注重深度与广度的双重拓展。具体而言，可开设高级研讨课，邀请国内外知名学者就历史学科前沿问题进行深入剖析，激发学生的学术兴趣与探索欲望；增设研究方法论课程，系统传授历史学研究的基本方法、理论框架及实践技巧，提升学生的独立研究能力；同时，强化经典文献研读环节，引导学生深入研读历史原著，培养其扎实的学术功底与批判性思维。

（2）跨学科融合。考虑到历史学科与其他人文社科乃至自然科学领域的紧密联系，课程体系中还应融入跨学科元素。通过开设跨学科课程、组织跨学科研讨会等形式，促进学生跨学科知识的融合与碰撞，培养其综合运用多学科知识解决实际问题的能力。

3．导师制度的实施

（1）导师责任制。实行导师责任制是精英培养计划中的关键环节。每位精英班学生应被分配至具有丰富研究经验与指导能力的导师名下，接受一对一或小组形式的个性化指导。导师须根据学生的兴趣、能力及发展方向，制定个性化的培养计划，定期与学生进行交流与反馈，解决其在学术道路上遇到的困惑与挑战。

（2）导师团队建设。加强导师团队建设，形成导师间的合作与交流机制，应通过定期召开导师会议、共享教学资源与研究成果等方式，促进导师间的相互学习与支持，共同提升精英班学生的培养质量。

4．国际交流的强化

（1）国际学术会议参与。鼓励学生积极参与国内外历史学科相关的学术会议，是拓宽其国际视野、了解学术前沿的重要途径，高校应为精英班学生提供必要的经费支持与指导服务，帮助其申请参会资格、准备会议论文等。通过参与国际学术会议，学生可以直接与国内外学者进行学术交流与合作，提升自己的学术水平与影响力。

（2）海外访学与交流。海外访学与交流是提升学生跨文化交际能力、了解不同国家历史文化的重要途径，高校应与国外知名高校建立合作关系，为精英班学生提供海外访学、交流学习的机会。通过亲身体验异国文化、参与国外高校的教学与研究活动，学生可以更加深入地理解全球历史文化的多样性与复杂性，为其未来的学术发展奠定坚实基础。

三、高校历史教学改革的实践方法

（一）历史教学的理念革新

1．从知识传授到素养培育

（1）核心素养框架下的历史教学目标重构。随着教育改革的深入，核心素养的概念逐渐深入人心，成为指导教学实践的重要理念。在历史学科中，核心素养的培育不仅限于历史知识的积累，更强调历史思维能力、史料分析能力、时空观念、历史解释及历史价值观等多方面的综合素养。高校历史教学应围绕这些核心素养，重新构建教学目标体系。具体而言，教师应设计能够促进学生主动探索、批判分析的教学活动，如引导学生通过阅读原始史料、参与历史辩论等方式，培养其独立思考和解决问题的能力。同时，注重历史学习过程的体验性，让学生在实践中领悟历史的真谛，形成对历史的深刻理解和感悟。

（2）批判性思维在历史学习中的应用。批判性思维是现代社会公民必备的关键能力，也是历史学习不可或缺的重要素质。在历史教学中，教师应鼓励学生以批判性的眼光审视历史事件和人物，不盲从、不迷信，学会从不同角度、不同立场分析历史问题，这要求教师在教学过程中，不仅要传授历史知识，更要教会学生如何运用批判性思维工具，如逻辑推理、证据评估、假设检验等，去分析历史现象背后的原因、影响及意义。通过案例分析、角色扮演、小组讨论等教学方法，让学生在实践中锻炼和提升批判性思维能力。

2. 跨文化视角的融合

（1）全球史观下的历史教学内容拓展。全球史观强调从全球视野出发，审视和解释人类历史的发展进程。在高校历史教学改革中，融入全球史观，拓展历史教学内容，是提升学生国际视野和跨文化交流能力的重要途径。具体而言，教师可结合世界历史的发展脉络，引导学生关注不同文明之间的交流互鉴、冲突融合，以及全球化进程中的重大历史事件和趋势。通过比较不同国家和地区的历史发展道路，帮助学生理解多元文化的形成与演变，培养其全球意识和开放包容的心态。

（2）多元文化比较教学的方法与实践。多元文化比较教学是一种有效的教学策略，它鼓励学生通过对比分析不同文化背景下的历史现象和事件，深化对历史多样性的认识和理解。在实际教学中，教师可选取具有代表性的历史案例，如东西方文明的碰撞与交流、不同民族国家的现代化进程等，组织学生进行深入的比较研究。通过小组讨论、报告撰写、辩论赛等形式，激发学生的参与热情，促进其批判性思维和创造性思维的发展。同时，多元文化比较教学也有助于培养学生的跨文化交流能力，为其未来参与国际事务、促进文化交流与合作奠定坚实基础。

3. 情感、态度与价值观的培养

（1）历史故事中的情感共鸣与道德教育。历史故事是历史教学中最生动、最富有感染力的部分。通过讲述历史人物的生平事迹、历史事件的来龙去脉，教师可以引发学生的情感共鸣，激发其爱国热情、民族自豪感和责任感。在讲述过程中，教师应注重挖掘历史故事中的道德元素，如忠诚、勇敢、智慧、正义等，引导学生形成正确的道德观念和价值取向。此外，教师还可以结合现实生活中的热点问题，引导学生运用历史知识进行分析和讨论，培养其社会责任感和公民意识。

（2）培养学生正确的历史观与国家认同感。历史观是人们对历史的总体看法和态度，它直接影响着人们对现实的认知和对未来的展望。在高校历史教学中，教师应注重培养学生正确的历史观，即客观、全面、深入地认识和理解历史，这要求教师在教学过程中，既要讲述历史的辉煌成就，也要正视历史的曲折与教训；既要弘扬民族精神，也要尊重其他民族的优秀文化。同时，通过讲述国家的发展历程和重大历史事件，激发学生的国家认同感和民族自豪感，使其自觉地将个人命运与国家前途紧密相连，为实现中华民族伟大复兴的中国梦贡献自己的力量。

（二）信息技术与历史教学的深度融合

1. 数字化教学资源的应用

（1）多媒体课件与在线数据库的利用。在信息技术高速发展的背景下，数字化教学资源在历史教学中的应用日益广泛且深入，其中多媒体课件与在线数据库成为不可或缺的教学工具。多媒体课件以其丰富的表现形式，如图像、音频、视频等多媒体元素，极大地增强了历史课堂的生动性和互动性，这些课件不仅能够直观展示历史事件的场景、人物的形象及服饰特征，还能通过动画模拟历史过程，使学生仿佛穿越时空，亲历历史现场。

具体而言，历史教师可依据教学内容，精心设计与制作多媒体课件，将复杂的历史概念、抽象的历史事件以直观、形象的方式呈现给学生。例如，在讲解古代战争时，教师可以利用三维动画重现战争场景，使学生能够从不同角度观察战场布局、军队调动及战斗过程，从而深刻理解战争的策略与影响。此外，多媒体课件中的交互式功能，如点击链接查看详细资料、拖拽图片进行排序等，能够激发学生的探索欲和参与度，使学习过程更加主动和高效。

在线数据库作为重要的数字化教学资源，为历史教学提供了海量、权威的历史文献和研究成果。学生可以通过互联网访问国内外知名的历史数据库，如中国知网、JSTOR 等，获取到丰富的历史资料，这些数据库不仅包含学术论文、期刊文章、会议报告等学术成果，还涵盖了历史档案、图片、视频等多媒体资源。通过在线数据库，学生可以自主检索、筛选和阅读相关资料，拓宽知识视野，深化对历史事件的理解。

（2）虚拟现实（VR）技术在历史教学中的潜力。虚拟现实（VR）技术作为信息技术领域的前沿成果，其在历史教学中的潜力巨大。VR 技术通过模拟历史场景，为学生创造出身临其境的学习体验，使他们能够在虚拟环境中自由探索、感知历史，这种全新的教学方式不仅能够极大地激发学生的学习兴趣和积极性，还能够有效弥补传统历史教学在时间和空间上的限制。

在 VR 技术支持下，历史教师可以根据教学需求，设计并开发虚拟历史场景。学生佩戴 VR 头盔后，即可进入虚拟环境，亲身体验历史事件的发生过程。例如，在学习古代城市布局时，学生可以通过 VR 技术"走进"古代城市，自由漫步于街道、宫殿、庙宇之间，观察城市的建筑风格、布局特点以及居民的生活方式，这种沉浸式的学习体验不仅有助于学生直观地理解古代城市的历史文化背景，还能够培养他们的空间想象能力和历史思维能力。此外，VR 技术还可以与互动式教学相结合，通过设置任务、挑战等方式引导学生深入探索历史。例如，在虚拟历史场景中设置谜题或难题，要求学生通过收集线索、分析证据来解开谜团或完成任务，这种教学方式不仅能够激发学生的探索欲和求知欲，还能够培养他们的逻辑思维能力和问题解决能力。

2. 大数据与个性化学习

（1）基于学习数据分析的教学调整。随着大数据技术的不断发展和普及，教育领域也开始逐步应用大数据来优化教学过程和提升教学质量。在历史教学中，教师可以通过收集和分析学生的学习数据，了解学生的学习习惯、学习进度和学习成效，从而做出有针对性的教学调整。具体而言，教师可以通过学习管理系统

（LMS）等平台收集学生的学习数据，包括在线作业完成情况、课堂互动参与度、测试成绩等。通过对这些数据的分析，教师可以发现学生在学习过程中存在的问题和困难，进而制定个性化的教学方案。例如，针对某些学生在特定历史知识点上掌握不牢固的情况，教师可以设计专门的练习题或辅导材料，帮助学生巩固和提高。此外，大数据技术还可以帮助教师预测学生的学习趋势和潜力。通过对历史学习数据的挖掘和分析，教师可以发现学生的学习规律和特点，进而预测他们在未来学习中的表现，这种预测能力不仅有助于教师及时调整教学策略和方法，还能够为学生的学习规划和职业发展提供有益的参考。

（2）个性化学习路径的规划与实施。在大数据技术的支持下，个性化学习路径的规划与实施成为可能。个性化学习路径是指根据学生的学习需求、兴趣和能力等因素，为其量身定制的学习路径，这种学习路径能够充分考虑学生的个体差异和学习特点，使学习过程更加符合学生的实际需求。在高校历史教学中，教师可以通过分析学生的学习数据和行为特征，为他们制定个性化的学习目标和计划。例如，针对某些对历史事件感兴趣的学生，教师可以引导他们深入探究相关历史事件的原因、过程和影响；而针对那些对历史人物感兴趣的学生，则可以鼓励他们阅读相关传记、文献等资料，深入了解历史人物的思想和贡献。为了实施个性化学习路径，教师需要提供多样化的学习资源和支持服务。例如，为学生推荐适合的在线课程、学习材料和学习工具；组织专题讨论、小组合作等学习活动；提供个性化的学习指导和反馈等。通过这些措施的实施，教师可以确保学生在学习过程中始终保持高度的积极性和参与度，从而取得更好的学习效果。

3. 社交媒体与协作学习

（1）利用社交媒体促进历史知识的共享与交流。社交媒体作为当今社会中广泛使用的信息传播和交流平台，其在历史教学中的应用也日益受到关注。通过社交媒体平台，学生可以轻松地获取到丰富的历史知识资源，并与他人进行交流和分享，这种学习方式不仅能够拓宽学生的知识视野和思维方式，还能够培养他们的自主学习能力和协作能力。在高校历史教学中，教师可以引导学生利用社交媒体平台进行历史知识的共享与交流。例如，教师可以创建或加入与历史教学相关的社交媒体群组，鼓励学生分享自己的学习心得、历史资料、研究成果等，这些群组可以成为学生交流思想、探讨问题的重要场所，通过讨论和互动，学生能够更深入地理解历史知识，形成自己的见解和观点。此外，社交媒体平台上的多媒体功能也为历史教学提供了更多可能性。学生可以通过发布图片、视频、音频等多种形式的内容，来展示自己对历史事件的理解和想象，这种多元化的表达方式不仅能够激发学生的学习兴趣和创造力，还能够使历史知识更加生动、具体地呈现在大家面前。

（2）跨校际、跨国界的协作学习项目。社交媒体不仅促进了校内学生之间的交流与合作，还为跨校际、跨国界的协作学习项目提供了便利条件。通过社交媒体平台，不同学校、不同国家的学生可以跨越地理界限，共同参与到历史学习项目中来，这种协作学习模式不仅能够拓宽学生的国际视野，增进对多元文化的理解和尊重，还能够培养学生的全球意识和国际竞争力。在跨校际、跨国界的协作学习项目中，教师可以设计一系列具有挑战性的学习任务，要求学生通过社交媒体平台进行合作完成。例如，可以组织学生进行跨国界的历史研究项目，让他们分别搜集和整理不同国家在同一历史时期的文化、政治、经济等方面的资料，并通过社交媒体平台进行交流和整合。在这个过程中，学生需要学会如何与他人有效沟通、协调合作，以及如何处理不同文化和观点之间的差异和冲突。为了确保协作学习项目的顺利进行，教师需要提供必要的指导和支持。例如，可以为学生制定详细的项目计划和时间表，明确每个人的任务和职责；可以定期组织线上或线下的会议和讨论，以便及时解决问题和调整方案；还可以提供必要的资源和工具，如在线协作平台、翻译软件等，以帮助学生更好地完成学习任务。

（三）高校师资培训与专业发展

1. 历史教师的专业素养提升

（1）学科知识与教学技能的双轨并进。

第一，学科知识的深化与更新。历史学科作为一门综合性强、时效性显著的学科，其知识体系随着新史料的发现、新理论的提出而不断更新。因此，历史教师需要持续跟踪学术研究前沿，通过参加学术会议、研读专业期刊、参与课题研究等方式，不断深化对历史事件、历史人物、历史现象的理解，确保教学内容的科学性、准确性和时代性。同时，教师还应注重跨学科知识的融合，如将经济学、社会学、文化学等相关学科的理论和方法引入历史教学，拓宽学生的视野，增强学生的综合分析能力。

第二，教学技能的提升与优化。教学技能是教师将学科知识有效传递给学生的关键。历史教师应注重教学方法的创新与实践，如采用问题导向式教学、案例分析法、情境教学等现代教学手段，激发学生的学习兴趣，提高课堂互动性和有效性。此外，教师还应注重教学反思，通过学生反馈、同行评价等方式，及时发现并改进教学中的不足之处，不断优化教学策略，提升教学效果。

（2）教育心理学在历史教学中的应用。教育心理学是研究教育教学过程中师生心理活动及其规律的科学，对于提升历史教学质量具有重要意义。历史教师应将教育心理学的理论与方法融入教学实践，关注学生的个体差异，因材施教，促进每位学生的全面发展。

第一，了解学生需求，激发学习动机。历史教师可以通过问卷调查、个别访谈等方式，了解学生的历史学习兴趣、学习习惯及学习困难，进而设计符合学生需求的教学内容和方法，激发学生的学习动机。同时，教师还应注重培养学生的历史学习兴趣，通过讲述历史故事、展示历史文物、组织历史剧表演等多样化的教学活动，让学生在轻松愉快的氛围中学习历史。

第二，关注情感体验，促进深度学习。历史学习不仅仅是知识的积累，更是情感的体验和价值的认同。历史教师应注重在教学过程中引发学生的情感共鸣，通过讲述历史人物的生平事迹、分析历史事件的社会影响等方式，让学生感受到历史的温度，理解历史的价值，从而促进学生的深度学习。

2. 国际视野下的教师培训

在全球化背景下，具有国际视野的教师对于培养具有国际竞争力的人才具有重要意义。因此，加强国际视野下的教师培训成为高校师资建设的重要方向。海外研修与交流项目是教师拓展国际视野、学习先进教学理念和方法的有效途径。通过参与此类项目，教师可以亲身体验不同国家的教育体系和文化氛围，深入了解国际教育的最新动态和发展趋势。一方面，海外研修与交流有助于教师开阔视野，拓宽思维，增强跨文化交流与合作的能力；另一方面，通过引进国外优质教育资源和先进教学理念，可以促进国内教育教学的改革与创新，提升我国高等教育的国际竞争力。高校应积极与国外知名高校和教育机构建立合作关系，共同设计并实施海外研修与交流项目。项目内容可包括课堂教学观摩、教育研讨会、文化交流活动等，确保教师在多个方面得到全面提升。同时，高校还应为参与项目的教师提供必要的经费支持和政策保障，确保项目的顺利实施和教师的积极参与。

3. 终身学习与专业发展共同体

在快速发展的知识经济时代，终身学习已成为教师专业发展的必然要求。高校应建立教师持续学习机制，促进教师之间的合作与资源共享，构建专业发展共同体。

（1）建立教师持续学习机制。高校应鼓励教师树立终身学习的理念，通过制定相关政策措施和提供必要的学习资源来保障教师的持续学习。具体而言，可建立教师学习档案制度，记录教师的学习经历、学习成果和学习需求；设立专项基金支持教师参加国内外学术会议、研修班等学习活动；搭建在线学习平台为教师提供丰富的学习资源和便捷的学习方式。同时，高校还应建立学习激励机制将教师的学习成果与职称评定、绩效考核等相挂钩以激发教师的学习积极性。

（2）促进教师之间的合作与资源共享。在高等教育环境中，教师之间的合作不仅能够促进知识的交流与融合，还能激发新的教学和研究思路，进而提升整个学科的教育质量和研究水平。因此，构建专业发展共同体，促进教师之间的合作与资源共享，是高校师资培训与专业发展的关键环节。

第一，建立跨学科合作平台。高校可以通过建立跨学科的研究中心、教学团队或工作坊，鼓励不同学科领域的教师共同参与项目研究、课程开发或教学改革等活动，这样的平台能够打破学科壁垒，促进教师之间的思想碰撞和灵感激发，为历史教学注入新的活力。例如，历史教师可以与文学、哲学、社会学等领域的教师合作，共同探讨历史事件的多元解读和文化影响，从而丰富历史教学的内涵和外延。

第二，强化教学研究与交流。高校应定期组织教学研讨会、教学观摩活动和教学比赛等，为教师提供展示教学成果、交流教学经验和探讨教学问题的平台。通过这些活动，教师可以相互学习，取长补短，共同提升教学技能和教学水平。

同时，高校还可以建立教学资源库，收集并分享优秀的教学设计、教学案例和教学反思等，为教师提供丰富的教学资源和参考。

第三，推动科研合作与项目申报。科研合作是教师专业发展的重要途径之一。高校应鼓励历史教师积极参与科研项目申报，特别是跨学科、跨领域的合作项目。通过参与科研项目，教师可以深入研究学科前沿问题，提升科研能力和学术水平。同时，科研项目中的合作与交流也有助于教师拓宽学术视野，建立广泛的学术联系，为未来的教学和研究工作奠定坚实的基础。

第四，构建学习社群与虚拟社区。除了传统的面对面交流外，高校还可以利用现代信息技术手段，构建在线学习社群和虚拟社区，为教师提供便捷的交流平台，这些平台可以包括社交媒体群组、在线论坛、博客和微信公众号等，教师可以随时随地进行信息共享、问题讨论和经验交流。通过构建学习社群与虚拟社区，教师可以更加灵活地安排学习时间和地点，同时也能够吸引更多外部专家和学者的关注和参与，从而拓宽交流范围和深度。

第四章
历史文献与专业教学改革策略研究

第一节 革命历史文献整理研究的实践

一、革命历史文献的界定与分类

（一）革命历史文献的概念界定

革命历史文献，作为中华民族宝贵的历史遗产和精神财富，其内涵丰富且深远，承载着中国革命历程中无数英勇奋斗与智慧结晶。在学术领域内，对革命历史文献的界定需具备高度的专业性与精确性，以确保研究的严谨性和可靠性。一般而言，革命历史文献是指自辛亥革命起至中华人民共和国成立前，这一特定历史时期所产生的各类革命性、进步性文献的总称，这一界定不仅涵盖辛亥革命时期的反封建斗争，也包括五四运动后的新文化运动，以及中国共产党领导下的新民主主义革命、社会主义革命和建设初期的各类文献资料。具体而言，革命历史文献的内容广泛，包括图书、期刊、报纸、手稿、文件、图片、海报、传单、宣传标语、票据等，这些文献资料不仅记录了革命斗争的艰苦历程，还反映了当时社会的政治、经济、文化等多方面状况，是研究中国革命历史不可或缺的第一手资料。"加强革命历史文献的整理与研究，既是推进中共党史、社会主义发展史等学科研究不断走向深入的客观需要，也是总结揭示马克思主义中国化时代化进程经验和规律，在全社会树立正确的民族观历史观的应有之举。"[①]

---

① 马静. 赓续与弘扬：革命历史文献整理研究的实践与思考[J]. 中国图书馆学报，2023，49（4）：35.

（二）革命历史文献的分类体系

在构建革命历史文献的分类体系时，需综合考虑文献的来源、内容、形式及价值等多个维度，以确保分类的科学性与系统性。以下是从官方文件与档案、民间记忆与口述历史、报纸杂志与宣传材料、文学作品与艺术创作四个方面进行的分类探讨。

1. 官方文件与档案

官方文件与档案由国家机关、政府部门或军队等权威机构产生并保存，具有高度的权威性和真实性，这类文献通常包括政府公报、会议记录、政策文件、法律法规、军事命令等，直接反映了国家意志和决策过程。在分类时，可按照文件的性质、产生时间、所属机构等标准进行细分，以便于研究者快速定位所需资料。

2. 民间记忆与口述历史

民间记忆与口述历史虽然缺乏官方文件的正式性与规范性，但其独特的视角和鲜活的细节往往能为研究提供宝贵的补充，这类文献主要通过访谈、录音、录像等方式记录下来，涵盖了普通民众在革命斗争中的所见所闻、所感所思。在分类时，可依据访谈对象、地区、时间等要素进行划分，以展现不同地区、不同群体在革命历史中的独特贡献与经历。

3. 报纸杂志与宣传材料

报纸杂志与宣传材料是革命历史文献中传播最广、影响最大的部分之一，它们不仅记录了当时社会的热点事件、舆论导向和民众心态，还承载了革命理论的传播与普及任务。在分类时，可根据报刊的性质（如党报、地方报、商业报等）、出版时间、发行范围、主题内容等标准进行划分。同时，对于宣传材料如海报、传单、标语等，也应根据其形式、内容、传播渠道等特点进行分类整理。

4. 文学作品与艺术创作

文学作品与艺术创作是革命历史文献中极具感染力和艺术价值的部分，它们以小说、诗歌、戏剧、音乐、绘画等多种艺术形式为载体，生动再现了革命斗争的壮丽画卷和英雄人物的光辉形象。在分类时，可依据艺术门类、创作时间、作者身份、作品主题等要素进行细分。此外，对于那些具有重大历史意义和艺术价值的作品，还应进行特别标注和推荐，以供深入研究和学习。

（三）跨学科视角下的革命历史文献分类思考

随着学科交叉与融合趋势的日益明显，跨学科视角下的文献分类研究已成为学术领域的新热点。在革命历史文献的分类工作中，引入跨学科思维不仅有助于拓宽研究视野、丰富研究手段，还能促进不同学科之间的交流与合作，推动研究向更深层次发展。

1. 跨学科整合革命历史文献资源

在革命历史文献的分类过程中，可以借鉴其他学科的理论与方法进行跨学科整合。例如，可以运用信息科学中的数据挖掘技术来挖掘文献中的隐含信息；利用历史学中的年代学、地域学等方法来梳理文献的时空脉络；结合政治学中的权力分析、政策研究等方法来解析文献中的政治意涵。通过这种跨学科整合的方式，可以更加全面、深入地理解革命历史文献的内涵与价值。

2. 构建跨学科分类框架

在构建革命历史文献的分类框架时，可以借鉴多学科的理论框架与分类体系进行融合创新。例如，可以借鉴图书馆学的文献分类法来构建基本的分类体系；结合历史学的时间分期与地域划分来细化分类标准；同时融入政治学、社会学、文化研究等多学科的理论视角与分析工具来丰富分类内涵。通过构建这样的跨学科分类框架，可以为研究者提供更加灵活多样的分类工具与路径选择。

3. 推动跨学科研究合作

在革命历史文献的研究过程中，推动跨学科研究合作具有重要意义。不同学科的学者可以围绕共同的研究主题展开合作研究，通过资源共享、方法互鉴、观点碰撞等方式来推动研究的深入与发展。具体而言，跨学科研究合作可以在以下方面展开：

（1）主题聚焦与联合研究项目。针对革命历史文献中的重大主题或问题，可以组织跨学科的研究团队，共同申报并开展联合研究项目，这些项目可以围绕革命历史中的关键事件、重要人物、社会变迁等核心议题，结合历史学、政治学、社会学、文化学、文学、艺术学等多个学科的理论与方法，进行综合性的研究与探讨。通过跨学科的视角，能够更全面、深入地揭示革命历史的复杂性和多样性。

（2）学术论坛与研讨会。定期举办跨学科的学术论坛与研讨会，为研究者提供交流思想、分享成果的平台。在这些活动中，可以邀请来自不同学科背景的学者就革命历史文献的相关问题进行发言与讨论，促进学术观点的碰撞与融合。通过面对面的交流与互动，可以激发新的研究灵感，推动研究的创新与发展。

（3）数字化与数据库建设。在数字化时代，跨学科合作还可以体现在革命历史文献的数字化与数据库建设方面。通过跨学科的合作，可以共同开发革命历史文献的数字化平台与数据库，实现文献资源的数字化存储、分类整理与共享利用。在数据库建设过程中，可以引入计算机科学、信息科学等相关领域的技术手段，提高文献检索的准确性与效率。同时，还可以结合历史学、文献学等学科的专业知识，对文献进行深入地标注与解析，为研究者提供更加便捷、高效的文献服务。

（4）跨学科教育与人才培养。跨学科视角下的文献分类研究不仅有助于推动学术研究的深入发展，还对教育与人才培养具有重要意义。在高等教育阶段，可以开设跨学科的研究课程与培养项目，鼓励学生跨越学科界限，学习并掌握多个学科的知识与方法。通过跨学科的教育与培养，可以培养出具备宽广知识视野、深厚理论功底和创新能力的研究人才，为革命历史文献的研究与传承注入新的活力与动力。

（5）国际化交流与合作。在全球化背景下，革命历史文献的研究也需要加强国际化交流与合作。通过与国际学术界的广泛联系与合作，可以引入国外先进的研究理念与方法，提升国内研究的国际化水平。同时，还可以共同开展跨国界的革命历史研究项目，推动全球范围内革命历史文献的资源共享与研究成果的互认，这种国际化交流与合作不仅有助于拓宽研究视野、提升研究质量，还能促进不同国家之间在革命历史研究与传承方面的相互理解与尊重。

二、革命历史文献整理的搜集方法

（一）传统搜集手段的现代化转型

1. 数字化技术的应用

随着信息技术的高速发展，数字化技术在革命历史文献的搜集过程中扮演着日益重要的角色，实现了传统搜集手段向现代化转型的关键一步。数字化技术的应用不仅极大地扩展了文献搜集的广度和深度，还显著提升了文献处理的效率和准确性。

（1）数字化扫描与识别技术能够高效地将纸质文献转化为数字文档，避免了传统手工抄写和复印过程中可能出现的错漏，确保了文献内容的完整性和准确性，这一技术广泛应用于古籍、档案、报纸、期刊等多种类型的革命历史文献，使得大量珍贵文献得以快速、无损地转化为数字资源，便于长期保存和广泛传播。

（2）大数据与人工智能技术为文献搜集提供了新的思路和方法。通过对海量文献数据的挖掘和分析，可以揭示出文献之间的内在联系和潜在价值，为研究者提供新的研究视角和线索。例如，利用自然语言处理技术对文献进行主题聚类、情感分析等，可以更加精准地定位到与研究主题相关的文献资源。同时，人工智能算法还能够自动识别和过滤无效或重复的文献，提高文献搜集的效率和质量。

（3）数字化技术的应用还促进了革命历史文献的跨国界合作搜集。在全球化背景下，各国之间的文化交流与合作日益频繁，数字化技术为跨国界文献搜集提供了便利条件。通过建立跨国界的数字文献资源共享平台，各国的研究机构和学者可以共享彼此的文献资源，共同开展研究工作，这种合作模式不仅有助于打破地域限制，实现文献资源的优化配置，还能够促进不同国家和地区之间的学术交流与合作。

2. 跨国界合作搜集策略

跨国界合作搜集策略是革命历史文献整理工作中不可或缺的一部分。由于革命历史文献往往分散在不同的国家和地区，且部分文献可能因历史原因而难以获取，因此跨国界合作搜集显得尤为重要。跨国界合作搜集策略的制定需要考虑多方面因素：①明确搜集目标和范围，确定需要搜集的文献类型和数量，需要根据研究主题和需求进行具体分析，制定出切实可行的搜集计划；②建立稳定的合作关系和沟通机制，与各国的研究机构和学者建立长期稳定的合作关系，通过定期交流、互访等方式加强沟通和协作；③充分利用现有的国际合作平台和渠道，如国际学术会议、研究项目等，扩大合作范围和影响力。

在跨国界合作搜集过程中，还需要注意一些具体问题。例如，不同国家和地区的文献保存状况、版权归属、语言障碍等问题都可能对搜集工作造成影响。因此，在合作过程中需要充分考虑这些因素，制定相应的解决方案和措施。例如，可以通过签订合作协议明确版权归属和使用权限；通过翻译和注释等方式解决语言障碍问题；通过技术手段解决文献保存和传输中的安全问题等。

（二）整理过程中的真伪鉴别与去伪存真

1. 史学方法与文献学理论的结合

在革命历史文献的整理过程中，真伪鉴别与去伪存真是确保文献质量的重要环节。为了有效进行真伪鉴别，需要将史学方法与文献学理论紧密结合起来。将史学方法与文献学理论结合起来进行真伪鉴别，可以更加全面、准确地判断文献的真实性和可信度，这种结合不仅有助于揭示文献中的历史真相和内在价值，还能够为后续的研究工作提供坚实可靠的文献基础。

（1）史学方法注重历史事实的考证和验证，强调通过史料分析来还原历史真相。在真伪鉴别过程中，可以运用史学方法中的比较法、归纳法、演绎法等多种方法，对文献中的历史事实进行逐一考证和验证。同时，还可以结合历史背景、时代背景等因素进行综合分析，判断文献内容的真实性和可信度。

（2）文献学理论关注文献的生成、流传、保存等方面的问题，强调对文献本身进行深入研究和分析。在真伪鉴别过程中，可以运用文献学理论中的版本学、校勘学、目录学等多种理论和方法，对文献的版本、流传情况、保存状况等进行深入研究和分析。通过比较不同版本之间的差异、分析文献中的错误和遗漏等问题，可以进一步判断文献的真伪和可信度。

2. 跨学科团队的协同作用

真伪鉴别与去伪存真工作涉及多个学科领域的知识和技能，因此需要组建跨学科团队进行协同作业。跨学科团队可以汇聚不同学科领域的专家和学者，共同参与到文献整理工作中来。

跨学科团队的成员可以包括历史学家、文献学家、语言学家、计算机科学家等多个领域的专家和学者。他们各自具备不同的专业知识和技能，可以在真伪鉴别与去伪存真工作中发挥各自的优势和特长。例如，历史学家可以运用史学方法对文献中的历史事实进行考证和验证；文献学家可以运用文献学理论对文献的版本、流传情况等进行深入研究和分析；语言学家可以对文献中的语言现象进行解读和分析；计算机科学家则可以运用数字化技术和人工智能算法对文献数据进行挖掘和分析等。

通过跨学科团队的协同作用，可以形成优势互补、资源共享的工作模式，提高真伪鉴别与去伪存真工作的效率和质量。同时，跨学科团队的合作还有助于拓宽研究视野，引入新的研究方法和思路，推动革命历史文献整理工作的创新和发展。在跨学科团队的协同作业中，明确分工与合作机制至关重要。每个成员应明确自己的职责和任务，并在团队中发挥自己的专业优势。同时，团队应建立有效的沟通机制和协作平台，确保信息的及时传递和共享。通过定期的会议、讨论和汇报，团队成员可以交流研究进展、分享研究成果，共同解决遇到的问题和挑战。

此外，跨学科团队还应注重知识整合与综合应用。在真伪鉴别与去伪存真的过程中，不同学科领域的知识和技能需要相互融合、相互补充。团队成员应善于从多个角度审视问题，运用综合思维和方法进行分析和判断。通过跨学科的知识整合，可以更加全面、深入地揭示文献的内在价值和历史意义。

（三）整理成果的系统化与标准化

1. 数据库建设与信息共享平台

整理成果的系统化与标准化是确保革命历史文献得到有效利用和传播的关键环节。为了实现这一目标，需要建设专门的数据库和信息共享平台，对整理后的文献资源进行统一管理和共享。

（1）数据库建设是系统化整理成果的基础。通过构建结构合理、功能完善的数据库系统，可以对整理后的文献资源进行分类、编目、索引等处理，实现文献资源的快速检索和高效利用。数据库系统应具备多种检索方式，如关键词检索、主题检索、作者检索等，以满足不同用户的需求。同时，数据库系统还应具备数据备份、恢复和安全防护等功能，确保文献资源的安全性和可靠性。

（2）信息共享平台是推广和传播整理成果的重要途径。通过建设跨地区、跨行业的信息共享平台，可以将整理后的文献资源向更广泛的用户群体开放。信息共享平台应具备多种服务功能，如在线阅读、下载、打印等，方便用户随时随地获取所需文献资源。同时，信息共享平台还应提供用户交流、反馈和评价的渠道，以便及时了解用户需求、改进服务质量。

在数据库建设和信息共享平台的建设过程中，应注重数据标准的制定和执行。通过制定统一的数据标准和规范，可以确保不同来源、不同类型的文献资源在数据库中的一致性和可比性。同时，还应建立数据质量监控和评估机制，对数据库中的文献资源进行定期检查和评估，确保数据质量和准确性。

2. 整理规范的制定与执行

整理规范的制定与执行是确保整理成果质量的重要保障。通过制定科学合理的整理规范，可以明确整理工作的要求和标准，规范整理工作的流程和操作。整理规范应涵盖文献搜集、整理、鉴定、编目、索引等各个环节，确保每个环节都有明确的标准和要求。

在制定整理规范时，应充分考虑革命历史文献的特点和需求。例如，对于古籍文献的整理，应注重保护原件、尊重原貌；对于现代文献的整理，则应注重内容的准确性和完整性。同时，还应根据不同类型的文献资源制定相应的整理规范，如档案、报纸、期刊等。

整理规范的执行是确保整理成果质量的关键。在整理过程中，应严格按照整理规范进行操作，确保每个环节都符合标准和要求。同时，还应建立监督机制和检查机制，对整理工作进行定期检查和评估，及时发现和纠正问题。对于不符合整理规范的成果，应予以退回或重新整理，确保整理成果的质量和可靠性。

三、革命历史文献整理的内容解读

（一）文本分析方法的创新应用

1. 话语分析与意识形态解读

话语分析作为一种跨学科的研究方法，在革命历史文献的解读中展现出独特的价值。通过对文献中语言符号、叙述模式及修辞策略的分析，研究者能够揭示出隐藏于文本背后的意识形态倾向。具体而言，这种方法关注于文献如何构建现实、传达观念，以及这些构建如何影响读者对历史事件的理解与认知。例如，在分析中国共产党早期宣传材料时，话语分析可帮助识别出革命话语中的阶级斗争观念、民族解放主题及未来社会构想，进而探讨这些话语如何塑造了当时的革命意识形态，并促进了革命运动的广泛动员。此外，结合批判性话语分析，研究者还能进一步审视文献中的权力关系、性别角色及文化偏见，为理解革命历史的复杂性和多样性提供新的视角，这种分析不仅深化了对革命文献内容的理解，也促进了对革命历史进程中意识形态变迁的深入认识。

2. 情感计算与人物心理剖析

随着计算机科学和人工智能技术的发展，情感计算成为文本分析领域的新兴工具。在革命历史文献的整理中，情感计算技术能够自动检测并量化文本中的情感倾向，如愤怒、希望、恐惧等，从而为人物心理剖析提供数据支持。通过分析革命领袖、普通战士及民众在文献中表达的情感变化，研究者能够更加细腻地描绘出革命时期的心理状态与社会情绪。例如，在分析革命回忆录或战地日记时，情感计算技术可以揭示出革命者在面对生死考验、胜利喜悦或失败挫折时的内心波动，进而探讨这些情感如何驱动革命行动，影响革命进程。同时，结合心理学理论，研究者还能进一步分析这些情感背后的动机、需求及价值观念，为理解革命历史中的人性光辉与悲剧色彩提供更为丰富的层次。

（二）跨时期、跨地域的比较研究

1. 不同革命阶段的文献特征对比

革命历史是一个动态发展的过程，不同阶段的文献往往呈现出鲜明的特征。通过跨时期的比较研究，研究者可以清晰地勾勒出革命历史发展的脉络，揭示出各阶段之间的继承与创新关系。例如，在中国共产党的革命历程中，从建党初期的理论探索到土地革命、抗日战争、解放战争等不同阶段，文献内容逐渐从理论宣传转向实践总结，从单一的政治斗争扩展到经济、文化、社会等多领域的变革。通过对比这些阶段的文献，研究者可以发现革命思想如何随着实践的发展而不断成熟，革命策略如何根据国内外形势的变化而灵活调整，这种跨时期的比较研究，不仅有助于深入理解革命历史的内在逻辑，也为当前的社会变革提供了宝贵的历史镜鉴。

2. 不同地区革命文化的交流与融合

革命历史文献还蕴含着丰富的地域文化信息。通过跨地域的比较研究，可以揭示出不同地区革命文化的独特性以及它们之间的交流与融合过程。在中国革命史上，不同地区由于历史背景、地理环境、文化传统等因素的差异，形成了各具特色的革命文化。如井冈山精神、延安精神、西柏坡精神等，都是特定地域革命实践的产物。同时，这些地域性的革命文化又通过人员流动、信息传播等方式相互交流与融合，共同构成了中国革命文化的多元格局。通过对比不同地区革命文献中的文化元素、价值观念及实践模式，研究者可以深入探讨革命文化的普遍性与特殊性，以及它们如何共同推动了中国革命的胜利进程。

（三）革命历史事件的深度挖掘与再评价

1. 微观视角下的历史细节还原

革命历史事件的深度挖掘要求研究者从微观视角出发，关注历史进程中的具体事件、人物及场景。通过详细梳理文献中的原始资料、口述历史及实物遗存等，研究者可以努力还原历史现场，揭示出被宏大叙事所遮蔽的历史细节。例如，在分析某次战役时，除了关注战略部署、战斗结果等宏观层面外，还应深入挖掘战役中的英雄事迹、战术创新、军民关系等微观层面的内容，这些微观细节的还原不仅丰富了历史事件的历史画面，也使人们能够更加全面地理解革命历史的复杂性和多样性。同时，通过对这些细节的分析，研究者还能发现历史事件背后的深层动因、社会影响及历史意义，为历史事件的再评价提供坚实的基础。

2. 宏观视角下的历史进程再思考

在微观细节还原的基础上，研究者还需从宏观视角出发对革命历史进程进行再思考，这包括对革命历史发展的整体脉络进行梳理，分析其在世界历史进程中的地位与作用，以及对中国现代化进程的长远影响。通过综合运用历史唯物主义和辩证唯物主义的方法论，研究者能够超越单一事件的局限，将革命历史置于更广阔的历史背景和时代潮流中进行审视。宏观视角下的历史进程再思考主要包括以下方面：

（1）革命历史是中国从封建专制向现代民族国家转型的关键阶段，这一过程中，中国共产党领导的革命运动不仅推翻了帝国主义、封建主义和官僚资本主义的统治，建立了新中国，还为实现民族独立、人民解放和国家富强奠定了坚实基础。通过深入分析革命文献中的战略决策、政策实施和社会变革等内容，研究者可以揭示出革命历史如何塑造了中国的国家形态、政治体制和社会结构，为理解当代中国的发展路径提供历史依据。

（2）革命历史是世界社会主义运动的重要组成部分。中国革命的胜利不仅丰富了世界社会主义的理论与实践，也为其他国家的民族解放和社会主义运动提供了宝贵经验和启示。通过对比不同国家革命历史的异同点，研究者可以探讨中国革命道路的独特性和普遍意义，为世界社会主义运动的发展贡献中国智慧和中国方案。

（3）革命历史对中国现代化进程具有深远影响，在革命胜利后，中国共产党领导人民进行了社会主义建设和改革开放的伟大实践，推动了中国从封闭半封闭状态走向全面开放，从贫穷落后走向繁荣富强。革命历史中形成的优良传统和革命精神，如艰苦奋斗、自力更生、勇于探索等，成为激励中国人民不断前进的强大精神动力。通过对革命历史文献的深入解读，研究者可以挖掘出这些精神资源的历史内涵和时代价值，为推进中国现代化进程提供精神支撑和道德力量。

四、革命历史文献整理的传播利用

（一）数字化传播平台的构建与运营

在当今信息高速发展的时代，革命历史文献的传播与利用面临着前所未有的机遇与挑战。数字化传播平台的构建与运营，作为连接历史与现实的桥梁，其重要性日益凸显，这一过程不仅要求技术的深度融入，还须策略性地规划与执行，以确保历史文化的有效传承与广泛传播。

1. 社交媒体与在线展览的应用

社交媒体以其广泛的用户基础和强大的传播能力，成为革命历史文献数字化传播的重要阵地。通过创建官方账号、发布历史图文、短视频、直播讲座等形式，可以跨越时空限制，将珍贵的革命历史文献直接呈现给全球用户。例如，利用微博、微信公众号等平台，定期推送精选的革命历史故事、文物介绍及专家解读，不仅丰富了民众的精神文化生活，也增强了大众对革命历史的认知与情感共鸣。在线展览通过高清扫描等技术手段，将实体展览搬上网络，实现全天候、无界限的参观体验。观众只需轻点鼠标或滑动屏幕，即可身临其境地游览革命纪念馆、博物馆，近距离观赏珍贵的历史文献与文物，这种沉浸式体验不仅提升了观众的参与感和兴趣度，还极大地拓宽了革命历史文献的传播范围和影响力。

2. 虚拟现实与增强现实技术的融合

虚拟现实（VR）与增强现实（AR）技术的融合应用，为革命历史文献的传播开辟了全新的维度。VR技术能够创建出高度逼真的三维环境，使用户仿佛置身于历史现场，亲身体验革命时期的场景与氛围。而AR技术则能在现实世界中叠加虚拟信息，为用户提供更加丰富、直观的交互体验。例如，通过AR技术，游客在参观革命遗址时，可以通过手机或平板电脑扫描特定标记，即可在屏幕上看到相关的历史影像、文献摘录或三维模型，实现历史与现实的无缝对接，这种技术融合不仅增强了历史文献的吸引力与感染力，还促进了知识的深度传播与理解，它鼓励用户主动探索、学习，从而在潜移默化中加深对革命历史的理解与认同。

（二）公众教育与历史记忆的传承

革命历史文献的传播与利用，不仅仅是对过去事件的回顾与展示，更是对公众教育与历史记忆传承的重要贡献。

1. 革命历史文献进校园、进社区

将革命历史文献引入校园和社区，是传承历史记忆、培育爱国情怀的有效途径。在学校教育中，可以通过开设专门的历史课程、举办主题讲座、组织实践活动等形式，引导学生深入学习革命历史，了解革命先烈的英勇事迹和崇高精神。同时，鼓励学生参与历史文献的整理与研究，培养他们的历史思维能力和文化素养。在社区层面，可以建立革命历史图书角、举办文化沙龙、放映历史纪录片等活动，为居民提供接触和学习革命历史的机会，这些活动不仅能够丰富社区居民的精神生活，还能增强他们的历史责任感和民族自豪感。

2. 文化遗产保护与旅游开发的结合

文化遗产保护是革命历史文献传承的基础，而旅游开发则是其活化利用的重要方式。通过将革命历史遗址、纪念馆等文化遗产与旅游产业相结合，可以吸引更多游客前来参观学习，从而促进革命历史文化的广泛传播。在旅游开发过程中，应注重保护历史遗址的原貌和真实性，避免过度商业化和破坏性开发。同时，可以设计多样化的旅游产品，如红色旅游线路、体验式教育活动等，以满足不同游客的需求和兴趣。通过这些措施，不仅能够有效保护革命历史文化遗产，还能促进当地经济的发展和文化的繁荣。

（三）学术研究与政策制定的参考价值

1. 学术研究的新视角与新发现

革命历史文献的整理与利用，为学术研究提供了丰富而独特的素材和视角。通过对这些文献的深入挖掘和分析，学者们可以揭示出更多关于革命历史、社会变迁、文化传承等方面的新信息和新观点，这些研究成果不仅丰富了学术界的理论库和方法论体系，还为后续研究提供了重要的参考和启示。同时，革命历史文献的整理工作也促进了跨学科研究的发展。历史学、社会学、政治学、文化学等多个学科的学者可以围绕这些文献展开合作研究，共同探讨革命历史的多维度、多层次意义，这种跨学科的研究模式有助于打破学科壁垒、促进学术交流与创新。

2. 政策制定中的历史借鉴与启示

（1）革命历史文献不仅是学术研究的重要资源，也是政策制定过程中不可或缺的历史借鉴。通过对革命历史文献的深入学习和研究，决策者可以从中汲取智慧和经验教训，为当前的政策制定提供有益的参考和启示。例如，在推进社会治理创新、加强党风廉政建设等方面，革命历史文献中的宝贵经验和深刻教训具有重要的指导意义。决策者可以借鉴革命时期党的优良传统和作风、反腐倡廉的成功做法等，不断完善和优化相关政策措施。同时，通过对革命历史文献的宣传和教育活动，还可以增强广大党员干部和人民群众的历史意识和责任感，为政策的有效执行奠定坚实的群众基础。

（2）在政策制定的过程中，革命历史文献的参考价值体现在其对当前社会问题的历史透视上。许多当前社会面临的挑战和困境，在革命历史中都能找到相似的影子或前车之鉴。通过对这些历史案例的深入剖析，政策制定者可以更加清晰地认识到问题的根源和本质，从而制定出更加符合实际、更具针对性的政策措施。例如，在推动经济发展、促进社会和谐等方面，革命历史文献中关于群众路线、艰苦奋斗等精神的阐述，为政策制定者提供了宝贵的思想资源和行动指南。

（3）革命历史文献的传播与利用有助于增强国家软实力和国际影响力。在国际舞台上，一个国家的历史文化是其软实力的重要组成部分。通过数字化传播平台的构建与运营，以及公众教育与历史记忆的传承，革命历史文献得以在全球范围内广泛传播，展现了中国的历史底蕴和文化魅力，这不仅有助于提升中国在国际社会中的形象和地位，还能够促进不同文明之间的交流与互鉴，为构建人类命运共同体贡献力量。

（4）在学术研究与政策制定的互动中，革命历史文献的整理与利用促进了理论与实践的有机结合。学术研究为政策制定提供了理论支撑和科学依据，而政策实践则为学术研究提供了丰富的实证材料和验证机会。通过这种互动关系，革命历史文献的价值能够得到充分地发挥和体现，同时也推动了学术研究和政策制定的不断进步和发展。值得注意的是，在革命历史文献的整理与利用过程中，还需要注重保护知识产权和尊重原作者的权益。数字化传播平台的构建与运营应遵守相关法律法规和道德规范，确保历史文献的合法性和权威性。同时，在公众教育和历史记忆的传承中，也要注重引导公众树立正确的历史观和价值观，避免对历史进行歪曲或片面解读。

第二节　历史文献资源可视化与阅读

一、历史文献资源可视化的基础体系

（一）可视化技术的发展历程

可视化技术是指利用计算机图形学和图像处理技术，将复杂的数据转换为图形、图像或动画等直观形式，在屏幕上进行展示，并支持用户交互处理的一种综合性技术，这一过程不仅限于数据的简单呈现，更在于通过图形化的手段揭示数据背后的模式、趋势及关联关系，从而提升数据分析和决策的效率与质量。

可视化技术的起源可追溯至20世纪50年代计算机图形学的早期发展。那时，科学家和工程师们开始尝试使用计算机生成简单的图形和图表，以辅助科学计算和工程设计。随着计算机技术的不断进步，尤其是图形处理能力的显著提升，可视化技术逐渐发展成为一门独立的学科领域。1987年，美国国家科学基金会（NSF）将可视化作为一种组织性的次领域提出，标志着可视化技术在科学研究和工程应用中的正式确立。进入20世纪90年代，随着互联网的普及和大数据时代的到来，可视化技术迎来了前所未有的发展机遇。在这一时期，信息可视化作为可视化技术的一个新兴分支应运而生，旨在帮助人们理解和分析复杂的、抽象的、异质性的数据集。与此同时，科学计算可视化也在各工程和计算机领域得到了广泛应用，成为科学研究不可或缺的一部分。

（二）历史文献资源可视化的工具

"历史文献资源的可视化专题的编辑要求创建者对特定主题的文献基础和

专业知识具备相对较高的水准，在表达和可视化效果的呈现上亦有所要求。"①
历史文献资源可视化的工具主要包括以下方面：

1. 文本挖掘

文本挖掘通过自然语言处理（NLP）和机器学习算法，从非结构化的文本数据中提取有价值的信息和模式。在历史文献资源的可视化过程中，文本挖掘需要对文献资源进行预处理，包括分词、去停用词、词干提取等步骤，以减少噪声数据并提高数据质量。随后，利用主题模型（如 LDA）、词频统计、共现分析等方法，识别出历史文献资源中的关键主题、词汇和概念。最后，通过可视化工具将这些结果以词云、主题河流图、共现网络等形式展示出来，帮助研究者直观理解历史文献资源的主题结构和内容关联。

2. 网络分析

网络分析专注于揭示历史文献资源中实体（如人物、机构、事件）之间的复杂关系。在网络分析中，实体被抽象为节点，实体之间的关系被抽象为边，从而构建出一个关系网络。通过计算网络的各项统计指标（如度分布、聚类系数、路径长度等），可以揭示出网络中的关键节点、社区结构和动态变化。在可视化方面，网络分析通常采用节点链接图、树状图、力导向图等形式来展示关系网络，帮助研究者直观地理解历史文献资源中的关系结构和动态变化。

3. 时间线生成

时间线生成通过时间轴来展示历史事件、人物活动或文化演变的顺序和关系。在时间线生成过程中，需要确定时间范围和事件节点，然后根据时间顺序将事件节点排列在时间轴上。为了增强可视化效果，还可以添加时间轴上的交互功能，如缩放、拖动、筛选等，以便用户根据自己的需求查看不同时间段的事件信息。此外，时间线还可以与其他可视化工具相结合，如地图、图表等，以提供更加全面和深入的历史视角。

---

① 程赟徽. 历史文献资源可视化与阅读——以在线地图工具为基础的新探索 [J]. 产业与科技论坛，2019，18（13）：75.

（三）历史文献资源可视化技术的优势与挑战

1. 历史文献资源可视化技术的技术优势

（1）直观性。可视化技术能够将复杂的数据和关系以图形化的方式展示出来，使得信息更加直观易懂。在历史文献资源研究中，这种直观性有助于研究者快速把握文献的主题结构和内容关联。

（2）关联性展示。通过可视化技术，研究者可以清晰地看到不同实体之间的关联关系，如人物之间的合作关系、事件之间的因果关系等，这种关联性展示有助于揭示历史现象的内在逻辑和演变规律。

（3）交互性。现代可视化工具大多支持交互操作，如缩放、旋转、点击等，这种交互性使得研究者可以更加灵活地探索数据背后的模式和趋势，从而发现新的研究视角和切入点。

2. 历史文献资源可视化技术的挑战

（1）数据清洗。历史文献资源数据往往存在格式不统一、信息不完整、噪声数据多等问题。因此，在进行可视化之前，需要对数据进行严格的清洗和预处理工作，以确保数据的质量和准确性。然而，这一过程往往耗时耗力且需要较高的专业技能。

（2）算法选择。可视化技术的效果很大程度上取决于所选择的算法。不同的算法适用于不同的数据类型和可视化需求。在历史文献资源可视化中，如何选择最适合的算法来处理复杂的文本数据和关系网络，是一个具有挑战性的问题。研究者需要深入理解各种算法的原理、优缺点以及适用范围，并结合具体的研究需求进行选择和调整。

（3）信息过载。随着数据量的不断增加，可视化技术也面临着信息过载的风险。当大量的数据和关系被同时展示在屏幕上时，可能会使观者感到困惑和不知所措。因此，如何在保持信息完整性的同时，有效地管理和展示这些信息，是可视化技术需要解决的重要问题。一种常见的解决策略是采用交互式过滤和分层显示技术，允许用户根据自己的需求逐步深入探索数据。

（4）跨学科合作。历史文献资源可视化涉及多个学科领域的知识，包括历史学、计算机科学、信息科学、图形学等。因此，跨学科合作是推动这一领域发展的关键。不同学科背景的研究者需要相互学习和交流，共同解决可视化过程中遇到的技术难题和理论问题。然而，跨学科合作也面临着沟通障碍、资源分配不均等挑战，需要各方共同努力和协调。

（5）隐私与伦理问题。在处理历史文献资源数据时，隐私和伦理问题也是不可忽视的。特别是当数据涉及个人隐私或敏感信息时，研究者需要严格遵守相关法律法规和伦理规范，确保数据的合法性和安全性。此外，对于某些具有争议性的历史问题，可视化展示也可能引发社会舆论和争议。因此，研究者需要在展示数据时保持客观和中立的态度，避免误导或偏见。

（6）技术与艺术的融合。可视化技术不仅仅是数据的呈现方式，更是一种艺术与技术的融合。在历史文献资源可视化中，如何设计出既符合数据特性又具有艺术美感的可视化作品，是一个值得深入探讨的问题。研究者需要在保证数据准确性的基础上，注重色彩搭配、布局设计、动画效果等方面的美学处理，以提升可视化作品的吸引力和感染力。

二、历史文献资源可视化阅读实践

（一）交互式设计在可视化阅读中的应用

在数字化时代，历史文献资源可视化阅读已成为学术研究、文化传承及公众教育的重要途径。交互式设计作为提升用户体验的关键手段，在历史文献可视化阅读中发挥着不可或缺的作用。

1. 动态查询功能的实现

动态查询允许用户在阅读过程中根据个人兴趣或研究需求，实时调整查询条件，快速获取相关信息。在历史文献资源可视化平台中，动态查询功能通常通过集成先进的搜索引擎和数据处理技术来实现。具体而言，系统先对用户输入的查询条件进行解析，然后利用索引技术快速检索数据库中的相关文献资源。随后，根据用户的进一步操作（如修改查询条件、筛选结果等），系统能够动态更新展示内容，确保用户始终能够获取到最符合需求的信息。动态查询功能的实现不仅提高了历史文献资源信息检索的效率，还增强了用户参与感和探索欲。用户可以根据自身的研究进展或兴趣变化，灵活调整查询策略，从而发现更多有价值的历史文献资源。此外，动态查询还促进了信息的深度挖掘和跨领域融合，为跨学科研究提供了有力支持。

2. 自定义视图功能的开发

自定义视图允许用户根据个人偏好或研究需求，自由调整文献的可视化呈现方式。在历史文献资源可视化平台中，自定义视图功能通常包括图表类型选择、颜色方案调整、布局优化等多个方面。用户可以根据自身需求，选择合适的图表类型来展示文献数据（如时间序列图、地理分布图等），并通过调整颜色方案和布局来优化视觉效果。自定义视图功能的开发极大地提升了用户的阅读体验。用户可以根据自己的阅读习惯和审美偏好，定制个性化的阅读界面，从而提高阅读效率和舒适度。同时，自定义视图还促进了用户与历史文献资源的深度互动。用户可以通过调整视图参数来探索文献数据的不同维度和关联关系，从而发现新的研究视角和切入点。

（二）个性化推荐与智能导航

1. 个性化推荐系统的构建

个性化推荐系统通过收集和分析用户的历史行为数据（如阅读记录、搜索记录等），构建用户画像，并基于用户画像向用户推荐相关的历史文献资源。在历史文献可视化平台中，个性化推荐系统通常包括以下关键步骤：①用户数据收集，通过日志分析、问卷调查等方式收集用户的基本信息、阅读偏好和行为数据；②用户画像构建，利用机器学习算法对用户数据进行处理和分析，构建用户画像模型，该模型能够准确描述用户的阅读兴趣、研究领域和偏好特征；③推荐算法选择，根据用户画像和文献资源的特点选择合适的推荐算法（如协同过滤、内容推荐等），这些算法能够基于用户的历史行为和兴趣预测其未来的阅读需求；④推荐结果生成，利用推荐算法生成个性化的推荐列表，并将推荐结果以可视化的形式呈现给用户。个性化推荐系统的构建不仅提高了历史文献资源的利用率和用户的满意度，还促进了学术交流和知识传播。用户可以根据自己的阅读需求快速找到相关文献资源，并在阅读过程中不断发现新的研究热点和前沿动态。

2. 智能导航服务的实现

智能导航服务通过提供智能化的导航路径和指引，帮助用户快速定位到所需的历史文献资源。在历史文献资源可视化平台中，智能导航服务通常包括以下方面：①语义搜索，利用自然语言处理技术对用户的查询请求进行语义解析，并根据解析结果从历史文献资源库中检索相关信息。语义搜索能够更准确地理解用户的查询意图，提高检索的准确率和效率；②关联推荐，根据用户当前阅读的文献内容推荐相关的其他文献资源，这些推荐资源可能与用户当前的研究主题、兴趣点或引用关系紧密相关；③路径规划，为用户提供从当前位置到目标文献资源的最短路径规划，路径规划可以基于文献资源的分类体系、关联关系或用户行为数据来实现；④智能导航服务的实现不仅提高了用户的阅读效率和便捷性，还促进了历史文献资源的深度挖掘和跨学科融合，用户可以通过智能导航快速定位到所需的历史文献资源，并在阅读过程中不断发现新的研究视角和切入点。

（三）跨平台兼容性与无障碍阅读

1. 跨平台兼容性的确保

跨平台兼容性是指历史文献资源可视化产品能够在不同操作系统、浏览器及移动设备上无缝运行，为用户提供一致且流畅的阅读体验。确保跨平台兼容性需要从多个维度进行考量与实施：

（1）响应式设计。响应式设计利用 CSS 媒体查询等技术，使网页布局能够根据不同设备的屏幕尺寸、分辨率及方向自动调整，确保在各种设备上都能呈现良好的视觉效果和用户体验。对于历史文献资源可视化产品而言，响应式设计意味着用户无论是在桌面电脑、平板电脑还是智能手机上，都能享受到一致且易于操作的阅读界面。

（2）跨浏览器支持。不同浏览器之间可能存在渲染差异，这可能导致历史文献资源可视化产品在某些浏览器上无法正确显示或功能受限。为了确保跨浏览器兼容性，开发者需要对主流浏览器（如 Chrome、Firefox、Safari、Edge 等）进行测试，并修复可能出现的兼容性问题。此外，采用标准化的 Web 技术（如

HTML5、CSS3、JavaScript 等）也是提高跨浏览器兼容性的有效手段。

（3）移动端适配。随着移动设备的普及，移动端适配已成为确保跨平台兼容性的重要方面。对于历史文献资源可视化产品而言，移动端适配不仅包括响应式设计以适应不同尺寸的屏幕，还包括优化交互方式以适应触屏操作。例如，提供易于点击的按钮、滑动翻页等功能，以及减少页面加载时间以提高用户体验。

2. 无障碍阅读的实现

无障碍阅读是指为视觉障碍、听力障碍等特殊需求群体提供易于理解和操作的阅读方式。对于历史文献资源可视化产品而言，实现无障碍阅读需要从以下方面入手：

（1）屏幕阅读器支持。屏幕阅读器是视觉障碍人士常用的辅助工具，它能够将屏幕上的文字转换为语音输出。为了确保历史文献资源可视化产品对屏幕阅读器的支持，开发者需要遵循无障碍设计原则，如使用语义化的 HTML 标签、提供清晰的文本描述和替代文本等，屏幕阅读器就能够准确解析并朗读页面内容，帮助视觉障碍人士理解文献信息。

（2）高对比度设计。高对比度设计能够提高文本与背景之间的对比度，使文字更加清晰易读。对于视觉障碍人士（如色弱、色盲等）以及长时间阅读的用户而言，高对比度设计能够减轻眼睛疲劳并提高阅读效率。因此，在历史文献资源可视化产品中采用高对比度设计是一项重要的无障碍措施。

（3）语音导航与交互。除了屏幕阅读器支持外，还可以为历史文献资源可视化产品增加语音导航和交互功能。例如，通过语音指令来切换视图、调整参数或进行搜索等操作，这种语音交互方式不仅适用于视觉障碍人士，还方便了在特定环境下（如驾车、烹饪等）无法双手操作设备的用户。

第三节 新文科背景下高校历史学专业教学改革

一、新文科背景下高校历史学专业教学改革的意义

在当今全球化与信息化高速发展的时代背景下，新文科概念的提出，为高等教育领域尤其是人文社科类学科的发展注入了新的活力与方向。新文科强调跨学科融合、技术创新应用以及国际视野的拓展，旨在培养具有深厚人文底蕴、跨学科知识结构和创新能力的高素质人才。在此背景下，高校历史学专业作为传承文化、启迪智慧的重要学科，其教学改革不仅是对传统教育模式的革新，更是适应时代发展、满足社会需求、提升教育质量的关键举措。

（一）适应社会发展与人才需求变化的需要

1. 社会需求多元化驱动教学改革

随着社会的快速发展，经济结构、职业形态及文化生态均发生了深刻变化，对人才的需求也呈现出多元化、高层次化的特点。历史学专业作为人文社会科学的重要组成部分，其毕业生不仅需要具备扎实的专业知识，还需具备良好的分析能力、跨学科思维能力及创新能力，以应对复杂多变的社会环境。新文科背景下，高校历史学专业教学改革通过引入信息技术、跨学科课程、实践教学等多元化教学手段，旨在培养能够适应社会发展需求、具备综合素质的历史学人才。

2. 全球化背景下的国际视野培养

全球化进程的加速使得国际交流与合作成为常态，历史学专业的教学也需紧

跟时代步伐，增强学生的国际视野和跨文化交流能力。新文科理念倡导开放包容、合作共赢的国际交流机制，高校历史学专业通过开设国际历史比较、全球史等课程，组织国际学术会议、海外研修项目等，使学生能够深入了解不同文化背景下的历史发展脉络，培养全球视野和跨文化沟通能力，为参与国际事务、促进文明互鉴奠定基础。

（二）提升历史学教育质量与效果的内在要求

1. 教学内容与方法的创新

新文科背景下，高校历史学专业的教学改革注重教学内容的更新与教学方法的创新。一方面，通过引入最新的学术研究成果、历史档案及数字化资源，丰富教学内容，使历史教学更加贴近时代脉搏，激发学生的学习兴趣。另一方面，采用问题导向、案例分析、翻转课堂等现代教学方法，鼓励学生主动探索、合作学习，提高教学效果和学生的学习参与度。

2. 评价体系的完善

传统的历史学评价体系往往侧重于知识的记忆与再现，而忽视了对学生批判性思维、创新能力及实践能力的评价。新文科背景下，高校历史学专业的教学改革强调构建多元化、发展性的评价体系。除了传统的闭卷考试外，还应增加开放性作业、研究报告、口头汇报、社会实践等多种评价方式，全面考察学生的知识掌握情况、思维能力及综合素质。同时，注重过程性评价，关注学生的成长过程和学习态度，为学生提供个性化的学习指导和反馈，促进其全面发展。

（三）促进文化传承与创新的重要途径

1. 深化历史文化认知，强化文化自信

历史学作为文化传承的重要载体，承担着弘扬民族精神、增强文化自信的历史使命。新文科背景下，高校历史学专业通过教学改革，深入挖掘和阐释中华优秀传统文化的内涵与价值，引导学生树立正确的历史观、文化观和国家观。通过系统学习中国历史、世界历史及文化史等课程，学生能够深刻理解历史发展的规律与趋势，增强对中华文化的认同感和自豪感，为传承和发展中华优秀传统文化贡献力量。

2. 推动历史文化创新，服务社会发展

在传承历史文化的同时，创新是推动文化繁荣发展的关键。高校历史学专业的教学改革注重培养学生的创新意识和实践能力，鼓励学生将所学知识应用于社会实践，为社会发展提供智力支持。例如，通过参与文化遗产保护、历史文化名城规划、地方志编纂等项目，学生不仅能够将理论知识转化为实践能力，还能在实践中发现问题、解决问题，推动历史文化的创新与发展。此外，借助大数据、云计算等现代信息技术手段，对历史文化资源进行数字化处理与利用，也为文化创新提供了新的思路和方法。

3. 促进国际文化交流与互鉴

在全球化的今天，国际文化交流与互鉴对于促进世界和平与发展具有重要意义。高校历史学专业通过教学改革，培养学生的国际视野和跨文化交流能力，使他们能够成为国际文化交流与合作的桥梁和纽带。通过参与国际学术会议、海外留学、文化交流项目等活动，学生不仅能够了解不同国家和地区的历史文化特色，还能在交流中传播中华文化的精髓与魅力，增进各国人民之间的理解和友谊，推动构建人类命运共同体。

二、新文科背景下高校历史学专业教学改革的策略

（一）优化课程体系与教学内容

1. 增设跨学科课程，促进知识融合

在新文科的框架下，高校历史学专业应积极探索课程体系的重构与优化，通过增设跨学科课程，打破学科壁垒，促进知识的交叉与融合。具体而言，可增设如"历史与大数据分析""环境史与地理学""医学史与公共卫生"等课程，这些课程不仅能够拓宽学生的知识面，还能使他们在学习历史的过程中，运用其他学科的理论与方法，深化对历史问题的理解与分析。此外，跨学科课程的设置还能激发学生的创新思维，培养他们从多角度、多层次审视历史现象的能力。

2. 更新教学内容，反映学术前沿与社会热点

教学内容的更新是教学改革的核心环节之一。高校历史学专业应紧跟学术前沿，及时将最新的研究成果纳入课程体系，确保教学内容的时代性与先进性。同时，还应关注社会热点问题，如全球化、环境保护、文化传承等，通过历史视角对这些议题进行深入剖析，增强学生的社会责任感和使命感。通过更新教学内容，不仅可以激发学生的学习兴趣，还能引导他们关注现实，培养解决实际问题的能力。

（二）创新教学方法与手段

1. 引入翻转课堂、混合式学习等新型教学模式

传统的讲授式教学方法已难以满足新文科背景下人才培养的需求。因此，高校历史学专业应积极探索并引入翻转课堂、混合式学习等新型教学模式。翻转课堂通过课前自学、课堂讨论与协作学习的方式，翻转了传统的教学流程，提高了学生的自主学习能力和课堂参与度。混合式学习则结合了线上与线下教学的优势，利用网络平台提供丰富的学习资源，同时保持面对面教学的互动性和情感交流，从而实现了教学效果的最大化。

2. 加强实践教学，提升学生实践能力

实践教学是培养学生实践能力的重要途径。高校历史学专业应加强与博物馆、档案馆、历史遗址等机构的合作，建立稳定的校外实习基地，为学生提供更多的实践机会。通过参与田野调查、文物鉴定、历史档案整理等工作，学生能够将所学理论知识应用于实践，加深对历史现象的理解与认识。此外，还可以组织学生参与历史题材的影视制作、展览策划等活动，培养他们的创新思维和团队协作能力。

3. 利用大数据、人工智能等技术辅助教学

随着信息技术的飞速发展，大数据、人工智能等技术在教育领域的应用日益广泛。高校历史学专业应充分利用这些先进技术，辅助教学活动的开展。例如，利用大数据分析技术，对学生的学习行为、学习成效进行精准分析，为个性化教学提供数据支持；利用人工智能技术，开发智能教学系统，为学生提供个性化的学习路径和资源推荐。

（三）加强师资队伍建设

1. 提升教师跨学科素养与创新能力

教师是教学改革的主体和实施者，其跨学科素养与创新能力直接影响到教学改革的成效。因此，高校历史学专业应加大对教师的培养力度，通过组织跨学科研讨会、工作坊、访学交流等活动，提升教师的跨学科素养和视野。同时，鼓励教师积极参与科研项目和社会服务活动，培养他们的创新能力和实践能力。通过这些措施，可以构建一支具有宽广视野、深厚学养及创新能力的教师队伍，为教学改革提供有力的人才保障。

2. 建立教师发展平台，促进学术交流与合作

为了促进教师的专业发展和学术交流与合作，高校历史学专业应建立教师发展平台，该平台可以包括在线学习资源库、学术交流论坛、教学研讨群组等功能模块，为教师提供便捷的学习和交流渠道。通过该平台，教师可以随时获取最新的学术资讯和教学资源；可以与其他教师分享教学经验和研究成果；还可以参与跨学科的学术交流与合作项目，这些活动不仅能够促进教师的专业成长和学术发展，还能够推动教学改革的深入实施。

（四）完善教学评价与反馈机制

1. 建立多元化评价体系，注重学生综合素质评价

传统的单一考试成绩评价体系已无法全面反映学生的综合素质和能力水平。因此，高校历史学专业应建立多元化评价体系，注重学生综合素质的评价，该体系应包括学业成绩、课堂表现、实践能力、创新能力等多个方面的评价指标，并采用定量与定性相结合的方式进行评价。通过这样的评价体系，可以更加全面、客观地反映学生的学习情况和能力水平，为教学改革提供有力的反馈和支持。

2. 加强教学反馈，及时调整教学策略

高校历史学专业应建立健全的教学反馈机制，及时收集和分析学生对教学活动的反馈意见和建议，这些反馈可以来自学生的课堂表现、作业完成情况、考试成绩，以及通过问卷调查、访谈等形式获取的直接反馈。同时，也应鼓励教师之

间进行教学观摩和互评，以促进教学经验的共享和教学方法的改进。在收集到教学反馈后，高校历史学专业应及时组织教师进行教学反思和讨论，分析教学过程中的优点与不足，明确改进方向。根据反馈结果，适时调整教学策略，优化教学内容和方法，以确保教学改革的持续性和有效性，这种动态调整的过程不仅能够提升教学质量，还能够激发学生的学习兴趣和积极性，促进他们的全面发展。

（五）强化学生主体性与自主学习能力

在新文科背景下，高校历史学专业教学改革还需特别关注学生的主体性和自主学习能力的培养。传统的教学模式往往以教师为中心，学生处于被动接受知识的地位。然而，在新文科的理念下，学生应成为学习的主体，能够主动探索知识、解决问题并创造新知识。为了实现这一目标，高校历史学专业可以采取以下策略：首先，通过设计具有启发性和探究性的学习任务，引导学生主动思考和探索历史问题；其次，利用数字化学习资源和在线学习平台，为学生提供丰富的学习材料和个性化的学习路径，支持他们的自主学习；最后，通过组织小组讨论、合作学习等活动，培养学生的团队协作能力和沟通能力，使他们在互动中相互启发、共同进步。

（六）推动产学研深度融合，增强历史学专业社会服务能力

在新文科背景下，高校历史学专业还应积极推动产学研深度融合，增强专业的社会服务能力，这不仅能够提升专业的社会影响力和认可度，还能够为学生提供更多的实践机会和就业渠道。为了实现产学研深度融合，高校历史学专业可以采取以下措施：首先，加强与政府、企业、文化机构等社会各界的合作，共同开展历史文化遗产保护、历史文化旅游开发等项目；其次，鼓励教师和企业合作开展科研项目和技术创新，将研究成果转化为实际应用；最后，建立学生实习实训基地和创新创业平台，为学生提供实践锻炼和创新创业的机会。

第五章
学生文化自信培养与高校历史教学的契合

第一节　文化自信的历史底蕴、使命与意义

一、文化自信的历史底蕴

（一）文化自信的整体构成

1. 文化自信的目标

文化自信[①]的目标其所倡导的并非是对历史与过往的过度沉溺，亦非对现有成就的满足与停滞。从根本上而言，文化自信是中国共产党人为应对近代以来国际局势的变迁与挑战，而积极提倡的一种自我肯定与自信心态，它蕴含着一种面向未来、积极进取的精神向度。

文化自信不仅是对传统文化的继承与弘扬，更强调在此基础上的转化与创新。其关注的视野超越了个人层面，延伸至国家、民族乃至全球的发展。文化自信旨在促进文化的多样性共存，谋求天下之大同，展现了一种包容并蓄、和而不同的文化理念。由此可见，文化自信的最终目标并非仅仅局限于提升国民的文化素质，它更有着深远的战略考量。文化自信面向中国，为构建具有中国特色的社会主义现代化强国奠定了坚实的文化基石。同时，文化自信也向世界展示了中国的发展道路与文化模式，为全球治理与国际秩序的重构贡献了中国智慧与中国方案，展现了文化自信在全球语境下的独特价值与深远意义。

---

① 文化自信是一个民族、一个国家以及一个政党对自身文化价值的充分肯定和积极践行，并对其文化的生命力持有的坚定信心。

2. 文化自信的主体

主体与对象二者有相互对应的关系，所以除了对文化自信主体进行了解之外，还要在此基础上对文化自信对象进行探究，充分认识到对什么自信。依据我国国情而言，中国特色社会主义文化自信是我们所要坚持的，也是我国文化自信的总体对象。自改革开放 40 多年以来，无论是中国共产党在理论探索方面还是在社会主义实践方面都始终以中国特色社会主义建设为核心。

3. 文化自信的中介

文化自信的中介机制扮演着至关重要的角色，可视为文化自信主体与文化自信对象间不可或缺的"桥梁"。这一中介机制的有效运作，使得主体能够更深入地理解和把握客体，进而构筑起坚实的文化自信基石。首先，深化对中华民族历史的学习是这一中介机制的核心环节。历史作为文化的深厚载体，不仅铭刻着过去的记忆，更蕴含着开创未来的智慧与力量。通过系统学习中华民族的历史，个体与集体均能从中汲取宝贵的知识与经验，为文化自信提供丰富的历史滋养。其次，强化理论建设并推动理论创新，是文化自信中介机制的另一重要维度。无论是作为文化主体的人民群众，还是作为文化客体的各种文化现象，都与马克思主义理论有着深刻的内在联系。因此，不断发展和创新马克思主义理论，对于巩固和提升文化自信具有不可替代的作用。最后，充分利用新兴媒体加强宣传与教育，是文化自信中介机制在现代社会背景下的新拓展。在进行理想信念教育、"四史"教育等文化自信培育活动时，既要继续发挥传统媒介的作用，更要积极拥抱新兴媒体技术，利用其传播速度快、覆盖面广、互动性强等优势，将文化自信的内容以更加生动、直观的方式传递给广大受众，从而有效增强文化自信的社会影响力和感召力。

（二）文化自信的基本内容

文化自信在"四个自信"当中有着十分重要的地位，他不仅仅是其中最根本的自信，同时也是最为广泛、最为基础以及最为深厚的自信。文化是在文明传承的基础上形成的，所以文化是最为基础的文化自信。文化对于人的发展有重要作用，它在潜移默化之中影响着人们的思想，并在生活中的各个方面改变人们的行为，从某种程度上来讲，文化能够极大程度上凝聚人心，这在一定程度上也表明文化是最为广泛的自信。文化的产生并非偶然，它经历时间的积累与沉淀，而我国传统文化更是经历了五千年的历史沉积，由此可见其具有深厚的文化底蕴，所以我们说文化是更深厚的自信。此外，从具体上来讲，文化自信又可以细分为中华民族传统文化自信、革命文化自信以及社会主义先进文化自信三个方面。

1. 中华优秀传统文化

（1）传统文化的思想观念。"文化是在一定自然条件和社会条件下产生的，就中华文化而言，地域上的高度稳定，决定了以农业为主的传统社会的形成。"[①]社会组织上的宗法制度，架构了专制体制，形成了与游牧民族及海洋民族完全不同的文化特质。

从某种意义上看来讲，中国传统文化从根本上为文化自信提供了精神动力，是文化自信持续发展的动力源泉，这在一定程度上也为我们理解文化自信指明了方向，即深入挖掘中华传统优秀文化中的思想价值，如仁爱、诚信、正义、大同等，其中仁爱思想是中国传统优秀文化的核心内容。

第一，仁爱。关于仁爱思想，不同时期不同的人对其作出相应的阐释，如孔子的"仁者爱人"等思想观点，为仁爱思想构建了思想体系，此后孟子在孔子仁爱思想的基础上，提出了"仁政"思想，要求统治者施仁政，这在一定程度上推动仁爱思想的发展。随着时代的变迁，仁爱思想凝聚了中华民族深层次的精神追求，为此要充分挖掘仁爱思想中的精神内涵，让仁爱之风传遍中州大地。民本思想同样是我国传统优秀文化中的重要组成部分，它是对执政规律的归纳与总结，从产生时间上来看，民本思想早在商朝时期就已存在。民本思想强调了人民是国家发展、繁荣的根基，是国家治理的根本所在。通过深入挖掘民本思想可以总结国家治理经验，这对执政党有莫大的好处。

第二，诚信。诚信也是中国传统优秀文化之一，它不仅对个人有重要影响，同样对国家也有重要的影响，通常情况下我们将诚信称之为"做人之本""立国之基"，从古至今"诚信"都是中华民族重要的道德规范。深入挖掘诚信思想对

① 涂婷. 历史教学与大学生文化自信培养研究 [M]. 长春：吉林出版集团股份有限公司，2022：125.

于建立新时代诚信个人、诚信家庭、诚信社会等具有重要的指导作用。另外正义思想是中华民族道德评价标准，它是人以及国家遵循的基本法则，新时代深入挖掘正义思想对于弘扬传统文化，塑造正义社会风气有着重要作用。除此之外，和合思想是中华民族传统文化中最为重要的价值观，和合思想在尊重、认可事物多样性的前提下，力争打造、实现和谐共存的局面。新时代深入挖掘和合思想，对于实现和谐人际关系，打造和谐社会等方面都有积极作用。

（2）传统文化的自强精神。当前，中国的现代化已取得了令人赏心悦目的成果。中华文化是有独特文化特质的文化，对于这种文化而言，继承和传递是必需的，它所体现的是对国家和民族的认同问题。于近代以来的中华民族而言，更需要传递文化中的优秀特质。一般而言，革命的社会冲力越大，主角的性格也就越复杂。中国现代化运动的成功绵延着中华传统文化的自强精神，对世界现代化做出的具有创新性的回应反过来也是对民族文化的一种持续建构。

（3）传统文化的人文精神。随着中华文明的发展，文化思想体系逐渐得到完善，其中思想观念、文化传统是该体系的基本内容，进而形成传统文化的基本精神，从某种意义上来讲，这一精神对推动人类社会与文明的发展起到了关键性作用。从具体上来讲，我们将传统文化的基本精神归纳为以下方面：

第一，刚健有为。刚健有为所体现的是一种自强不息的精神，它是对国人积极人生态度最为集中的概括。通常情况下，刚健有为是处理所有关系的总原则。刚健有为这一思想源自孔子，后经世人的不断完善，最终在战国时期该思想逐渐趋于成熟。

第二，贵和尚中。此思想主要强调的是"和谐"与"中道"，在儒家思想当中对"和谐"有较高的推崇，认为"和谐"不仅仅是一个状态，同时也是一种原则，也是人与社会最高的理想追求，而"中道"则是实现"和谐"的必要方式与途径。

第三，人本主义。人本主义强调的是以人为本，这是中国传统文化中最为基本的精神。从微观角度而言，人本主义思想主要有两个层面的意思；一是，人与万物的关系层面。在人与万物关系方面，该思想强调人在万物中的地位，如人为万物之灵等；二是，人与统治者的关系层面。在此方面重点强调了人的作用，如"水能载舟亦能覆舟""民为贵，君为轻"等。总而言之，人本主义反映的是不同时期对人的看法与态度，深入解读人本主义思想需要结合时代发展的与特征，此外以人为本的思想也是中国共产党的宗旨，同时也是执政党治国理政的根本出发点。

（4）传统文化的道德规范。近代以来，伴随西方思想的冲击和封建帝制的崩溃，在中国无论是传统习俗，流行风潮还是政治情势都发生了巨大的改变，传统文化在遭遇刺激与努力回应中陷入了似是而非的边缘态势。从中国文化的发展来看，非常注重历史的延伸，强调个人在上下、前后关联中的作用。

尽管如此，传统文化道德规范中包含的精神还是为中华民族精神的铸成奠定了基础，如文化道德中的刚健有为、和与中、崇德、天人协调等，这些特点规制了一个民族的思维方式和行为方式，并体现了民族的理想信念和性格特征，形成了民族伦理观念。道德规范或者伦理观念表现在政治领域则会成为政治现象，其中的精华为国家治理提供了文化内涵。

2. 社会主义先进文化

（1）社会主义先进文化形成的文化背景。中华人民共和国成立之初，中国人民迫切希望由新民主主义社会进入社会主义社会，党和政府适时地进行了轰轰烈烈的社会主义革命，三大改造期间我国不仅在经济上确立了社会主义公有制的主体地位，在文化领域也大力加强宣传和建设。

（2）社会主义先进文化的来源。社会主义先进文化是以马克思主义理论为指导的先进文化，从词面上看，具有鲜明的意识形态属性，"社会主义"是方向、是立场，是为实现共产主义而服务的新型文化。回望历史，不难发现，明方向、立旗帜对于一个政党，以及文化的形成具有极其重要的导向作用。社会主义先进文化又是根植于中国历史的文化产物，是中华文化在当代中国的最新发展，蕴含着深厚的中国精神、中国价值和中国力量，具有强大的凝聚力，社会主义先进文化的形成符合社会历史发展规律。

此外，中华优秀传统文化、革命文化、社会主义先进文化都以民族认同为现实基础，以中华民族伟大社会变革为实践基础，体现了中国文化不断融合，政治认同不断发展的历史演进。社会主义先进文化以优秀历史文化为积淀，立足现代精神文明，是面向现代化、面向世界、面向未来的文化，具有鲜明的民族性、科学性、大众性。社会主义先进文化从优秀传统文化中汲取的家国情怀、民本意识、和谐理念、和而不同等为构筑民族复兴共同体、提升民族共识提供了历史养分。从革命文化中承续的初心意识与奋进精神是新时代民族复兴的"根"与"魂"，革命文化所具有的革命性、民族性、大众性、时代性、创新性特质为实现民族复兴提供了强大精神动力和文化支撑。准确理解和把握好社会主义先进文化来源中的马克思主义理论和中国历史文化这两大基础，对于在全社会深化社会主义先进文化认同，创新文化理论，提升文化具有非常重要的作用，是完善国家治理体系和实现治理能力现代化的重要理论基础。

（3）社会主义先进文化的表达方式。文化是一个在与经济、政治相互交融中形成的概念。作为一种精神力量，文化既可以造就文明的国度和包容的政治环境，也可以在实践中转化成改造世界的物质力量。由此看来，国家综合国力的强弱有赖于国家的文化发展状况。一般而言，思想运动、科学技术以及历史传承都会在文化的发展进程中留下印记，但生产力和生产关系的矛盾运动是决定文化发展方向的核心要素。社会主义先进文化是在中国革命任务完成的基础上形成的，随着社会历史进程的演进而不断发展完善。社会主义先进文化在中国特色社会主义文化创新发展的基础上更加具有时代影响力，也能够满足广大人民群众日益增长的美好生活需要。

（4）社会主义先进文化的内容。先进文化具有自身优越性，是培育文化自信的深厚土壤。中国历史是不断向前发展的，在发展过程中，党对文化建设的规律的认识也在不断地深化。中国特色社会主义文化的核心和实质就是先进文化，二者同出一脉，奋斗目标是一样的，在内容方面也有重合的部分。从这个角度看，文化自信的重要组成部分就包括先进文化的自信。科学理论指导着先进文化的发展，先进文化不断积累文化建设的经验，遵循文化建设的客观规律，是人们文化创新的产物。制度性是社会主义先进文化的独特属性，将中国特色社会主义优越性毫无保留地彰显了出来，为未来文化的发展指明了道路，是增强文化自信的不竭动力。

二、文化自信的历史使命

（一）中华传统文化传承与创新的需要

中华优秀传统文化融合了变与不变的哲学内涵，中华传统文化特质是开放包容、兼收并蓄，这一特质促使中华传统文化因时而进、因势而新，这也是中华传统文化变动一面的主要体现，中华传统文化随着历史的发展而不断开辟创新，在中国古代、中国近现代和中国当代始终贯穿了这种创新的特质。

中国古人倾向于用新的时代内涵重新阐释传统，这样一来，重新阐释的传统就会高于原本的水平，这就是"以史为镜、以古开新"。纵观中国文化发展历程，中华文化在古代有过两段文化繁荣发展的高潮时期，一段是从西周到春秋战国再到两汉时期，另一段是从隋唐到两宋时期，这两段时期文化的繁荣发展都是由文化创新推动的，这两段时期的文化创新在中华文化创新的范例里也最具代表性。

（二）我国文化安全和建设的需要

近年来，新媒体技术获得了飞速发展，这使得中华文化传播得更加广泛。现阶段，中国文化的发展面临着内部和外部双重的挑战。因此，坚定文化自信，促进中华文化更加广泛地传播是必要的且迫切的，能有效增强中国在经济、外交和安全方面的影响力，营造和谐良好的文化软环境，推动中国深入、持久地发展，建设文化强国，保障我国文化安全。

文化的影响力是巨大的，国家的经济竞争力也深受文化的影响。"源远流长，博大精深"是中华传统文化的典型特点，在推广和传播中华传统文化过程中需要把握中国的基本国情。现阶段，我们在文化遗产的保护理念方面是相对薄弱的，这也是文化遗产发展方面的局限性所在。对中华传统文化的保护性方面缺乏有效认识，政府和社会不能统一协调管理中华传统文化。传统文化的发展和传承与很多部门存在密切的联系，如社会主义经济文化、新闻出版、建设、文物、公安、工商、旅游等诸多部门，在这些部门中，对传统文化的发展和传承没有进行明确的分工。在行政服务职责分工方面存在漏洞，分工不连贯，严重影响了市场经济的发展，遗产保护方面缺乏协调运行的机制，相应的监管法律也不健全。没有充分发挥中国传统文化旅游资源的内在价值。片面追求企业文化和经济社会价值观的发展，阻碍了中国文化软实力的发展。中国经济的发展必然要求中国文化软实力的发展。

新时期，我国社会主要矛盾发生了改变，表现为人民日益增长的美好生活需求与不平衡不充分的发展之间的矛盾。我国处于社会主义发展的初级阶段，基本国情长期比较稳定。作为世界上最大的发展中国家，中国的国际地位和综合国力不断提升，人们的生活质量也日益改善，注重追求更高水平的物质文化生活和更好的教育、收入可观的工作、更完善的医疗保健系统和更丰富多彩的文化生活。

（三）新时代党的自身建设的需要

中国特色社会主义事业的深入发展给党的建设带来了更多的新问题，日益增长的党员队伍、不断复杂的党员结构、党内政治生活的矛盾等。中国共产党人需要把握新的时期党的先进性和纯洁性，坚持从严治党，利用文化的涵养与支撑作用推进党的建设工程。因此，党建工程离不开文化的支持，政治文化建设是政治生态建设的重要组成部分，有利于从严治党的有效开展。只有共产党具备高度的文化自信、政党自信，坚持马克思主义的指导地位，培育社会主义核心价值观才能积极应对意识形态领域的变化，有效解决思想文化的交锋问题。总而言之，坚持文化自信有助于推进从严治党，进而推动新时代党的建设工作。

三、文化自信的历史意义

文化自信不仅丰富和发展了马克思主义文化理论，还为中国特色社会主义事业贡献了不可或缺的力量，同时增强了国家和民族的向心力与凝聚力。

第一，文化自信对马克思主义文化理论的丰富与发展。文化自信这一概念，根植于马克思主义的科学文化系统，并与新时期中国特色社会主义先进文化的信念紧密相连。它不仅仅是一种理论上的创新，更是实践中的具体体现，符合我国国情和人民意志。文化自信强调在社会主义现代化建设的"五位一体"战略中纳入文化建设，提升文化软实力，使社会主义文化更加繁荣。这一理念，既是对马克思主义原理的继承，又是对其在新时代的创新性发展。文化自信的建立，对于发展中国特色社会主义具有深远意义，它不仅是文化层面的自信，更是对中国特色社会主义道路、理论、制度自信的深层次支撑。

第二，文化自信为中国特色社会主义事业贡献力量。文化自信是坚定道路、理论和制度自信的内在根基。道路自信、理论自信、制度自信与文化自信之间存在着辩证统一的关系。文化自信为这三者提供了精神力量和共同根基，没有文化自信，道路、理论和制度自信就失去了源头和血脉。文化自信如同一片肥沃的土壤，滋养着道路、理论和制度的繁荣发展。

第三，文化自信增强国家和民族的向心力与凝聚力。文化自信不仅仅是每一个中国人的情感追求，也体现着中国人最朴素的价值观念。它是社会主义核心价值观和中华民族精神的有机结合。通过文学艺术等手段强调社会主义核心价值观和中华民族精神，可以鼓励年轻人走出国门，发扬和传承宝贵的中华文化，提升中华文化的影响力和影响范围。文化自信的建设与国家力量的发展息息相关，它是实现中国梦的重要精神力量。

第二节 学生文化自信培养及其途径探究

一、学生文化自信培养的目标

（一）培养正确的文化认知

每个人的社会认知和行为习惯都会受到自身文化观的影响，同时，文化观也会影响人们对于事件或者事物的判断。文化观是一个长期形成的过长，一旦人们形成既有的文化观，就很难再通过其他方式去改变，这是一种扎根于思想深处的观念。在新时代的高校教育中，要重视对大学生传统文化观念的培养，要通过科学有效的手段，引导大学生传承和践行优秀传统文化，让大学生的文化生活更加丰富，促使大学生形成正确的文化认知。

要想让大学生形成正确的文化认知，首先要帮助大学生认真、充分了解中华优秀文化。新时代大学生知识面广，视野开阔，并且具有一定的理性精神，更重要的是他们关注现实，关心民族复兴，能够运用自己的知识经验和思维方式，表达中国话语，讲好中国故事。高校要采取相应的措施，督促大学生展开文化自信教育，引导大学生对本民族文化知识有全面的认识，对文化发展的脉络有清晰的了解。从而产生心理认同。有效的文化自信教育，能够帮助大学生对本民族文化有清晰透彻地理解，并且能用自己的语言和行为来传播中华故事，并在此过程中深刻意识到中华优秀文化强大的生命力。必须树立大学生的文化自信，引导大学生以中华优秀文化作为自己人生路上的指导思想，从而让学生受到良好熏陶，培养其正确的思想观念，促进大学生对中华文化的认知与认同。

（二）培养真挚的文化情感

大学生具有正确的文化认知会逐渐形成对文化的情感认同，情感认同是以正确的文化认知为导向。大学生正确的文化认知代表大学生能够清楚地看待不同文化，大学生真挚的文化情感则代表着大学生从自己思想深处对我国文化的认可，是对文化的一种坚守。文化情感是从更深层次的角度对待我国文化，是对我国文化的一种依赖。但是，文化情感并不是形式主义，而是能够从深层次地了解我国文化，了解我国民族的根基，知晓我国文化的由来。近年来，不时有传统文化元素出现的公众视野，形成一种文化"热潮"。但是，却有一些有本身不了解传统文化，却打着传统文化旗号进行商业营销的形式主义，这种利用人们的文化情感进行商业营销的行为是对传统文化的不尊重，是对传统文化的不自知。对于社会上存在的一些形式上的文化认同行为，并没有真正地考虑传统文化的内涵，并不具有文化情感，并不了解我国文化自信的本质，是一种没有意义的炒作行为。真挚的文化情感，并不表现在形式上，而是存在于个人的人文素质之中，能够从整体气质中彰显文化素养，展示文化自信。

文化是大学生精神力量的源泉，在进入社会以后，他们会面临很多困难和挫折，但他们依然能够坚守初心，保持顽强的意志，这就是文化赋予他们的力量。一个人具备文化自信的最基本体现，就是道德感强，有着较高的道德素养，而这也是当今大学生必须具备的基本素养。在当前经济全球化、文化交融的背景下，大学生正处于人生发展的关键时期，也是思想意志较为薄弱、可塑性较强的阶段，容易受到一些消极文化的影响，从而导致大学生迷失方向。更有一些大学生，在不良思潮的影响下，容易形成"个人主义""拜金主义"等不良思想，这不仅影响他们自身的成长发展，也会影响社会的发展建设，毕竟大学生是未来社会发展的中坚力量。文化多元化的世界潮流是我们没有办法改变的，但是，我们可以从自身文化建设出发，来抵御外界不良思潮的入侵，坚定大学生的意志，避免其受到不良思潮的影响。所谓文化教育，实际上就是"以文化人"，也就是引导受教育者将自己所学的各种文化"消化"在心里，然后在日常生活中的语言和行为上加以表现，得到思想觉悟和道德品质的提升，进而成为一个有文化、有知识、有道德的高素质公民。

（三）培养鲜明的文化态度

在培养大学生文化自信的过程中，引导大学生对文化产生正确的认知和真挚的情感，对提高大学生民族文化的自豪感有着重要的作用。但是，在文化繁荣的时代，大学生对各种文化的取舍取决于其内心的文化态度。具备鲜明的文化态度，才有望帮助大学生树立文化自信。

对于不同民族文化的传统以及个性，我们应该抱有一种开放的态度，以各民族文化共同繁荣为宗旨。在和不同国家、民族和地区的人交往的过程中，我们也必须保持开放和尊重的态度，要理解文化的差异性，并寻求一种行之有效的交流方式。

总而言之，传承传统文化并不是盲目地接纳和继承传统，对文化进行创新发展也必须遵守一定的原则，我们需要用辩证的眼光来看待传统文化，合理地进行取舍，对其产生更加全面的认识。

（四）培养积极的文化实践

鲜明的文化态度是树立大学生文化自信的重要前提，但是，对于文化自信来说，仅仅有态度是不够的，还必须有实际行动。所以，要想有效树立学生的文化自信，必须引导学生参与到文化践行的过程中。大学生虽然是新一代的青年，是未来社会发展的中坚力量，但是，他们目前还不能承担起重新建立文化自信这一重任，其主要原因就是当代大学生在文化践行方面的不够重视，没有深度参与其中。因此，高校必须给大学生提供足够的条件与支持，促使他们积极进行文化实践。

高校是帮助大学生成长成才的主要阵地，也是对大学生实施思想政治教育最有效的场地，所以，高校必须担当起思想政治教育的重任。文化自信教育和思想政治教育关系密切，它们二者价值导向相同，并且都承担着为社会培养健康向上人才的重任。在共同为大学生成长成才发挥作用的同时，它们二者之间当然也各有侧重，有着不同的职能和作用。对于文化自信来说，其教育内容紧紧围绕着"文化"，用文化对大学生施加潜移默化地教育和正面的影响。文化自信教育重视引导大学生对本民族优秀文化产生充分的认识，并在认识的基础上，能够积极践行，对本民族优秀文化产生情感认同。而对于思想政治教育来说，它紧紧围绕着学生的"思想"，对学生施加的是意识形态、价值观念等方面的教育。从内容上来说，思想政治教育包括文化但不局限于文化，并且教育的方法和方式更加丰富。但归根结底，文化自信教育和思想政治教育殊途同归，最终目的都是要促进大学生健康成长、全面发展。

此外，时代的发展驱使着年轻人勇敢承担新的历史使命，在青年当中，大学生有着更多的机会去接受新知识和新思想，他们受益于社会主义制度。而广大青年学生在受益的同时，要承担起建设和实践社会主义的重任，要强化自身的责任意识，以振兴中华文化、实现民族的伟大复兴作为自己奋斗的目标，真正成为社会主义文化建设的主要力量，从而增强我国文化实力，为实现中国梦作出贡献。

二、学生文化自信培养的原则

（一）主导性与多样性原则

1. 主导性原则

主导性原则在培养大学生文化自信的过程中占据核心地位，它要求在教育实践中明确方向、统一目标，确保所有教育活动的有序进行。具体而言，主导性原则包含以下三个关键层面：

（1）目标一致性：文化自信的培养虽可通过多种方法与途径实施，但这些方法与途径必须围绕一个核心目标展开，即增强大学生的文化自信，提升文化自豪感，并最终促进对马克思主义的深刻认同。此目标的设定不仅体现了文化自信培育的阶级性特征，也强调了文化修养提升的重要性，即通过文化知识的学习与内化，塑造积极的文化观念，提升整体文化水平。在此过程中，需警惕过分强调人文性而忽视阶级性的倾向，确保教育方法服务于文化自信培育的根本目的。

（2）方法的主次分明：鉴于文化自信培育的复杂性，单一方法难以奏效，需综合运用多种方法。然而，在选择与应用这些方法时，应明确主导方法，集中力量发挥其核心作用，同时辅以其他方法，形成互补效应。这种主次分明的策略有助于优化资源配置，提高教育效率。

（3）尊重主客体差异：文化自信培育过程中，教育者与受教育者之间的角色定位及其相互作用不容忽视。虽然教育者需尊重受教育者的意愿与自主性，但更应强调教育者的主导地位，避免过度依赖受教育者的自我教育能力。这种平衡体现了对教育过程中主客体差异的深刻认识，也是实现有效培育的关键。

2. 多样性原则

多样性原则则强调文化自信培育在方法与实施主体上的多元性，是适应全员育人时代特征的必然要求。

（1）教育主体的多元性：文化自信培育的实施主体不仅限于传统意义上的教师，还包括家长、社会人士乃至受教育者本身，体现了教育活动的广泛参与性和社会性。这一多元性要求树立全局意识，不同主体间需统一目标，协同合作，形成培育文化自信的强大合力，从而提升教育的实际效果。

（2）教育方法与形式的多样性：文化自信培育不应局限于单一模式，而应灵活运用理论讲解、实践锻炼、环境熏陶、情感教育、网络疏导、社会调查、典型示范等多种方法，针对不同培育对象的具体特点，采取个性化的教育策略。这种多样性不仅丰富了教育手段，也增强了教育的适应性和吸引力，有助于提高文化自信培育的质量与效率。

（二）继承性与创新性原则

文化自信建立在深厚的理论基础上，有着较深的文化渊源。这一思想坚持了马克思主义的科学引导，在革命文化之中得到凝练，在改革开放进程中得到发展，总体而言，文化自信是在继承基础上的发展，在发展基础上的创新。文化自信重要组成部分有两个，一是包含着仁爱、以民为本、诚信、大同等思想内涵的中华传统文化，一是包含长征精神、抗美援朝精神、抗疫精神等革命和改革时期的精神。文化自信就是在继承的基础上，根据中华文化的建设实情，解决时代发展过程中的难题，促进社会的发展和完善。

任何事物要想长久地生存和发展，就必须不断创新，这也是文化本质的特征。所以，一部人类文化发展史，就是文化的创新史。在古代，中国在世人面前的形象是创新、开放、包容的。从古至今，中华民族在文化、科技、天文历法等方面都作出突出的贡献，这是中华民族文化自信的来源。改革开放 40 多年以来，我国社会各方面都得到前所未有的发展和进步，综合国力明显提升，中国日益走近世界舞台的中央，成为最耀眼的明星。现在，中华民族处于十分繁荣和鼎盛的时期，可以说比历史上任何一个时期都更接近民族伟大复兴的目标，这正是提出并践行文化自信的最好时机。文化自信是追随时代发展的脚步、倾听人民群众的心声和实际诉求、吸收文化建设最新成果的创新。

（三）民族性与开放性原则

1. 民族性原则

一个民族文化在发展和形成的过程中，都会产生民族文化的心理结构，这种心理结构的组成的是一致的，组成有对于人生的态度、对待感情的方式、考虑问题的思维模式、致思过程中的途径以及价值观，民族性在其中则是作为一种内核的存在。同样，中华优秀文化发展和形成的过程中，也产生了一系列的心理结构，在本书中，民族性原则指的是将这些心理结构逐渐融入高校大学生的方方面面，如学习、生活、工作等，让中华优秀传统文化成为大学生生活中的一部分。因此，可以从以下方面来体现民族性的坚持：

（1）思想政治教育体系方面。高校在思想政治教育体系方面要融入中华优秀传统文化，使得高校大学生对于中华优秀传统文化的认同感有所提高，使得在高等教育中实现对大学生德育和文化素质教育的共赢局面。

（2）教学方面。无论是思想政治教育理论课程还是高校各科专业课程，都在教学内容和教学过程中潜移默化地融入中华优秀传统文化，提高高校大学生的文化自信。

（3）校园生活和社会实践方面。除了上述两个方面，高校还要在学生校园生活和社会实践活动中不断地融入中华优秀传统文化，让高校学生不仅能够在课堂上感受到中华优秀传统文化，还要在课堂之外的校园生活和社会实践中感受到中华优秀传统文化。

文化本身具有浓厚的民族性。中华优秀传统文化历史悠久，更是在中华文明中占据着核心的地位。我国民族文化是不同民族文化所共同组成的，是不同民族经过历史的积累长期形成的，不同的民族文化有着不同的形式和风格，这能够对民族与民族之间进行有效区分。坚持民族性原则就是坚持对中华传统文化的继承和发扬，也是大学生文化自信培养所坚持的主要原则。高校在对大学生进行文化自信培育的过程中，首先要做到的是让大学生在学习和生活过程中逐渐认识到民族性这一重要属性的内涵，提高大学生对民族性的认同。面对世界文化的多元融合，高校大学生要始终坚持本民族的文化，用本民族的一元文化去引导和发展世界的多元文化。但是，在引导高校学生过程中，注意的是要让高校大学生认识到对于传统文化不只是要继承它，更是要在继承的同时与时代潮流相结合，做到与时俱进，在继承传统文化的同时创新传统文化，以此来提高高校大学生对于文化的认同感，增强高校大学生对民族文化的信心。

2. 开放性原则

开放性原则就是高校在大学文化自信培养的过程中，对于中华优秀传统文化要采取一种取其精华、去其糟粕的正确态度，同时对于外来文化要有一种开放包容的态度，能够在继承中华优秀传统文化精华的同时，能够对外来的优秀文化进行广泛吸收。除了培养高校大学生辩证取舍的态度和开放包容的胸怀之外，还要培养大学生对外来文化吸收转化再造的能力，也就是能够将外来文化中的精华有效运用到中国特色社会主义建设上来的能力。

（四）理论性与实践性原则

在文化自信培养的过程中，理论性原则与实践性原则作为两大基石，其重要性不容忽视。第一，就理论性原则而言，它不仅是文化认知构建的基石，更是文化自信形成的先决条件。理论知识的学习与灌输，能够使大学生系统掌握文化的历史脉络、核心价值及时代意义，从而在理性层面奠定文化自信的基础。这一原则的必要性，一方面在于理论知识为文化自信提供了丰富的思想资源和深厚的理论基础；另一方面，则于在它能够引导大学生正确理解和评价本土文化，抵御文化虚无主义的侵蚀，形成坚定的文化自觉与自信。第二，实践性原则在文化自信培育中同样占据核心地位。它强调，在理论学习的基础上，必须通过实践活动将文化知识转化为个体的文化行为和习惯，进而内化为深层的文化自信。实践性原则的重要性，首先体现在古代"知行合一"的教育理念中，这表明实践不仅是知识学习的延伸，更是品德与文化素养提升的关键途径。其次，回顾中国共产党革命史，实践不仅是推动社会变革的力量，也是培育革命精神、塑造文化自信的重要手段。通过实践，大学生能在亲身体验中感悟文化的力量，增强对本土文化的认同感和自豪感，从而在实践中不断巩固和提升文化自信。

（五）引导性与先进性原则

1. 引导性原则

引导性原则主要指的是在高校对大学生文化自信培育的过程中，要引导大学生自觉地弘扬中华优秀传统文化；要引导大学生对西方文化要有包容的态度，而且能够有效借鉴西方文化；要引导大学生充分认识到自身在中国文化建设中的主体性，也就是引导大学生能够通过中国历史经验和智慧来建设中国文化，从而促进我国文化与世界文化站在平等的位置进行交流。

2. 先进性原则

先进性原则指的是高校在对大学生进行文化自信培养的过程中要重视社会主义先进文化的教育，将社会主义先进文化逐渐渗透到大学生的方方面面，通过对大学生进行社会主义先进文化教育来引导大学生的行为和思想。具体可以从三方面进行体现：首先，始终坚持将社会主义先进文化的前进方向和增强对社会主义核心价值体系认同相结合，使得高校大学生高度信任社会主义先进文化。其次，提高高校大学生对社会主义先进文化的认同，与此同时，使大学生的价值观能够与社会主义核心价值观保持一致。最后，提高高校大学生对马克思主义的信仰，坚定不移地走社会主义文化强国道路。

（六）科学性与人民性原则

在高校对大学生文化自信培养的过程中，科学性与人民性原则作为两大核心要素，共同构筑了这一教育实践的坚固基石。科学性原则不仅确保了文化自信内容的可行性与文化发展的正确方向，还为文化自信培养的长期性和复杂性提供了方法论上的支撑。从历史维度来看，我国文化自信的发展经历了从稚嫩到成熟的蜕变，这一过程伴随着中国共产党对文化自信重要性认识的不断深化，体现了科学性原则在实践中的动态演进与自我完善。

与此同时，人民性原则作为文化自信培养的另一重要维度，深刻揭示了文化自信的主体性特征。国家、民族、政党三大主体，共同构成了文化自信的人民性基础，体现了文化自信深深植根于人民群众之中的本质属性。首先，在国家主体层面，我国的人民民主专政制度决定了国家权力的归属，即一切权力属于人民。因此，国家在制定和实施文化相关政策时，必须将人民的利益放在首位，确保文化教育、文化事业的发展能够惠及全体人民，文化建设和改革的成果最终由人民共享。这一原则不仅体现了国家文化政策的人民导向，也彰显了文化自信培养过程中人民主体地位的不可动摇。其次，政党主体方面，人民性是无产阶级政党的本质属性，中国共产党作为人民群众的先锋队，始终将人民利益置于最高位置，坚持全心全意为人民服务的宗旨。在文化政策的制定与实施中，党不仅代表人民的利益，更站在人民的立场，倾听人民的声音，回应人民的需求，致力于促进人的全面发展和社会全面进步。这种以人民为中心的文化实践，是文化自信人民性原则的生动体现，也是中国共产党文化自信理念的深刻诠释。最后，至于民族主体，中华民族是由众多个体组成的命运共同体，文化自信的培养离不开对民族个体的精神与文化塑造。通过加强民族文化教育，提升个体的文化素养和民族认同感，不仅能够激发民族成员对中华文化的自豪感与归属感，还能促使他们自觉肩负起实现中华民族伟大复兴的历史使命。这一过程，既是对民族文化生命力的滋养，也是对文化自信人民性原则的深入实践，体现了文化自信培养中个体与集体、局部与整体的有机统一。

（七）立德与全面发展原则

1. 立德原则

在高校大学生文化自信培育体系中，立德树人的主体是教育者，立德树人的对象是被教育者，强调教育者通过自身德业的树立，为被教育者做榜样。在高等教育中，大学教师要承担起立德树人的职责，在向学生传授知识的同时，教会学生做人的道理。目前，很多大学生散漫懈怠，对未来迷茫，甚至受到不良文化的影响从而走上错误的道路。因此，高校教师必须要发挥自身对大学生思想的正确引导作用，培养和提高大学生的文化自信。

2．全面发展原则

全面发展原则主要指的是在高校对大学生文化自信培养的过程中，要始终坚持大学生德智体美各方面的和谐发展，促进学生的全面发展，从而为社会培养所需要的人才。在文化自信培养的过程中，除了传授知识和发展能力之外，还要注重培养学生的品格、心理和身体健康等，确保认识发展和身心发展的有效统一。全面发展不仅能够利于培养出适合社会发展的高素质人才，也能够促进我国教育与国际先进教育的有效接轨。

（八）时代性原则

每一种思想的产生都是特定时代的产物，是每个时代精神中的精华。新时代背景下，逐渐形成了文化自信。随着中国特色社会主义文化思想的形成，文化自信对于国家发展来说也越来越重要，文化自信的提出代表了时代的呼声，也代表了当今社会的现实需要。目前，我国面临着百年未有之大变局，更是面临着时代的发展和国际上的严峻形势，这种种问题该如何化解，是中国共产党人所要面对的。然而，这些问题地化解最终落实到了文化方面，也就是要从中华优秀传统文化、革命文化、先进文化三方面去寻求方案。从中华优秀传统文化中汲取智慧、探寻方案；从革命文化中获取艰苦奋斗、坚持不懈、勇往直前的精神；从先进文化中对未来的前进方向进行明确。文化自信的提出，充分体现了时代的要求，具有显著的时代性。

三、学生文化自信培养的方法

（一）优化文化自信教育内容

文化自信之根深植于中国特色社会主义文化之中，其枝叶自然延伸至中华优秀传统文化、革命文化及社会主义先进文化三大领域。在新时代的浪潮下，文化自信教育的内涵与实践路径需紧密贴合时代脉搏与大学生群体的特性，深入挖掘并丰富教育内容，以实现文化自信教育的系统性与实效性。

第一，中华优秀传统文化。滋养人文底蕴，厚植文化自信之基。中华优秀传统文化作为文化自信之深厚土壤，其蕴含的哲学思想、人文精神、道德规范等，不仅是民族的记忆，更是文化自信的不竭源泉。面对全球化背景下的文化冲击，高校需承担起文化传承与创新的双重使命，通过创造性转化与创新性发展，使传统文化焕发新生。这要求高校不仅要开设传统文化课程，利用现代传媒手段创新教学模式，更要将传统文化融入实践教学，让学生在亲身体验中感悟文化魅力，从而内化于心，外化于行，形成对中华优秀传统文化的深刻认同与自觉传承。

第二，革命文化。熔铸精神底色，强化文化自信之魂。革命文化是中国共产党领导人民在艰苦卓绝的斗争中形成的独特文化形态，它承载着革命先烈的英勇事迹与崇高精神，是激励后人不断前进的强大精神力量。在文化自信教育中，革命文化不仅是历史的记忆，更是培养爱国主义情怀、增强民族自豪感的生动教材。高校应通过营造革命文化氛围、创新革命文化传播方式，如开发革命文化主题的数字产品、社会实践项目等，使革命文化更加贴近学生生活，让学生在参与中学习，在学习中感悟，从而树立起坚定的革命文化自信，为中华民族伟大复兴的中国梦提供强大的精神支撑。

第三，社会主义先进文化。增强育人底气，拓宽文化自信之路。社会主义先进文化作为马克思主义中国化的最新成果，既是对传统文化的继承与发展，也是对革命文化的升华与创新，它代表着中国文化的前进方向。在全球文化多元交织的今天，高校需将社会主义先进文化深度融入教育教学全过程，以科学的理论武装学生，以正确的价值导向引领学生，以高尚的精神塑造学生。特别是要通过讲述中国故事、传播中国声音，让学生深刻理解"中国梦"的时代价值与个人责任，激发他们的爱国情怀与民族使命感，同时，加强校园文化建设，构建具有中国特色、时代特征、学校特点的校园文化生态，让学生在积极向上的文化氛围中成长，不断增强文化自信的实践能力与传播能力。

（二）提升校园文化环境的教育效能

在新时代背景下，高校作为文化传承与创新的重要阵地，其校园文化环境的建设不仅关乎学生的全面发展，更承载着弘扬中华优秀传统文化、宣传革命文化、弘扬社会主义先进文化的历史使命。以下探讨如何通过将中华优秀传统文化融入校园环境、依托当地红色资源宣传革命文化，以及进行劳动教育来弘扬社会主义先进文化，从而提升校园文化环境的教育效能。

第一，中华优秀传统文化是校园文化环境的灵魂。中华优秀传统文化是中华民族的根与魂，其蕴含的丰富哲学思想、人文精神、道德规范，为新时代高校教育提供了宝贵资源。将中华优秀传统文化融入校园环境，不仅能够潜移默化地影响学生的思想观念，还能激发学生的爱国热情和民族自豪感。高校可以通过图书馆、文化活动中心等场所，举办中华优秀传统文化讲座、展览、读书会等活动，让学生近距离感受传统文化的魅力。同时，利用现代科技手段，如虚拟现实技术，重现历史场景，使学生在沉浸式体验中深化对中华优秀传统文化的理解和认同。此外，将传统文化元素融入校园建筑设计、景观设计之中，使校园成为传承和弘扬中华优秀传统文化的生动课堂。

第二，当地红色资源是革命文化教育的活教材。革命文化是中国共产党在伟大革命斗争中形成的宝贵精神财富，对于培养大学生的爱国主义信念、集体主义观念具有重要意义。高校应充分利用当地红色资源，如革命纪念馆、烈士陵园等，组织学生开展实地参观学习，让革命历史触手可及，使革命文化的精神内涵深入人心。同时，结合第二课堂活动，设计以革命文化为主题的实践活动，如模拟红军长征、重走革命路线等，让学生在亲身体验中感受革命先烈的英勇事迹和崇高精神。通过这些活动，不仅能增强学生对革命文化的认知和自信，还能促进其对社会主义核心价值体系的理解和认同。

第三，劳动教育是社会主义先进文化的实践场。社会主义先进文化倡导劳动光荣、创造伟大的价值观，高校应通过开展劳动教育，培养学生的劳动模范精神，弘扬劳动文化。劳动教育不仅仅是简单的体力劳动，更是一种价值观的教育，通过组织学生参与校园绿化、社区服务、公益劳动等实践活动，让学生在劳动中体验创造价值的乐趣，理解劳动对于个人成长和社会发展的重要性。同时，邀请劳动模范进校园，分享他们的奋斗历程和工匠精神，为学生提供鲜活的榜样，激励学生树立正确的劳动观，将个人的理想追求融入国家和民族的发展之中。

（三）整合学生文化自信培育的队伍

在当今全球化的时代背景下，高校作为文化传承与创新的前沿阵地，承载着培育大学生文化自信的历史使命。这一使命的实现，离不开一支高素质、专业化的文化自信培育队伍。以下从加强整体队伍建设、思政队伍建设、辅导队伍建设以及评价机制建设四个方面，探讨如何有效整合学生文化自信培育的队伍。

第一，加强整体队伍建设，奠定坚实基础。高校教师队伍是文化自信培育的基石。要加强整体队伍建设，首要任务是提升教师队伍的综合素质。高校应重视教师的地位，维护其合法权益，改善教育环境，营造和谐氛围，以激发教师的教书育人热情。同时，建立师生双向互动机制至关重要。教师和学生不仅是社会主义核心价值体系的建设者和参与者，更是文化自信培养的引导者和受教育者。通过师生互动，大学生可以更深入地理解传统文化，实现从理解到创新的成长。

第二，加强思政队伍建设，提升核心力量。思想政治理论课和哲学社会科学课是培育大学生文化自信的主渠道。高校应着力提升这两类课程的水平，重点培养一批师德高尚、专业知识深厚、能力多方位、专业目标明确的教师队伍。为此，高校需立足于实际，通过校本培训、教育教学实践等方式，提高教师的专业水平和发展能力。同时，推行校本培训一体化的教师专业发展模式，鼓励教师相互学习，形成"学习型社区"，坚持继续教育、终身教育的理念。

第三，加强辅导队伍建设，完善培育体系。辅导员和心理咨询教师是大学生文化自信培养的重要力量。高校应切实改善这些教师的福利待遇，提高其地位，以保障学校教育工作的顺利进行。同时，进一步完善教师管理机制，加强对教师的全面监督管理，包括作风、师德和行为标准等。在赋予教师新时代责任感和荣誉感的同时，也要严格要求其日常工作表现。

第四，建立和完善评价机制，确保培育效果。评价是完善高校文化自信培养机制的关键措施。高校应建立和完善评价机制，以正确认识和评价文化自信培养模式，提高创新培养内容。评价机制应坚持科学性、客观性、发展性、关联性的原则，顺应高等学校人才培养可持续发展的要求，以社会主义科学理论为指导，以实事求是为前提，以协调和确保各种机制之间联系为目标。

评价机制的对象应包括受教育者、教育者、高校管理部门以及教育内容和教学过程。对大学生的评价应关注其能否平衡上网时间和学习时间、能否科学利用新媒体提高学习水平、能否利用网络传播空间进行文化学习和交流。对管理者的评价则需建立相应的激励制度，选拔和奖励在文化培育工作中表现突出的部门和个人。

通过研究、调查、评价和激励，我们可以及时发现大学生文化自信培育工作中的不足，并将信息反馈给上级组织进行修正。这一过程能充分调动相关人员的积极性和创造性，确保评价机制的正常运行和培育工作的持续改进。

（四）加强文化自信教育运行机制建设

运行机制是确保教育目标和任务实现的核心框架，它由多种因素在培育大学生文化自信的过程中相互关联、相互作用而形成。鉴于文化的复杂性和多样性，高校在推进文化自信教育时，往往会面临多种挑战和影响因素。为了克服这些障碍，确保文化自信教育的有效性和教学质量，高校必须构建一套协调、灵活、高效的文化自信教育运行机制，为提升人才培养质量提供坚实的支撑。

1. 完善文化自信教育监管机制：奠定坚实基础

监督机制是提升教育质量和执行力的关键所在。为了完善这一机制，高校应首先建立一个明确的文化自信教育管理体系，确保各项教育活动的有序进行。同时，高校应树立科学管理观，坚持党委领导下的校长负责制，构建既能突出学校特色又能有效实施的文化自信教育管理体系。这意味着，高校需要不断探索管理教育的新途径和新方法，将文化自信教育贯穿于学校教育管理服务的全过程。此外，明确职责分工，切实发挥各级行政部门、团委和学生组织的文化教育职能作用，也是提高整个教育过程效率的重要途径。

2. 构建文化自信教育监督体系：确保质量与效率

严格的监督制度是确保文化自信建设质量和效率的重要保障。为了建立一个完善的文化自信教育管理运行机制，高校应定期对文化自信建设的各个方面进行监督。监督方式可以多样化，既包括定期检查，也包括随时抽查。监督的内容应涵盖文化自信教育课程进度、校园文化建设、文化社区建设、文化实践活动、日常教育以及网络技术使用等多个方面。在进行监督时，高校应及时给予指导和支持，以确保各项活动的顺利实施。同时，对于实施不力或落实不到位的情况，高校也应及时进行严肃批评和纠正，以提高本校文化自信教育的实效性，帮助学生坚定文化信念，增强他们的文化自信。

3. 构建文化自信教育评价体系：明确方向与标准

有效的评价体系是指导文化自信教育方向的重要依据。根据《新时期深化教育评价改革总体规划》的指导，高校应坚持科学有效的原则，改进结果评价，强化过程评价，探索增值评价，并健全综合评价。在构建文化自信教育评价体系时，高校应注重以下方面：首先，要确保评价体系遵循正确的政治方向。这意味着评价体系应坚持马克思主义在意识形态领域的领导地位，以提高教育质量为目标，努力完成思想政治教育"立德树人"的根本任务。其次，评价体系应注重问题导向。在高校进行大学生文化自信教育评价体系运行过程中，应不断发现和探索其中存在的问题，并针对这些问题进行改革。通过引导高校科学定位，深入挖掘自身的文化渊源和独特的历史文化遗产，形成高品质、独特的文化自信建设风格。最后，评价体系应注重系统评价。这意味着应淡化考试、成绩、试卷等量化指标的影响，而更加突出学生个人的文化能力。评价体系应对学生的个人道德修养、知识积累、实践活动、行为等多个方面进行综合评价，以全面反映学生的文化自信水平。

四、学生文化自信培养的途径

文化自信是一个国家、一个民族发展中更基本、更深沉、更持久的力量。对于大学生而言，文化自信不仅关乎其个人素养的提升，更关乎国家未来的文化走向与民族精神的传承。因此，探讨大学生文化自信的培养途径，具有深远的理论和现实意义。以下从宣传引导、家庭熏陶、学校教育、教师使命、自我教育五个方面展开论述。

（一）宣传引导：构建全方位的文化自信教育体系

宣传引导在培养大学生文化自信方面具有不可替代的作用。社会作为大学生接触多元文化的重要场所，其宣传引导功能不容忽视。一方面，大众媒体应积极宣传中华优秀传统文化和社会主义先进文化，构建主题网站，推进新媒体建设，填补文化空缺，为大学生提供广泛的文化阅读和了解平台。另一方面，生活社区也应成为宣传传统文化和社会主义先进文化的重要阵地，通过组织各类文化活动，普及传统文化知识，培养大学生的共同体意识和文化认同感。

（二）家庭熏陶：营造浓厚的家庭文化氛围

家庭是大学生文化自信的摇篮，家庭文化氛围对大学生文化自信的形成具有潜移默化的影响。家长应积极培养大学生的文化自信，为其提供了解中华优秀传统文化和社会主义先进文化的便利条件，如订阅书报，使其在日常生活中不断积累文化知识。同时，家长自身也应提高文化素养，通过书籍、报纸、影视等媒介提升文化认知水平，并将中华民族的传统美德付诸实践，为大学生树立榜样，营造良好的文化氛围。

（三）学校教育：发挥课堂与校园文化的双重作用

学校是大学生学习生活的主要场所，也是培养其文化自信的关键环节。高校应充分发挥思想政治理论课的作用，将其作为培养大学生文化自信的主要途径。此外，高校还应加大人文素质必修课和选修课的开设力度，构建新的课程体系，开设《国学》和《中国传统文化概论》等必修课，以及针对不同学科特点的传统文化选修课程，帮助大学生在感悟经典的同时激发对优秀民族传统文化的自信心和自豪感。同时，积极开展多彩的校园文化活动，以社会主义核心价值体系为导向，充分利用中国传统节日举办民俗文化活动，举办专题学术活动，展示中华文化魅力。

（四）教师使命：以文育人，以文化人

教师在培养大学生文化自信方面承担着重要使命。教师应高度树立文化意识，启迪文化自觉，将文化教育渗透到专业教学中，拓宽专业教育的深度阈值。同时，教师应不断构筑新的文化理念，优化文化教育机制，将文化觉醒与专业发展有机统一，提升专业素养，抵制平庸之恶。此外，教师还应有效开展批判教学实践，强化自身文化特质，从政治觉悟、文化认同入手，实现对学生的移情理解、多方感知，强化道德育人理念，提升多元文化教育能力。

（五）自我教育：主动学习与实践相结合

自我教育是培养大学生文化自信的关键。大学生应积极学习和了解中华优秀传统文化和社会主义先进文化，通过现代传媒、影视作品或书籍报刊丰富自身文化知识，培养文化素养。同时，大学生应积极参加有益的文化实践活动，如民俗文化活动、专题学术活动、校外文化实践活动等，感受中华传统文化的魅力和价值，提高对中华优秀传统文化的认同度和民族自尊心、自豪感。

第三节 高校历史教学与学生文化自信培养的关联

一、高校历史教学与学生文化自信培养的关系

（一）高校历史教学是培育学生文化自信的沃土

在当今全球化的时代背景下，文化自信的培育对于国家文化软实力的提升以及个体身份认同的建构具有不可估量的价值。而高校历史教学，作为文化传承与创新的重要阵地，为学生文化自信的培养提供了丰沃的土壤。

第一，历史课程的内容涵盖了丰富的优秀传统文化知识，这是构筑文化自信不可或缺的基石。文化源远流长，其深厚的历史底蕴为文化自信提供了坚实的支撑。从殷周时期的宗教文化到春秋战国时期的百家争鸣，再到秦汉时期的儒家经典化，直至魏晋隋唐的文化融合与宋明的理学兴起，每一个历史阶段都孕育了独特的文化成果。这些文化成果不仅在当时社会产生了深远影响，更为后世留下了宝贵的精神财富。通过学习这些历史内容，学生能够深刻体会到文化的独特魅力和深厚底蕴，从而在内心深处树立起对本土文化的自信和认同。

第二，历史教学能够帮助学生了解传统文化的历史发展进程，从而把握文化发展的脉络和规律。传统文化的形成与发展是一个历史必然的过程，它凝聚了中华民族的智慧和创造力。大学生通过学习历史，可以深入了解传统文化的丰富内涵和独特价值，进而增强对民族的自豪感和归属感。这种自豪感和归属感是文化自信的重要来源，它促使学生更加珍视和传承本土文化。

第三，历史教学还能够引导学生认识和理解文化的特点和优势。文化在世界上独树一帜，它有着自己独特的文化体系和民族个性。无论是物质层面的秦砖汉瓦、笔墨纸砚，还是制度层面的统一政治制度和科举制度，抑或是精神层面的儒释道文化道德和法制思想，都展现了文化的深刻智慧和独特魅力。通过学习这些内容，学生可以更加清晰地认识到文化的独特性和优越性，从而更加坚定地树立文化自信。

第四，历史教学还可以帮助学生理解和接纳传统文化的转型与发展。从明朝中期到清朝，传统文化经历了从封建社会的衰落到资本主义新思想的兴起的过程。这一时期的实学思潮以及对理学的批判都推动了传统文化的转型与创新。通过学习这段历史，学生可以认识到传统文化并非一成不变，而是在不断发展和创新中保持着其生命力和活力。这种对传统文化动态发展的认识有助于学生更加开放和包容地看待本土文化，进而在传承中创新，在创新中发展。

（二）高校历史教学饱含文化自信培育的基础

在当今全球化的语境下，文化自信的培育对于国家软实力的提升及个体身份认同的建构具有不可估量的价值，而历史教学正是这一培育过程中的一片沃土。在经济与政治领域的显著成就，不仅为历史教学提供了丰富的现实素材，也为其在文化自信培养方面的功能奠定了坚实的基础。历史教育者应当深入挖掘历史教学的独特优势，为学生文化自信的培养铺设一条坚实的道路。

第一，历史学习是一个深入探索传统文化精髓的过程，而传统文化正是孕育文化自信的不竭源泉。从儒家思想的仁爱之道到道家的自然和谐，从法家的秩序构建到墨家的兼爱非攻，这些传统思想不仅塑造了中华民族的精神面貌，也对现代社会治理与个人修养提供了深刻的启示。通过学习历史，学生能够深刻理解传统文化的智慧与价值，从而在内心深处种下文化自信的种子。

第二，历史教学中的红色文化篇章，是文化自信培育中不可或缺的环节。红色文化所蕴含的爱国情怀、革命精神、集体主义等核心价值观，对于引导学生树立正确的世界观、人生观、价值观具有不可替代的作用。通过历史教学，让学生亲身体验长征的艰苦卓绝、井冈山的星火燎原，使他们在心灵深处感受到红色文化的力量，进而转化为文化自信与行动自觉。

第三，历史教学中关于特色社会主义先进文化的传授，是文化自信教育的时代篇章。这一文化形态是在改革开放和社会主义现代化建设的伟大实践中形成的，它既继承了中华优秀传统文化的精髓，又吸收了现代文明的成果，体现了鲜明的时代特征和民族特色。载人航天精神、雷锋精神等，都是这一文化的具体表现，它们展示了人民在新时代的奋斗精神与创新活力。历史教师应当引导学生深刻理解和感悟这些先进文化的内涵，激励他们在新的历史条件下继续发扬光大，成为文化自信的传承者与创造者。

二、高校历史教学中学生文化自信培养的重要性

（一）促使学生产生对于传统文化的自豪感

第一，有助于促使高校的学生从内心深处真正认同传统文化。如今，很多学生在各种思潮的影响下，对于我国的传统文化产生了质疑的心理，难以真正和优秀传统文化产生精神上的"共鸣"。这就导致学生的文化自信培养受到一定阻碍。而历史教学的开展，有助于学生真正看到优秀传统文化的魅力，认识到中华民族绵延不绝的原因所在。因此，在历史教学中开展文化自信培养工作首先应该利用好中华优秀传统文化，以此为基础，让学生产生对于传统文化的自豪感。然后，促使学生的创造力和凝聚力得以提升，为社会主义建设提供凝心聚力、推动发展的精神支撑。只有这样，我们的社会才能形成良性循环，我们的学生才能在良好的社会环境中发展。

第二，除了要提升学生对于传统文化的认同度之外，还应该让学生看到传统文化的生命力，以此促使学生建立起对于传统文化的信心。这样一来，学生的文化自信程度自然会越来越高。中华文明是世界上最古老的文明之一。其对于人类文明的延续与发展有着不容忽视的作用。如今，在中国经济蒸蒸日上、人民生活愈加富足的今天，中华文明重新焕发出了新的活力和光彩，中国优秀传统文化再一次引人瞩目。因此，在历史教学中，知识的学习有利于促使学生看到中华传统文化的生命力，并促使学生真正对于这种生命力产生敬畏感和信心。

第三，虽然传统文化中有一些利于社会和人发展的内容，但是也有一些不适合如今时代的东西，因此对于传统文化的态度应该是批判性地继承和发展。这样才有利于学生建立起正确的文化自信，而不是盲目的文化自信。在高校历史教学中，教师应该引导学生有效提炼出传统文化中积极的因素，有利于社会发展的一些因素，以及适合这个时代发展的一些因素等，如传统文化中"天行健君子以自强不息"等思想，而一些消极的宗教思想则需要适当地被抛弃。以此充分做到扬弃，促使学生体会到优秀传统文化的价值，更好地发挥出传统文化的价值。只有这样，学生才能在历史教学中真正建立起正确的文化自信。

（二）有助于学生对文化自信的坚定

第一，促使高校学生切实认同社会主义核心价值体系。这是因为这是我国社会主义意识形态的本质体现；是促使中国社会朝着正确方向阔步前进的旗帜；是上亿中国人民应该切实遵守的标准体系。对于国家的发展来说，只有坚持社会主义核心价值体系，才能切实引导中国人民增强民族凝聚力，才能帮助中华民族增强竞争力。在大学阶段，学生接触的东西会越来越多，如果学生没有社会主义核心价值体系作为指导，那么就很容易迷失自己。因此，历史教学的开展，有助于帮助学生深化对于社会主义核心价值体系的认同。

第二，历史教学中文化自信培养有助于深化学生对于马克思主义意识形态的认同与坚持。马克思主义对于中国的影响是十分深刻，不管是在革命时期，还是在社会主义建设时期，党和人民都是以马克思主义为指导。正是因为马克思主义的正确指导，我们中国才能找到适合自己发展的正确的道路。当前，我国的思想文化领域，多元文化思想并存是主要趋势，而思想越是多元就越要将马克思主义的指导地位坚定下去。大学生思想意识形态必须要以马克思主义为指导。而历史教学的开展，有助于促使学生认识到马克思主义的强大生命力、影响力，能够促使学生在今后的发展中获得更好的思想指导。

第三，文化自信的培养能够在一定程度上促使高校学生积极主动地对于中国特色社会主义文化进行传承和弘扬。中国特色社会主义文化是在优秀传统文化的基础上，吸收借鉴了一切有利于人类发展的文化，进行融合发展的结果。在中国的发展过程中，中国特色社会主义文化是强大的精神支撑，是社会主义的重要促成因素。因此说，促使高校学生积极主动地对于中国特色社会主义文化进行传承和弘扬是十分必要的，而文化自信的培养有助于这一目标的达成。

（三）有助于学生坚定自身历史使命

在高校历史学习中，学生会体会到我们历史先辈为了中华民族的崛起所作出的不懈的努力，这能够很好地鼓舞学生，促使学生能够汲取精神的力量。如今，学生生活的时代是空前繁荣与复杂的时代。在这个时代，学生只有具备了坚定的文化自信，才能充满激情，充满浓厚的奋斗力。而没有了文化自信，学生很难去为了国家和民族展开不懈地奋斗。为了促使中华民族屹立于世界民族之巅，历史教学要尤为重视培养学生的文化自信。在文化自信的引导下，学生能够摆脱低级趣味，寻求更高的追求。在这个过程中，高校要充分发挥其自身的引导作用。

第一，高校要充分促使学生对于我国目前的国情进行充分的掌握。当前，对于我们的国情，学生们要以辩证唯物主义的眼光去分析，在这个过程中要认识文化与经济、科技、政治之间的关系，更好地理解文化的重要性。以科技为例，在科技迅速发展的时代，文化的传播形式和内容都发生了一定的变化。比如伴随着微博、微信以及存储技术的发展，文化能够借助摄影、拍照、扫描等技术进行保存和传播。

第二，教育本来就肩负着文化传播的使命，通过教育，学生会接受不同的思想，不同的文化，在这个过程中，学生的能力也会得到一定的提高。如今科技的发展要求学生具有良好的学习能力，尤其是要求学生对于科技有着十分正确的认识。高校要充分促使学生坚定文化自信，在此基础上，促使学生走不断创新的道路，推动科技与社会的进步。

（四）有助于挽救学生文化自信缺失

第一，历史教学中文化自信的培养，能够促使学生在正确认识传统文化的基础上更好地得到精神和情感的陶冶。如今，鉴于多元文化的影响，学生在学习过程和生活中，抵御不良思想的壁垒有所松懈。有的学生对于我国优秀传统文化的认识还不到位，这在一定程度上是由于学校教育的不足，也在一定程度上是因为家庭教育的缺失。但总体上，学校的责任是比较大的。一些学校在教学过程中难以充分将传统文化的魅力展示出来，不能促使学生对于传统文化产生浓厚的兴趣，也难以创新传统文化的渗透方式，导致学生对于我国传统文化的主动学习能力不足，且兴趣十分缺乏。这就导致文化自信的培养流于形式。在实际的生活与学习中，传统文化过时论、无用论、悲观论在学生中间有所蔓延。在这样的影响下，学生对于我国的传统文化还很容易产生一定的质疑，认为传统的价值与作用是可以忽略不计的。实际上，文化的发展是有它自身的一些规律的。不管是怎样的文化类型，都遵守这既定的规律。中华优秀传统文化要想获得更加长远的发展，也必须注意以下两个规律，即民族与世界的统一，传统与现代的统一。如今，一种文化只有被世界所认可与接受，才能更好地发挥其自身的影响力与传播力。因此，文化的发展必须立足于本国的国情，在此基础上面向世界，这样才能获得源源不断的动力。所以，在历史教学中，教师应该切实不断思考、创新，促使文化自信的培养工作落到实处，帮助学生认识文化发展的规律，弥补文化自信的缺失。

第二，历史教学中，文化自信的培养能够促使学生提升对于先进文化的重视。大学生应用中国先进文化来武装自己的头脑，做先进文化坚定的捍卫者和传播者，弱化中国特色社会主义文化的理论价值是与坚持马克思主义指导地位背道而驰的。再如，对社会主义先进文化的生命力信心不足。从学理上讲，意识形态决定文化前进方向和发展道路，自觉维护和巩固社会主义意识形态，既是中国显著的政治优势，也是文化优势。马克思主义在意识形态领域的指导地位是中国特色社会主义文化的一大优势。文化的灵魂是核心价值观，它是决定文化性质和方向的关键要素，中国共产党紧紧围绕核心价值观的需求，促使中国先进文化成为人们的情感指引，帮助人们获得良好的精神支撑，能够为中国特色社会主义事业的发展打下坚实的基础。随着世界的局势变化，相信中华文化一定能够在世界舞台上表现出自己的生命力。

三、高校历史教学中学生文化自信培养的策略

（一）树立终身学习意识

在高校历史教学中，教师对于学生的影响是十分重要的。教师在历史教学中的作用至关重要。在历史教学中，要想促使学生具有文化自信，那么教师首先就要有文化自信。除此之外，要想更好地促使历史教学发挥文化自信育人的效果，教师就要切实用最新的理论武装自己，要能够善于积累，为学生拓展资源，帮助学生热爱中国的历史。此外，教师应该对自己高要求、严评价。如果要促使学生成为一个思想高尚的人，那么教师自己首先就要成为一个思想高尚的人，只有教师做到言行一致，学生才能做到言行一致。总之，教师对于学生有着很好的引导作用。因此，教师必须要严格要求自己，不断实现"自我更新"。

此外，懂得自我更新的教师，一定是一个能够不断取得进步的教师。这是因为懂得自我更新的教师，通常具备更加开放的心理状态，在事业上也是不断追求进步，热爱挑战。在高校教学中，历史教师不但要对于历史知识做到精通，还需要切实拓展自己的知识面，能够广泛涉猎地理、政治、科学、艺术等方面的知识。毕竟历史长河中，人类的发展是丰富的、多元的。要想教好历史，教师就必须具备广博的知识。此外，在如今这个科技日新月异的时代，教师应该懂得提升自身的教学水平，尤其是要注意提升自身的信息技术运用能力。只有这样，教师才能及时获取一定的信息，及时掌握最新的教学技术和方式，及时拓展丰富的教学资源。比如，现在教师可以充分利用微课、慕课等形式来辅助教学，还可以开展线上教学，这都有利于学生历史学习的进步，历史兴趣的调动，等等。为此，不但学生要树立终身学习的意识，教师也要树立终身学习的意识，教师和学生共同进步，共同在历史的教和学中增强文化学习意识，树立文化自信心。

（二）拓展文化教学资源

对于历史教学中的资源来说，教师可以利用的资源是非常多的，不但有教材资源，还有学校中的资源，不但有课内资源还有课外的资源。因此，历史教师在

培养学生文化自信的时候，应该切实将资源的运用作为重中之重。教师应该重视对于历史教材、历史档案和一些其他读物等资源的运用，在此基础上还可以充分结合乡土资源、时事资源等，不断拓展学生的接触面，从而提升学生的文化意识。

第一，对于教材资源进行一定的拓展。教材是教师进行教学的基础，也是教师制定教学目标、评价学生学习的重要基础。历史教材中，不但包括丰富的历史知识，也传递出一定的思想，给予学生思想上的引导。学生通过阅读历史教材，可以了解古今中外的文化。比如，对于中国近代史，学生通过阅读教材，能够认识到这段历史的发展过程。在了解的过程中，学生也能够在革命先辈的事迹中切实体会到红色文化精神的力量。因此说，历史教学和文化教学是不可分割的一个载体。教师应该充分把握好历史教学中的文化资源，帮助学生在历史学习过程中接触到更多的文化资源，以此帮助学生实现文化自信的培养。

第二，在利用教材时，教师也应该具有一定的灵活性，对于教材进行理性的审视，从而实现对于相关资源的整合。相关学者认为，教师在引导学生学习知识的时候需要做好准备，这里说的准备就是将知识进行一定的整合。从历史教师的角度来讲，应该按照一定的规律，去系统地、有组织地为学生提供学习资料，促使学生实现有意义的学习。在学习的过程中，学生依据自身原有的认知结构和知识系统去分析教师提供的材料，以旧知识和新知识间的联系，实现有意义的学习。在这个过程中，历史教师应该充分帮助学生打破原有的认知结构，对于书本上固定的、"死"的知识进行重新审视、组织、梳理。这样学生在学习过程中就可以更加系统。可以说，教师应该帮助学生实现教材资源的充分利用，以此促使文化自信的培养落到实处。

（三）革新教学评价观念

在历史教学中，不可忽视的一部分就是教学评价。其实，不管在哪一门学科的学习中，评价都是不容教师和学生忽视的一部分。简单来说，评价就是对于教师或者学生的教与学进行判断的过程。这个过程的开展，需要以一定的标准为基础，同时需要结合一定的手段或者方法。评价的作用是十分重要的。从目前的评价方式方法来看，最主要的评价就是考试。考试在目前的教学中占据着十分重要的地位，很多教师和学生都是依据考试的结果来判断自己的教和学。但是需要认识到的是，考试仅仅能够反映学生对于知识的掌握程度，并不能反映学生学习的过程与方法、情感态度和价值观方面的表现。因此，这就会导致学生的学仅仅停留在知识的层面，不利于学生综合方面的进步。

历史学科的学习最重要的就是帮助学生建立起文化自信，促使学生树立民族精神，培养起良好的民族自豪感，从而更好地投身于中华民族的建设中去。因此，在历史教学评价中，教师不仅要知道学生的知识学习情况，还要掌握学生在情感态度和价值观方面的表现，这样才能为学生提供良好的指导。这就要求教师要充分利用好教学评价的重要作用。需要认识到，考试这种评价方法是目前比较重要的方式，很多时候考试是无法避免的一种手段，所以教师可以从考试入手。在试卷的编写上，教师可以充分创新，适当地编写一些开放性的试题，不再完全以应试为主，而是促使学生能够借助考试也得到情感方面的反映。这样也能够在一定程度上促使学生感受到历史学习的快乐。

（四）重视中国古代文学

要想充分体会中华优秀传统文化，就离不开对于古代文学的学习，在中国古代文学中，我们可以充分认识到中华优秀传统文化的思想核心。比如孔子的一些思想，孟子的一些思想，我们可以从《论语》《孟子》中进行体会。以此，能够总结出中华优秀传统文化的思想核心。因此说，在历史教学中，教师应该引导学生重视中国古代文学的学习。以此帮助学生能够充分体会到中华传统文化的魅力。

以民为本是中华优秀传统文化的核心。这一重要结论是中国古代思想家和统治者在长期的历史实践中总结出来的。对于以民为本这一思想，很多古代文学家都在文学中有所论述。除了以民为本是核心之外，中华传统文化的优秀之处还体现在对于诚信的重视方面。在中国传统文化中，讲诚信的人才可以算得上是君子。

此外，追求大同也是中国古代文学中所体现出来的一个重要思想，其对于如今的社会主义建设具有不可忽视的重要影响。在历史教学中，教师也要借助一定的文学作品促使学生体会这一思想，进而促使学生获得一定的精神力量，更好地以文化自信的态度投入到社会主义建设中去。由此可见，中国优秀传统文化中有很多在今天依旧具有重要意义的思想。这些思想对于如今的社会发展和人民进步有着十分积极的促进作用。因此，历史教师在高校教学中要充分重视中国古代文化，以此帮助学生树立起文化自信，坚定文化自信。

第六章
高校历史教学与传统文化的相互融合

第一节 基于优秀传统文化的高校历史跨学科教学

"历史教学对提高学生人文素养、传承中华文明有着十分重要的作用。"①古代科技文化史作为中华优秀传统文化的一个关键构成部分，其在历史教材中的呈现却受限于篇幅，所占内容相对有限。更甚者，传统的历史教学往往未能给予科技文化史以足够的重视。在教学实践中，教师多倾向于简单地罗列科技文化的成就，而鲜少深入探讨这些成就自萌芽至成熟的发展历程及其对社会产生的深远影响。这种做法实质上割裂了科技文化发展与时代背景、社会环境之间的内在联系，将历史人物简单地标签化，过分强调了知识的累积与历史观的绝对遵从，却忽视了学生对中国古代科技文化成就的深入理解与感悟。因此，学生往往只能机械地记忆科技文化知识，而缺乏对其内在意义的理解，更难以滋生浓厚的兴趣。这样的学习模式不仅导致学生对中国古代科技文化成就的认知显得陌生，也使他们对中国古代科学家、艺术家的情感联系显得淡漠。这种状况既不利于科学精神的弘扬，也不利于中华优秀传统文化的有效传承。

为了进一步发展学生的核心素养，推动其历史学习方式的转变，并提升其运用多学科知识与技能进行综合探究的能力，教师在中国古代科技文化史的教学中，应积极采用跨学科的教学方式。这种方法不仅能够帮助学生更全面地理解科技文化的发展脉络，还能有效培养他们的家国情怀核心素养。这一教学策略既契合了新课程改革的核心要求，也充分满足了学生全面发展的需求。通过跨学科的教学，

---

① 柳林. 基于中华优秀传统文化的历史跨学科教学实践 [J]. 中学课程资源，2024，20（4）：33.

学生可以在更广阔的学术视野中审视中国古代的科技文化成就，从而更深刻地体会到其对于当今社会及个人成长的独特价值。

一、深化教学立意，实现资源跨学科融合

（一）跨学科教学资源的整合

跨学科教学资源的整合是实现资源有效融合的关键。历史学科本身便与文学、艺术、哲学、社会学等多个学科有着千丝万缕的联系。因此，在历史教学中，教师应有意识地引入其他学科的知识与方法，以丰富历史教学的内涵与外延。

例如，在讲述某一历史时期的社会风貌时，教师可以引入文学作品中的相关描述。通过文本的解读与分析，学生能够更加直观地感受到那个时代的生活气息与文化特色。同时，教师还可以借助艺术史的知识，通过绘画、雕塑等艺术作品展现历史时期的审美观念与艺术成就。这样一来，历史教学不仅局限于政治、经济等传统领域，还涵盖了文化、艺术等更广泛的范畴，从而使学生获得更加全面与深入的历史认知。

此外，教师还可以利用哲学和社会学的理论来解析历史事件和人物。例如，通过分析历史人物的决策过程和心理动机，可以引导学生思考人类行为背后的深层原因和社会背景。这种跨学科的教学方法不仅增强了历史的趣味性和生动性，还培养了学生从不同角度审视问题的能力。

（二）课内外活动的有机融合

跨学科教学不仅体现在课堂之内，更应延伸至课堂之外。教师可以通过组织丰富多彩的课外活动，如历史剧表演、历史主题讲座、实地考察等，使学生在实践中深化对历史的理解与感悟。这些课外活动不仅是对课堂教学的有效补充，更是实现课内外资源有机融合的重要途径。

例如，在讲述某一历史事件时，教师可以组织学生参观相关的历史遗址或博物馆。通过实地考察与亲身体验，学生能够更加直观地感受到历史的厚重与真实。这种身临其境的学习方式使学生能够更好地理解历史事件的背景和影响，从而加

深对历史知识的理解和记忆。

同时，教师还可以鼓励学生结合所学历史知识，自主策划与组织历史剧表演或主题讲座。通过参与这些活动，学生不仅能够锻炼实践能力与创新精神，还能够培养团队合作和沟通协调的能力。这种以学生为主体的课外活动形式，既激发了学生对历史的兴趣，又提升了他们的综合素养。

二、深化问题探究，拓展思维广度与深度

在传统历史教学模式下，学生往往习惯于跟随教师预设的问题路径进行思考，其思维活动因而受到一定程度的限制。相比之下，探究式学习模式则主张将提问的主动权赋予学生，以此激发他们对历史的兴趣，并培养其质疑与探究的精神。然而，探究式学习的实施并非一帆风顺，其中存在着诸多挑战与策略。

（一）备课阶段的精心准备

在备课阶段，教师应综合考虑多方面因素，以确保探究式学习的有效实施。首先，教师应选择与现实社会密切相关且具有探究价值的问题作为探究的核心。这些问题能够引发学生的共鸣与思考，使他们在探究过程中保持高度的兴趣与动力。例如，教师可以选取历史上的一些重大事件或人物，引导学生探究其对当今社会的影响和启示。其次，教师应以学生的兴趣为出发点，结合学生的学习能力来选定探究问题。这样既能保证问题的适宜性，又能确保学生在探究过程中能够获得成就感与自信心。教师可以通过课前调查或与学生交流的方式，了解他们的兴趣点和关注点，从而有针对性地设计探究问题。最后，教师应围绕"新课标"的要求来设计和开展探究活动。通过明确探究目标、制定探究计划、提供必要的学习资源与支持等方式，确保探究活动的有序进行与有效达成。教师还可以为学生提供一些探究方法和技巧的指导，帮助他们更好地开展探究活动。

（二）探究过程的灵活引导

在探究过程中，教师应扮演好引导者与支持者的角色。当学生遇到困难或迷

茫时，教师应及时给予指导与帮助；当学生取得进展或发现新的线索时，教师应给予鼓励与肯定。这种积极的反馈机制能够激发学生的探究热情，增强他们的自信心和探究动力。

同时，教师还应鼓励学生之间的合作与交流。通过小组讨论、分享会等形式，使学生在相互启发与借鉴中不断拓展思维的广度与深度。合作与交流不仅能够促进学生之间的思想碰撞和灵感激发，还能够培养他们的团队协作能力和沟通表达能力。

在探究过程中，教师还可以引导学生运用多种探究方法和技术。例如，通过文献资料的搜集与分析、实地考察与调查、专家访谈等方式，获取更全面和深入的信息。这些探究方法和技术不仅能够帮助学生更好地解答问题，还能够培养他们的信息素养和科研能力。

三、互证材料：强化历史解释的方法论

在历史教学的广阔天地里，互证材料作为一种方法论，犹如一股无形的力量，潜移默化地引导着教学的航向与内容。它要求教师与学生在探索历史的征途中，不仅关注单一史料的解读，更要注重史料之间的相互印证与补充，以此构建更为立体、全面的历史解释。下面通过具体的教学片段，深入探讨如何在实际教学中巧妙引入史料，实现材料互证，进而助力历史解释的深化与升华。

（一）史料的搜集与筛选

在历史教学的初始阶段，史料的搜集与筛选是构筑知识大厦的基石。教师应扮演引路人的角色，指导学生掌握搜集史料的基本途径与方法，如图书馆的书籍查阅、档案馆的资料探索、网络资源的深度挖掘等。更为关键的是，教师需教会学生如何练就一双慧眼，辨别史料的真伪与价值，区分第一手资料与第二手资料，理解原始文献与后世编纂之间的差异。这一过程不仅是对学生信息筛选能力的锻炼，更是对其历史批判性思维的启蒙。

在史料筛选的过程中，教师应依据教学目标与学生的认知特点，精心挑选那

些具有代表性、典型性的史料。这些史料应能直接或间接反映历史事件的本质，激发学生的探究兴趣，同时又要难度适中，便于学生理解与分析。例如，在讲述"辛亥革命"时，教师可以选取孙中山的《同盟会宣言》、黄兴领导的广州起义的相关报道以及清末民初的社会生活照片等，这些多样化的史料能够从不同角度展现辛亥革命的复杂面貌，为学生构建全面的历史认知框架。

（二）史料的互证与解释

史料搜集与筛选之后，更为艰巨的任务在于如何引导学生对这些史料进行有效的互证与解释。教师应鼓励学生将不同来源、不同性质的史料进行对比分析，寻找它们之间的异同点，探索史料之间的内在联系与互补性。这一过程类似于拼图游戏，每一块史料都是拼图的一部分，只有当它们被正确地组合在一起时，历史的完整图景才会显现。

同时，教师应鼓励学生运用所学的历史知识与方法，对史料进行独立的解读与阐释。这不仅是历史思维的培养，更是学生个性化理解与表达能力的锻炼。通过撰写历史小论文、进行课堂讨论等形式，学生可以将自己对史料的解读与同学们分享，相互启发，共同进步。

（三）史料实证意识的培养

在史料教学的深层次目标中，培养学生史料实证的意识尤为重要。这意味着学生需要理解史料的来源、性质、价值等基本信息，认识到史料在历史研究中的核心地位。教师应通过实例分析，向学生展示如何运用史料来验证或质疑历史结论，让他们明白历史并非一成不变的叙述，而是基于不断发现与解读的新史料而动态调整的。

例如，在讨论"唐朝的衰落"时，教师可以引入不同史书中关于安史之乱的记载，让学生分析不同史书的观点差异，探讨这些差异背后的原因，如史家的立场、时代背景等。通过这样的训练，学生可以逐渐学会以批判性的眼光审视历史，学会在众说纷纭中寻找最接近真相的解释。

四、情感体验：深化家国情怀的内在滋养

家国情怀，作为历史学习的核心价值体现，它超越了单纯的知识积累，成为学生个体成长与社会责任担当的精神纽带。在历史教学中，教师应致力于通过情感体验的深化，让学生在历史的长河中感受到家国情怀的厚重与温暖，实现从感性体验到深刻理解，再到内心认同的转变。

（一）创设问题情境，激活时代探索的热情

历史不是冰冷的过去，而是充满生命力的故事。教师可以通过创设问题情境，将历史事件转化为引人入胜的探索之旅。例如，在讲述"改革开放"时，教师可以设置一系列问题："为什么中国要选择改革开放的道路？""改革开放给中国带来了哪些变化？""改革开放对普通人的生活产生了哪些影响？"这些问题如同一个个路标，引领学生在历史的长廊中漫步，激发他们的好奇心与探索欲，使他们在寻找答案的过程中，逐渐感受到改革开放对于国家发展的重要意义。

（二）借助活动体验，铸就民族自信的基石

除了问题情境的创设，教师还应积极组织各类活动，让学生在亲身体验中深化家国情怀。参观历史遗址、博物馆，可以让学生近距离触摸历史的痕迹，感受先辈的智慧与奋斗；参与历史剧表演，可以让学生穿越时空，亲身体验历史人物的情感与抉择；举办历史主题演讲，则可以鼓励学生站在时代的舞台上，用自己的语言诠释历史的启示与意义。

通过这些丰富多彩的活动，学生不仅能够在实践中获得更加全面与深入的历史认知，更重要的是，他们能够在无形中铸就民族自信的基石。每一次与历史的对话，都是一次心灵的洗礼，让学生更加深刻地理解"家"与"国"的内涵，明白个人的命运与国家的兴衰紧密相连，从而在他们心中种下爱国主义的种子，激励他们在未来的道路上，为国家的繁荣富强贡献自己的力量。

第二节　传统文化与高校历史教学的具体结合策略

中国文化博大精深、源远流长，有着长达五千多年的历史，在高校历史教学中有着重要的教学地位。高校历史教学是帮助学生正视历史和教学成就，帮助学生理解以史为鉴等相关精神内涵和实践的主要教学课程。在此教学内容中，传统文化是其中贯穿始终和无缝渗透的重要内容。高校历史是传统文化的重要载体形式之一。传统文化与高校历史教学的结合是教学的必然，是传承的必然。

一、传统文化与高校历史教学结合的作用

在当今社会，文化自信已成为国家发展的重要基石，对于培养中华民族复兴的宏伟梦想具有不可估量的价值。文化自信不仅关乎一个民族的自尊心和自豪感，更是推动社会进步和文明发展的重要动力。作为文化自信的核心组成部分，传统文化承载着民族的记忆与智慧，其传承与发展自然应当受到高度重视。在这一宏观背景下，高校历史教学肩负着推动学生深入了解、认识、喜爱并传承传统文化的重任。因此，深入探讨传统文化与高校历史教学的结合路径，显得尤为迫切和必要。

（一）深化学生认知的桥梁

将传统文化融入高校历史教学，是促进学生全面深入了解传统文化的有效途

径。历史不仅仅是时间的堆砌和事件的罗列，更是文化的积淀和传承。高校历史教材，如《中国历史》等，蕴含着丰富的传统文化内容，为学生提供了从片面到全面、从浅显到深入的认知转变平台。在这一过程中，学生不仅能够学习到传统文化的广泛涵盖面、深刻含义，还能体会到其传承的精神实质与物质载体，从而实现对传统文化的多维度、深层次理解。

更重要的是，通过高校历史与传统文化的结合教学，学生能够意识到以往基于日常生活的传统文化认知是片面且不完整的。在日常生活中，学生可能只接触到传统文化的某些表象，如节日习俗、传统服饰等，而对其背后的历史渊源、文化内涵和社会功能缺乏深入的了解。在系统的教学引导下，学生能够穿越时空，体验不同历史时期的文化传承过程，深刻理解文化传承的艰辛与不易。例如，通过学习古代的书院制度，学生可以了解到古代教育体系的演变和儒家思想对教育的深远影响；通过学习传统的农耕文化，学生可以体会到人与自然和谐共生的智慧。这种深入的学习体验，能够帮助学生形成更加丰富、立体的传统文化认知框架。

（二）教师教学革新的催化剂

教师的教学活动是一个动态发展的过程，需要不断适应时代、社会及学生需求的变化。传统文化与高校历史的结合教学，正是教师创新教学理念、方法与内容的重要契机。

首先，这一结合促使教师的教学观念与时俱进。在传统的教学模式中，教师可能更注重历史知识的传授，而忽视了传统文化背后的价值观和精神内涵。而将传统文化融入历史教学，鼓励教师革新传统的教学观念，以更加开放、包容的心态指导教学设计与实践。教师需要不断更新自己的知识结构，提升对传统文化的理解和鉴赏能力，以便更好地引导学生。

其次，它促使教师主动拓展教学内容。不再局限于教材中的零散知识点，而是通过网络资源、实地考察等多种方式，为学生构建系统、全面的传统文化知识体系。例如，教师可以组织学生参观当地的博物馆、古迹遗址，让学生亲身体验传统文化的魅力；教师还可以引入网络课程、学术讲座等资源，拓宽学生的视野。

最后，这一结合还推动了教师教学方式的革新。从单一的历史知识讲授转向更加多元化、互动性强的教学模式，如情境教学、实践教学、小组合作学习等。这些新的教学方式旨在通过多样化的教学手段激发学生对传统文化的兴趣与探索欲。例如，通过角色扮演、模拟历史场景等情境教学方法，学生可以更加深入地理解历史人物和事件；通过小组讨论、项目合作等学习方式，学生可以共同探索传统文化的不同方面，培养团队合作和批判性思维能力。

（三）文化传承与创新的双引擎

传统文化与高校历史的结合教学，不仅促进了历史教学本身的优化，更为传统文化的传承与创新提供了强大的动力。

一方面，它打破了传统文化高高在上的固有形象，使其更加贴近学生的学习生活。通过历史教学，学生可以了解到传统文化与日常生活的紧密联系，从而增强对传统文化的亲近感与认同感。面对传统文化传承的困境，高校历史教学通过深入解析传统文化的历史背景与内涵，激发了学生主动传承文化的热情与责任感。学生不再只是被动接受传统文化的熏陶，而是积极参与到文化传承的实践中去。

另一方面，这一结合教学有效扩大了传统文化传承者的数量与质量。许多原本鲜为人知的传统文化元素得以进入学生视野，为他们提供了丰富的文化传承素材与灵感来源。通过学习，学生可以了解到传统文化的多样性和丰富性，从而更加珍视和尊重不同地域、不同民族的文化传统。同时，高校历史与传统文化的结合还鼓励学生借鉴历史智慧，进行跨时代的文化创新。学生可以在传承的基础上，结合现代社会的需求和个人的创造力，为传统文化注入新的活力。例如，学生可以将传统的艺术形式与现代科技相结合，创作出具有时代特色的文化作品；也可以将传统的哲学思想与现代社会问题相结合，提出新的思考和解决方案。

二、传统文化与高校历史教学的结合路径

（一）革新教师教学观念，渗透传统文化于教学设计

教师的教学观念作为指导教学实践的核心要素，对于推动教学的有序开展和促进教师自身学习具有至关重要的作用。因此，要实现传统文化与高校历史教学

的有效结合，首要任务是革新教师的教学观念。在此过程中，教师应着重考虑以下方面：第一，教学观念的契合性。教师的教学观念是否符合结合教学的要求，即是否能够在历史教学中融入传统文化的元素，使两者相辅相成。第二，学生的主体地位。教学观念中是否充分重视学生的主体地位，是否注重激发学生的学习兴趣和主动性。第三，时代要求的匹配性。教学观念是否与时俱进，是否符合当前社会对传统文化传承与创新的时代要求。

在革新教学观念的基础上，教师需精心设计教学过程。具体而言，应注意以下方面：第一，教学目标的明确性。教学目标的设计是否符合结合教学的要求，是否明确规定了学生对传统文化认知和理解的具体要求。第二，教学内容的突出重点。教学内容的设计是否突出了传统文化的重难点，使学生能够有针对性地进行学习。第三，教学过程的完善性。教学过程的设计是否完善，是否能够引导学生逐步深入理解和体验传统文化。

以先秦时期社会概况和文化为例，教师在设计教学时，可以结合《诗经》《离骚》《尚书》以及青铜雕塑、绘画和音乐等教学内容，思考其与传统文化的关系，并树立起结合这些内容进行教学的观念。同时，教师应改变传统只重视学生成绩的教学观念，转而注重增强学生的文化认同感和学习兴趣。例如，在设计教学目标时，可以明确要求学生增强对《诗经》《离骚》等先秦传统文化文学的理解和认知，以及对青铜雕塑、绘画和音乐的理解与认知。在教学重难点上，可以重点讲解《诗经》《离骚》的艺术特点，同时探讨秦汉中央集权制度的认识、西汉前期社会空前繁荣的原因以及秦汉传统文化的具体内容。在教学过程中，教师可以通过播放传统文化节日视频、创设屈原创作情境、分小组讨论和研究等多种方式，将传统文化与历史教学有机结合，推动学生对传统文化的深入认知和理解。

（二）创设历史教学情境，提升学生对传统文化的兴趣

教学情境的创设是高校历史教学中常用的方法，能够有效激发学生的学习兴趣。在传统文化与高校历史结合教学的过程中，创设对应的历史教学情境尤为重要。具体而言，教师应注意以下方面：

第一，情境的契合性。创设的教学情境应与历史教学内容紧密相关，能够准

确反映历史时期的文化背景。

第二，传统文化的融入。教学情境应包含传统文化的相关内容，使学生在情境中感受和体验传统文化的魅力。

第三，情境的趣味性。创设的教学情境应具有趣味性，能够吸引学生的注意力，激发他们的学习兴趣。

第四，情境的多样性。创设情境的方式应丰富多样，渗透到教学的各个环节，使学生能够全方位地感受和理解传统文化。

以"三国、两晋、南北朝社会概括和文化"中的"艺术与体育"为例，教师在创设教学情境时，可以结合书法艺术这一传统文化的重要组成部分，利用多媒体或 3D 技术展示书法艺术的演变过程，如从甲骨文到现代艺术字的变化，特别是王羲之的《兰亭集序》等。在导入阶段，教师可以通过书法相关的纪录片激发学生的学习兴趣。在教学过程中，教师还可以利用多媒体技术创设国画艺术的情境，使学生能够在具体情境中感受传统文化中绘画的魅力。通过这样的教学情境，学生对传统文化的兴趣和认同感会得到显著提升。

（三）开展历史实践教学，增强学生的文化认同感

实践教学是帮助学生深入理解历史知识和传统文化的重要途径。因此，教师应积极开展历史实践教学，增强学生的文化认同感。在此过程中，教师应注意以下方面：

第一，实践活动的相关性。实践教学活动的内容和形式应与教学内容紧密相关，能够体现传统文化的精髓。

第二，兴趣的引导。实践教学活动应注重引导学生对传统文化的兴趣和热爱，使学生能够主动参与到实践活动中。

第三，自主探究的鼓励。实践教学活动中应鼓励学生进行自主探究，培养他们的独立思考能力和创新精神。

以"宋元时期社会概况和文化"为例，教师可以结合宋元时期的文学和艺术发展，开展实践教学活动。例如，组织学生参观宋元主题博物馆，深入了解宋元的绘画风格和艺术作品。教师还可以与当地博物馆合作，开展"我是解说员"的

实践活动，让学生在准备和解说过程中自主探究和分析传统文化内容，增强对宋元文学和艺术的认知与理解。通过这样的实践教学，学生能够更加全面地认知和了解宋元时期的传统文化内涵，从而增强对其文化的认同感。

（四）创设历史小组教学，促进学生了解多样文化

小组教学能够促进学生之间的交流与合作，推动他们对历史教学内容和传统文化的深入认知和理解。在创设历史小组教学时，教师应注意以下方面：

第一，小组成员的科学性。小组成员的数量和层次应科学合理，能够确保每个成员都能在小组教学中有所收获。

第二，任务的综合性。小组任务应综合历史与传统文化的内容，使学生能够全面了解和掌握相关知识。

第三，思维的碰撞性。小组探讨中应注重学生思维的相互碰撞和综合发展，培养他们的批判性思维和创新能力。

第四，传统文化的创新性。小组探讨应与传统文化的创新性相衔接，鼓励学生提出对传统文化的新见解和创新性思考。

以"明确当前社会概况和文化"中的"文学和艺术的新成就"为例，教师可以结合小说、戏曲和绘画等丰富的教学内容，创设合适的历史小组教学。首先，教师应根据教学内容的多少和重难点的难易程度，科学确定小组成员的数量。其次，教师应结合学生的学情和学习能力，将小组成员分为基础、巩固和优秀三个层次。在设置小组教学任务时，教师可以结合四大名著的理解、社会政治经济文化的内在联系、戏剧的认知和理解、艺术作品的对比分析以及传统文化的传承与发展等多个方面，设置综合性的教学任务。通过这样的小组教学，学生不仅能够了解明清多元的传统文化，还能够创新对传统文化的了解方式，从而选择合适的创新方式推动传统文化的发展。

第三节　基于多媒体的高校历史教学融入传统文化

历史知识纵横古今、跨越中外，能够成为学生思想进步与品德提升的重要资源。为了深度开发历史教学的人文价值与教育功能，教师要将传统文化应用于历史教学，以传统文化教育提升历史教学的品质高度、思想精度、德育价值。而且，教师还要借助多媒体设备科学促进传统文化在历史课堂上的高效应用，加速二者的深度整合。所以，多媒体能够促进传统文化融入历史教学。

一、多媒体对高校历史教学融入传统文化的影响

（一）多媒体是传统文化融入历史教学的加速器

在全球化与信息化快速发展的今天，高校历史教学在传承和弘扬传统文化方面承担着重要责任。多媒体技术的引入，为传统文化融入历史教学提供了前所未有的机遇，成为这一过程中的加速器。

第一，提升教学趣味性，增强学生的学习兴趣。多媒体技术通过图像、音频、视频等多种形式，将原本枯燥的历史知识变得生动有趣。例如，通过播放历史纪录片、虚拟现实（VR）重现历史场景等，学生仿佛穿越时空，身临其境地感受传统文化的魅力。这种沉浸式的学习体验极大地提升了学生的学习兴趣，使他们在轻松愉快的氛围中接受传统文化的熏陶。

第二，突破时空限制，丰富教学资源。传统历史教学往往受限于教材和教师

的知识储备，而多媒体技术则打破了这一局限。通过互联网，教师可以轻松获取海量的历史文化资源，如历史文献、古迹图片、专家讲座视频等，并将这些资源整合到课件中。这样，学生不仅可以从课本上学习历史知识，还能通过多媒体接触到更广泛、更深入的传统文化内容。

第三，促进互动交流，提升教学效果。多媒体技术为师生之间的互动交流提供了便利。教师可以利用多媒体平台发布学习任务、组织在线讨论，学生则可以通过这些平台提交作业、分享学习心得。这种即时的反馈机制有助于教师及时了解学生的学习情况，调整教学策略，从而提升教学效果。同时，学生之间的互动交流也能激发他们对传统文化的思考和探索。

（二）多媒体助力传统文化融入历史教学的价值

多媒体技术在高校历史教学中的应用，不仅加速了传统文化融入历史教学的进程，还带来了诸多方面的价值。

第一，深化学生对传统文化的理解和认同。通过多媒体技术，学生可以从多个角度、多个层面了解传统文化，从而对其产生更深刻的理解和认同。例如，通过虚拟现实技术重现古代战场、古建筑等，学生可以直观地感受到传统文化的独特魅力和价值。这种直观的感受有助于学生形成对传统文化的深厚情感，进而成为传统文化的传承者和弘扬者。

第二，培养学生的创新思维和实践能力。多媒体技术的引入，为历史教学注入了新的活力，也为学生提供了更多的创新实践机会。例如，教师可以引导学生利用多媒体技术制作历史小视频、设计历史文化展览等，让学生在实践中加深对传统文化的理解，并培养他们的创新思维和实践能力。这样的教学方式不仅提升了学生的综合素质，还为他们的未来发展奠定了坚实的基础。

第三，推动历史教学与现代科技的融合发展。多媒体技术的应用，是历史教学与现代科技融合发展的重要体现。通过多媒体技术，历史教学可以更加生动、形象地展示传统文化，同时也可以借助现代科技手段进行更深入的研究和探索。例如，利用大数据分析技术，教师可以对学生的学习数据进行挖掘和分析，从而更准确地了解学生的学习需求和特点，为个性化教学提供有力支持。

第四，促进传统文化的传承与发展。多媒体技术在高校历史教学中的应用，还有助于促进传统文化的传承与发展。通过多媒体技术，学生可以更加便捷地获取传统文化知识，进而成为传统文化的传播者和创新者。同时，多媒体技术也为传统文化的现代化传播提供了有力支持，如通过网络平台、移动应用等方式，将传统文化推广到更广泛的社会群体中。

二、多媒体助力传统文化融入历史教学的具体策略

多媒体设备与传统文化资源作为历史教学的重要辅助手段，为教学注入了时代魅力、科技元素、传统美德与民族精神。为了实现智慧育人的目标，教师需要深度整合这些元素，具体策略如下：

（一）基于多媒体创设主题文化情境

在历史教学中，创设与传统文化相关的主题文化情境，能够使学生身临其境，更好地理解和感受历史。多媒体设备为此提供了丰富的手段。

第一，利用视频、音频资料还原历史场景。通过播放相关历史事件的纪录片、影视片段或音频资料，学生可以直观地看到历史人物、建筑、服饰等，从而更深入地了解历史背景和文化内涵。例如，在讲述古代战争时，可以播放相关的影视片段，让学生感受战争的激烈和残酷，以及古代战士的英勇和牺牲。

第二，运用虚拟现实技术创建沉浸式体验。虚拟现实技术能够使学生仿佛置身于历史场景中，亲身体验历史事件。例如，通过虚拟现实技术，学生可以"走进"古代宫殿，观察建筑细节，感受宫廷生活的氛围。

第三，结合互动白板进行情境模拟。互动白板允许学生在屏幕上进行操作和互动，教师可以利用这一功能进行情境模拟。例如，在讲述古代贸易时，学生可以在互动白板上模拟贸易路线，了解商品交换的过程和影响。

（二）基于多媒体输送优质教学课件

多媒体课件是历史教学的重要辅助工具，能够直观、生动地展示历史知识和

传统文化。

第一，制作包含丰富传统文化元素的教学课件。教师在制作课件时，可以插入相关的图片、视频、音频等多媒体素材，使课件内容更加生动、有趣。例如，在讲述传统节日时，可以插入节日的庆祝图片或视频，让学生更直观地了解节日的习俗和文化内涵。

第二，利用网络资源共享优质课件。互联网上有大量的优质历史教学课件可供参考和借鉴。教师可以筛选出与传统文化相关的优质课件，并结合自己的教学需求进行改编和使用。这不仅可以提高课件的质量，还可以节省制作时间。

第三，鼓励学生参与课件制作。为了增强学生对传统文化的参与感和认同感，教师可以鼓励学生参与课件的制作过程。例如，可以让学生负责收集相关图片、视频等素材，或者让学生参与课件的设计和编辑工作。

（三）基于多媒体定制先进教学方法

多媒体技术的引入为历史教学带来了更多的可能性，教师可以根据教学需求定制先进的教学方法。

第一，采用翻转课堂模式进行预习和复习。翻转课堂是一种将传统课堂内外的时间进行调整的教学模式。教师可以利用多媒体技术制作预习和复习的视频或音频资料，让学生在课外时间进行自主学习，而在课堂上则进行更深入的讨论和探究。这种模式可以使学生更加主动地学习历史知识和传统文化。

第二，运用游戏化学习方法提高学习兴趣。游戏化学习是一种将游戏元素融入教学过程的方法，可以极大地提高学生的学习兴趣和参与度。例如，教师可以设计一款与历史相关的游戏，让学生在游戏中学习和了解传统文化。通过游戏的挑战和奖励机制，学生可以更加积极地参与学习过程。

第三，实施个性化教学满足不同学生需求。多媒体技术使得个性化教学成为可能。教师可以根据学生的不同需求和兴趣，定制不同的教学内容和方法。例如，对于对传统文化特别感兴趣的学生，教师可以提供更多的相关资料和拓展阅读；而对于对历史事件和人物有独特见解的学生，则可以引导他们进行更深入的研究和探讨。

（四）基于多媒体提供强烈的认知体验

多媒体教学能够提供强烈的视觉、听觉等感官刺激，使学生获得更加深刻的认知体验。

第一，通过高清图片展示历史细节。高清图片能够清晰地展示历史事件的细节和传统文化的特色。例如，在讲述古代建筑时，通过展示高清的建筑图片，学生可以观察到建筑的构造、装饰等细节，从而更深入地了解古代建筑的艺术和价值。

第二，利用动画模拟历史过程。动画能够生动地模拟历史事件的发展过程，使学生更加直观地了解历史的演变。例如，在讲述朝代更迭时，可以通过动画展示不同朝代的兴衰过程，让学生更加清晰地了解历史的发展脉络。

第三，结合音频资料营造氛围。音频资料能够为历史教学营造更加真实的氛围。例如，在讲述古代音乐时，可以播放相关的古代音乐曲目，让学生感受古代音乐的韵味和节奏。通过音频与历史的结合，学生可以更加深入地了解传统文化的魅力。

（五）基于多媒体架构高效互助活动

多媒体技术不仅可以用于课堂教学，还可以用于架构高效的互助学习活动，促进学生之间的合作与交流。

第一，利用在线平台进行小组讨论。在线平台如论坛、聊天室等可以为学生提供一个实时交流的空间。教师可以利用这些平台进行小组讨论活动，让学生围绕某个历史主题或传统文化话题进行交流和探讨。通过小组讨论，学生可以分享自己的观点和见解，同时也可以从其他同学那里学到更多的知识和观点。

第二，开展远程协作项目。多媒体技术使得远程协作成为可能。教师可以组织学生进行跨地域的协作项目，例如共同研究某个历史事件的背景、影响等。通过远程协作，学生可以学会如何与他人合作、如何分工协作以及如何解决问题等技能。

第三，建立历史文化学习社群。教师可以利用社交媒体或学校的学习管理系统建立一个历史文化学习社群。在这个社群中，学生可以分享自己学习历史文化的经验和心得，也可以提出问题和寻求帮助。通过社群的互助和学习，学生可以更加深入地了解和感受传统文化的魅力。

第四节　高校历史教学中中华优秀传统文化的弘扬

中华优秀传统文化是中华民族得以生生不息的精神命脉，也是社会主义核心价值观的重要源泉，更是我们在世界文化激荡中站稳脚跟的坚实根基。"因此，推动中华优秀传统文化创造性转化、创新性发展，让中华文明的影响力、凝聚力、感召力更加充分地展示出来，在新时代更加意义重大。"① 在此背景下，新时代的高校历史教学，不仅要传授历史知识，更应着重培养学生的历史思维和历史意识，更好地激发学生对中华优秀传统文化的热爱和尊重。下面从教材内容、教学方法、校园文化以及师资培训四个方面，详细阐述如何在高校历史教学中有效弘扬中华优秀传统文化。

一、高校历史教材内容的选择与设计

（一）整合优秀传统文化资源

高校历史教材应充分整合中华优秀传统文化资源，将其融入历史教学的各个环节中。教材编写者需深入挖掘历史长河中具有代表性、典型性的文化元素，如儒家思想、道家哲学、诗词歌赋、书法绘画、传统节日等，确保教材内容的丰富性和多样性。同时，要注重文化元素的内在逻辑与历史脉络，使学生能够在学习历史的过程中，深刻理解中华优秀传统文化的精髓与演变。

---

① 祁金莉. 如何在历史教学中弘扬中华优秀传统文化 [J]. 语文建设，2023，（21）：88.

（二）突出文化特色的呈现方式

在教材设计中，应采用多种呈现方式突出中华优秀传统文化的特色。例如，通过设置专题章节，系统介绍某一历史时期或文化领域的显著成就；穿插文化小故事或名人传记，增强教材的趣味性和可读性；利用图表、图片、音频等多媒体手段，直观展示传统文化的独特魅力。这样的设计有助于激发学生的学习兴趣，提高他们对传统文化的关注度和认同感。

（三）强化文化价值的解读与引导

教材在呈现传统文化内容时，应注重对其文化价值的解读与引导。要明确指出每一项文化元素在历史发展中的地位、作用及影响，分析其对于民族性格、价值观念、社会风貌等方面的塑造作用。同时，要引导学生思考传统文化在现代社会的价值与意义，启发他们探索传统文化与现代文明相结合的路径，培养他们的文化创新意识。

二、高校历史教学方法的创新与实践

（一）实施情境教学，增强体验感

在高校历史教学中，应积极实施情境教学，通过模拟历史场景、角色扮演、实地考察等方式，让学生亲身体验传统文化的氛围与魅力。例如，可以组织学生进行古代礼仪的学习与演练，参观历史博物馆或文化遗址，参与传统节日的庆祝活动等。这样的教学方法能够使学生更加直观地感受传统文化的深厚底蕴，增强他们的文化体验感和认同感。

（二）引入翻转课堂，提升参与度

翻转课堂是一种新型的教学模式，通过课前自学、课堂讨论、课后巩固的方式，提高学生的学习主动性和参与度。在高校历史教学中，可以引入翻转课堂模式，让学生在课前通过阅读材料、观看视频等方式了解传统文化知识，课堂上则重点进行小组讨论、案例分析、观点阐述等活动。这样的教学方式能够激发学生的思维活力，促进他们对传统文化的深入思考与探讨。

（三）借助信息技术，拓展教学空间

信息技术的发展为高校历史教学提供了广阔的空间。教师可以利用网络平台、在线课程、虚拟现实技术等手段，拓展传统文化的教学空间和时间。例如，可以建立历史文化资源库，提供在线学习资源；利用虚拟现实技术重现历史场景，让学生身临其境地感受传统文化的魅力；开展线上文化交流活动，促进学生与专家学者的互动与交流。这样的教学方式能够打破时空限制，使传统文化的教学更加灵活多样、生动有趣。

三、高校校园文化的营造与传播策略

（一）举办传统文化主题活动

高校应定期举办传统文化主题活动，如诗词朗诵会、书法展览、民乐演奏会等，为学生提供一个展示才华、交流心得的平台。这些活动不仅能够丰富校园文化生活，还能够使学生在参与过程中更加深入地了解传统文化的魅力与价值。同时，可以通过邀请专家学者举办讲座或研讨会，提升活动的学术水平和影响力。

（二）建设传统文化教育基地

高校可以依托自身的资源优势，建设传统文化教育基地，如历史文化博物馆、民俗文化馆、非物质文化遗产传承中心等。这些基地不仅可以作为课堂教学的辅助场所，还可以面向社会开放，成为传播传统文化的重要窗口。通过基地的建设与运营，可以进一步推动传统文化与高校教育的深度融合。

（三）强化校园文化的传统元素

在校园文化建设中，应注重传统元素的融入与体现。例如，可以在校园建筑、景观设计上融入传统文化元素，营造古色古香的校园环境；在校训、校歌等精神

标识中体现传统文化的精髓与价值观；在学生活动、社团组织中鼓励传统文化的传承与创新。这样的校园文化氛围有助于培养学生的传统文化素养和民族精神。

四、高校历史师资培训的强化与提升

在当今全球化的时代背景下，高校历史教育承载着传承与弘扬中华优秀传统文化的重要使命。为了更好地实现这一目标，高校历史师资的强化与提升显得尤为重要。这不仅关乎教师的专业素养和教学能力，更关乎学生文化自信的培养以及民族文化的传承与发展。

（一）加强传统文化知识培训

高校历史教师应具备扎实的传统文化知识基础，这是其在教学工作中能够准确、生动地传授相关知识的前提。然而，当前一些历史教师在传统文化知识方面存在欠缺，这直接影响到教学质量和效果。因此，高校应加强对历史教师的传统文化知识培训，以提升他们的专业素养和教学能力。

具体而言，高校可以组织历史教师参加相关课程的学习，如中国古代史、近代史、文化史等，系统地补充和完善他们的传统文化知识体系。同时，还可以邀请知名学者、专家进行专题讲座或学术研讨，为教师提供与前沿研究成果接轨的机会。此外，鼓励教师参加国内外学术交流活动，拓宽学术视野，了解最新的研究动态和教学理念。

除了组织性的培训外，高校还应鼓励历史教师进行自我学习和自我提升。这可以通过制定个性化的学习计划、阅读经典文献、参与在线课程等方式实现。同时，高校可以建立相应的激励机制，如设立学术研究基金、提供进修机会等，以激发教师自我提升的积极性和主动性。

（二）提升传统文化教学技能

具备了丰富的传统文化知识，高校历史教师还需要掌握有效的教学技能和方法，以便更好地将传统文化融入课堂教学中。教学技能的提升不仅关乎知识的传授，更关乎如何激发学生的兴趣、引导他们深入思考。

高校可以组织教师进行教学法培训，如引入案例教学、情境教学等现代教学方法，帮助教师掌握多样化的教学手段。同时，开展教学观摩活动，让教师们相互学习、借鉴优秀的教学经验。教学研讨也是提升教学技能的重要途径，通过定期的研讨会，教师们可以共同探讨教学中的难点和疑点，寻求有效的解决方案。

在提升教学技能的过程中，鼓励教师创新教学方法和手段尤为重要。传统的教学方法往往注重知识的灌输，而忽视了学生的主体性和创造性。因此，高校历史教师应积极探索适合学生特点和时代需求的教学模式，如翻转课堂、混合式教学等，以提高教学效果和学生的学习体验。

（三）培养教师的文化自觉与自信

高校历史教师在弘扬中华优秀传统文化的过程中，应具备高度的文化自觉与自信。文化自觉是指教师对自身文化的深刻认识和理解，而文化自信则是对自身文化价值的坚定信念和积极传播。只有具备了这种自觉和自信，教师才能在教学中有效地传递传统文化的精髓和魅力。

为了培养教师的文化自觉与自信，高校可以通过组织文化交流活动来增强教师的文化体验和认同感。例如，组织教师参观博物馆、文化遗址等，让他们亲身感受传统文化的博大精深。同时，鼓励教师在教学和科研中积极探索传统文化的现代意义和价值，将传统文化与现实生活相结合，展现其时代魅力。

此外，高校还可以建立相应的评价机制，对教师在传统文化传承和创新方面的表现进行评估和奖励。这不仅可以激发教师的积极性和创造性，还可以形成一种良好的学术氛围和文化传承的生态环境。

在培养教师的文化自觉与自信的过程中，高校还应注重跨学科的合作与交流。传统文化是一个涵盖文学、历史、哲学、艺术等多个领域的综合体，只有跨学科的合作与交流才能更全面地挖掘和理解其内涵和价值。因此，高校可以鼓励历史教师与其他学科的教师进行合作研究或教学项目，共同探索传统文化的多元面貌和现代价值。

参考文献

[1] 贾彩锋 . 高校历史教学理论与实践研究 [M]. 南京：江苏凤凰美术出版社，2018.

[2] 贾云涛 . 历史教学设计与实践研究 [M]. 哈尔滨：哈尔滨出版社，2020.

[3] 李建中 . 中国文化概论 [M]. 武汉：武汉大学出版社，2005.

[4] 李宽松，罗香萍 . 中国传统文化概论 [M]. 广州：中山大学出版社，2018.

[5] 曲文军 . 中国传统文化与现代化 [M]. 济南：山东人民出版社，2011.

[6] 佘正荣 . 中国生态伦理传统的诠释与重建 [M]. 北京：人民出版社，2002.

[7] 涂婷 . 历史教学与大学生文化自信培养研究 [M]. 长春：吉林出版集团股份有限公司，2022.

[8] 许永莉 . 中国传统文化概论 [M]. 北京：北京工业大学出版社，2020.

[9] 张岱年 . 中国哲学大纲 [M]. 北京：商务印书馆，2015.

[10] 张桂芳，王强 . 高校历史教学中的文化认同培养 [M]. 长春：吉林出版集团股份有限公司，2023.

[11] 章传文 . 高校历史教学模式与素质教育 [M]. 成都：电子科技大学出版社，2018.

[12] 章传文 . 高校历史教学与思维创新研究 [M]. 长春：吉林出版集团股份有限公司，2018.

[13] 成龙 . 中国传统文化中的互主体思想及其现实意义 [J]. 宁夏社会科学，2024（3）：13–22.

[14] 程赟徽 . 历史文献资源可视化与阅读——以在线地图工具为基础的新探索 [J]. 产业与科技论坛，2019，18（13）：75.

[15] 格桑卓玛. 数字化时代高校历史专业教学改革路径研究 [J]. 才智，2024，（16）：85–88.

[16] 顾磊. 谈中国传统文化背景下"心育"与"五育"的有机融合 [J]. 中华活页文选（传统文化教学与研究），2024，（6）：163–165.

[17] 韩洁. 中国传统文化的数字化之旅 [J]. 云端，2024，（24）：32–34.

[18] 何影，朱悦文. 文化现代化视域下中国传统文化的破与立：内在依据、历史基础及实现进路 [J]. 前沿，2023（6）：123–131.

[19] 贾洁，杜冰. 中国传统民族文化符号在当代艺术中的运用与创新 [J]. 黑龙江民族丛刊，2018（2）：121–126.

[20] 李琳. 中国传统文化的当代价值与传承研究 [J]. 文化产业，2023，（4）：71.

[21] 李泽雨. "四史"教育融入"思想道德与法治"课教学探析 [J]. 今传媒，2024，32（4）：149–152.

[22] 林世昌，牛余凤. 先构·同构·互构：中国传统文化与思想政治教育融合逻辑的学理审视 [J]. 教育探索，2022（9）：11–16.

[23] 柳林. 基于中华优秀传统文化的历史跨学科教学实践 [J]. 中学课程资源，2024，20（4）：33.

[24] 陆丽丹. 高校历史文化育人管窥 [J]. 课程教育研究，2018，（39）：36.

[25] 路美艳. 谈先秦两汉时期文学的"自觉" [J]. 长春师范学院学报（人文社会科学版），2013，32（4）：87

[26] 马静. 赓续与弘扬：革命历史文献整理研究的实践与思考 [J]. 中国图书馆学报，2023，49（4）：35.

[27] 马涛，施华. 中国传统经济思想与发展道路的历史文化根基 [J]. 学术月刊，2020，52（3）：43–46.

[28] 聂蕾，赵小平. 论中国传统文化传承的内在机理 [J]. 湖南社会科学，2023（5）：39–44.

[29] 祁金莉. 如何在历史教学中弘扬中华优秀传统文化 [J]. 语文建设，2023，（21）：88.

[30] 全莹 . 高校历史教学中的基础固守与培育革新 [J]. 延边大学学报（社会科学版），2019，52（3）：135.

[31] 宋进，杨旭 . 关于中国特色社会主义与中国传统文化关系的三个维度 [J]. 思想理论教育（上半月综合版），2015（8）：33–37.

[32] 田海舰，田雨晴 . 中国传统文化价值观与社会主义核心价值观的培育 [J]. 河北大学学报（哲学社会科学版），2015（2）：40–42.

[33] 王琛 . 中国传统文化和谐观念的历史生成及其当代价值 [J]. 山东社会科学，2022（5）：180–185.

[34] 王维江 . 传统文化与高职历史教学结合策略分析 [J]. 知识文库，2023，39（19）：131–134.

[35] 吴方基，冯君 . 大数据时代高校历史教学理念改革与实践 [J]. 黑龙江教育（高教研究与评估版），2020（1）：51.

[36] 吴彦军 . 中国传统文化创造性转化与发展 [J]. 中国报业，2023（2）：12–13.

[37] 夏力哈尔·巴亚洪 . 关于大学历史教学改革的探索与实践 [J]. 中国科教创新导刊，2014，（13）：14.

[38] 阎真 . 历史要求：中国传统文化现代命运之逆转 [J]. 求索，2015（12）：147–151.

[39] 张剑清 . 利用多媒体实现历史教学中融入传统文化的策略探究 [J]. 中华活页文选（传统文化教学与研究），2024，（2）：112–114.

[40] 张玲，刘长江 . 高校历史类通识课程中华文明史教学改革探索与实践 [J]. 高教学刊，2023，9（36）：148–151+156.

[41] 张晓萌 . 冲突与兼容：中国传统文化的现代复兴 [J]. 人民论坛·学术前沿，2020（7）：112–115.